LA PRESENCIA MÁGICA

SAINT GERMAIN – GODFRE RAY KING

aubiblio

La presencia mágica
Godfre Ray King

Traducción de
DANGELLO MEDINA

aubiblio

La presencia mágica
Saint Germain – Godfre Ray King

© 2021, Aubiblio
La presencia mágica / Godfre Ray King / Dangello Medina

ISBN - 9798524426024

ÍNDICE

TRIBUTO

Ha llegado la hora en que la humanidad de esta Tierra debe dar más reconocimiento a la Actividad de los Grandes Maestros Ascendidos y de la Hueste Angélica, los cuales están derramando constantemente Su Luz y Ayuda Trascendente a la humanidad. Deberá producirse una cooperación más consciente entre la vida física exterior de la humanidad y estos Grandes Seres, quienes son los Protectores y Maestros de los seres humanos en este mundo.

En el presente momento, un Grupo Especial de estos Grandes Seres opera en América para estabilizarla y protegerla. Entre Ellos, están trabajando arduamente los Maestros Ascendidos Saint Germain, Jesús, Cha Ara, Lanto, Ciclópea, el Gran Maestro de Venus, Arturo, los Señores de la Llama de Venus, y uno conocido como el Gran Director Divino, estableciendo Tremendos Pilares y Rayos de Luz en América. Ellos también están enfocando Grandes Emanaciones de Luz en ciertos puntos de la Tierra.

Ellos vierten Sus Rayos de Luz a través de la conciencia de todos los individuos que quieran reconocerlos, armonizar sus sentimientos, y dirigir su atención hacia la "Poderosa Presencia YO SOY". Si la gente quisiera reconocer a esta Gran Hueste de Seres Perfeccionados y llamar a Su Conciencia de Maestro Ascendido a los Corazones y mentes de la humanidad, Ellos pueden dar Asistencia y Protección ilimitada a quienes hagan la Invocación, y a través de ellos, al resto de la humanidad.

Solamente la Conciencia de los Maestros Ascendidos, que es la "Poderosa Presencia YO SOY", puede restablecer el orden y la seguridad en esta Tierra. Solamente la Llama Consumidora de su Amor Divino puede disolver el miedo que hay en los sentimientos de la gente. Solamente cuando el individuo dirige su atención a estos Grandes Maestros Ascendidos y pide Su Bendición sobre el resto de la humanidad, se establece la conexión y se abre la Puerta por la que puede pasar Su Ayuda, derramándose Su Perfección sobre la humanidad y la Tierra misma.

Los Maestros Ascendidos señalan siempre a cada uno dos cosas importantes; primero, el individuo debe buscar en su propia Divinidad, Dios, la "Poderosa Presencia YO SOY", manteniendo su atención en Ella y dándole su primer y más grande Amor; y en segundo lugar, debe armonizar sus sentimientos dejando fluir Amor Divino al exterior, como una FUERZA que bendice todo. A la persona que quiera obrar así, estos Grandes Seres le darán Asistencia ilimitada, pues Ellos trabajan siempre y solo a través del Ser Divino del individuo.

El Bienamado Maestro Ascendido Saint Germain es el Emisario de La Gran Fraternidad Blanca, quien por Su propia Voluntad y Gran Amor, está haciendo cierto Trabajo de Protección y está trayendo a América cierta Iluminación en la actualidad. Él se refiere a Ella a menudo como "La Joya de Mi Corazón, por quien he trabajado durante siglos". El Bienamado Jesús ofreció prestar un Servicio Especial en conexión con el Bienamado Saint Germain, y dijo: "Estos Rayos de Luz, que derramamos, son muy Reales y Tangibles Corrientes de Energía; que contienen a todas las cosas buenas y os bendicen de acuerdo a vuestra aceptación".

Del mismo modo que ocurrió en el pasado y en toda Edad Dorada, estos Grandes y Perfectos Seres que han obtenido la "Victoria" a través de la encarnación humana, caminarán y hablarán cara a cara con la humanidad en la Tierra. Ellos explicarán el Modo Divino Original de la Vida una vez más, para que los conceptos humanos puedan ser aclarados, y sea revelada la Verdad Eterna.

Este Libro contiene la Consciente Radiación de los Maestros Ascendidos que operan en América actualmente, y está cargado con la Consciencia de Libertad y Victoria en la Luz del Maestro Ascendido Saint Germain.

Los miedos y las limitaciones de la humanidad serán suprimidos; la Tierra será puesta en Orden Divino una vez más y se llenará hasta rebosar de "La Luz de Dios que nunca falla".

GODFRE RAY KING

INTRODUCCIÓN

ESTE libro contiene el segundo grupo de Experiencias que tuve el privilegio de vivir, a través del Amor y la Asistencia del Bienamado Maestro Ascendido Saint Germain.

En el primer Libro, "Misterios Develados", reveló muchas, muchas cosas que habían permanecido en secreto y habían estado guardadas sagradamente durante muchos siglos.

En La Presencia Mágica mis Experiencias fueron el resultado de aplicar el Conocimiento que Él había revelado previamente.

En los diversos Retiros de la Gran Fraternidad Blanca que visitamos, se me mostró el Formidable Trabajo que realizan por la humanidad a través de Sus Mensajeros que son enviados al mundo externo. El bien que Ellos derraman constantemente sobre esta Tierra y su humanidad, está más allá del poder de las palabras para describirlo.

Todo lo que Ellos logran se hace a través del Amor Divino, porque Ellos nunca usan una fuerza destructiva en ningún momento y nunca interfieren con el Libre Albedrío del individuo. Aquellos que son Sus representantes, lo dan todo como un feliz y gratuito servicio de Amor, y no conocen tal cosa como el fracaso.

El propósito de este Libro es revelar al individuo el paradero de su propio Ser Divino, Dios, la "Poderosa Presencia YO SOY", para que todos los que lo deseen puedan retornar a su Fuente, recibir su Herencia Eterna y sentir una vez más su Divino Auto Respeto.

Si el estudiante o lector de este Libro quiere pasar por estas mismas experiencias, solicitando a los Maestros Ascendidos que iluminen su conciencia con la Luz del Cristo Cósmico, recibirá esa Emanación de Amor que es la Puerta a todo lo bueno que libera a la humanidad.

América es bendecida más allá que cualquier otra parte de la Tierra, y como consecuencia de su Gran Bendición, debe derramar Gran Luz. Ella es el "Cáliz" a través de la cual "La Gran Fraternidad Blanca" puede expandir por siempre el Gran Amor Divino del Universo, y liberar a la humanidad. Por esta razón Su Trabajo en América es de una Importancia Muy Grande; y si fuera necesario protegerla, entonces "La Luz de un Millar de Soles descenderá y consumirá todo egoísmo en la Tierra".

La Verdad, la Explicación de la Ley, y mis Experiencias relatadas en Este Libro son Reales, Verdaderas y Eternas. Los Retiros, las gentes, y los instrumentos que vi y con los que me asocié mientras estuve con los Maestros Ascendidos, son lugares y cosas físicas, y son Tangibles, Vivientes, y Palpitantes Seres. No son imaginarios ni simbólicos y no deben ser interpretados de ese modo.

La Verdad del contenido de este libro puede ser aceptada o rehusada por el lector, según elija. Si no la acepta o no concuerda con ella, eso no eliminará la Verdad ni su Actividad en el Universo; pero si él puede aceptar la Verdad contenida aquí dentro, tan solo puede ser bendito por esto, y su mundo será un lugar más grande y maravilloso en el cual vivir.

El Gran Maestro Ascendido Saint Germain nos ha dicho que los Libros de la Serie Saint Germain están encuadernados con Cubiertas Enjoyadas en las Octavas de Luz de los Maestros Ascendidos. Podamos nosotros también valorar y obedecer las Palabras de los Maestros Ascendidos aquí contenidas; y podamos llegar a ser para toda la Vida y por siempre Su Gran Amor, Victoria, Perfección, Iluminación y Libertad.

Si el estudiante o lector puede sentir los Grandes Rayos de Luz y Amor derramados por Estos Maestros Ascendidos; y puede vivir en constante adoración a su propia "Poderosa Presencia YO SOY", se convertirá positivamente en la Completa Manifestación de la Perfección y obtendrá su Libertad Eterna de las limitaciones de la Tierra.

¡Pueda el Gran Amor, Luz, y Felicidad de los Maestros Ascendidos inundar el Ser y Mundo de todo aquel que lea este libro! Pueda ello ser por siempre un Resplandeciente Sol Dorado que ilumine el Camino de la Paz, la Prosperidad, y la Libertad hasta que todos se conviertan en un Gran Corazón de Siempre Expansiva Perfección y experimenten la Plena Victoria de su Ascensión en el Servicio Eterno de "La Luz de Dios que nunca falla".

GODFRERAY KING

LA PRESENCIA MÁGICA

"YO SOY" la Presencia, el Eterno,

"YO SOY" el Origen de Dios, el Gran Sol Central;

"YO SOY" el Amor y la Respiración, el latido de la Luz,

"YO SOY" la Fuerza en la Sabiduría y el Poder.

"YO SOY" el Vidente, el Ojo que todo lo ve,

"YO SOY" la luz del sol, la tierra y el cielo;

"YO SOY" la montaña, el océano, el arroyo.

"YO SOY" el temblor en el brillante resplandor de la mañana.

"YO SOY" la bendición en los ángeles y el amor,

"YO SOY" la Vida que fluye adentro, alrededor y arriba;

"YO SOY" la Gloria que todos tuvieron una vez en Mí,

"YO SOY" los Rayos de Luz que liberan a la humanidad.

"YO SOY" el Único Corazón que escucha cada Llamada,

"YO SOY" la Legión de Luz que responde a todo;

"YO SOY" el Cetro del Poder Amoroso de la Luz.

"YO SOY" el Maestro, cada momento y cada hora.

"YO SOY" las Esferas y cada canción que cantan,

"YO SOY" el Corazón de la Creación y su balanceo;

"YO SOY" todas las formas y nunca hay dos iguales,

"YO SOY" la Esencia, la Voluntad y la Llama.

"YO SOY" Yo mismo, todos los Seres y Usted;

"YO SOY La Presencia Mágica" y Dios Mismo se hace presente.

CAPÍTULO 1
UN EXTRAÑO SUCESO

FINALIZANDO "Misterios Develados", lo dejé a usted, querido lector, con el Gran Maestro Ascendido Lanto enviando Sus Bendiciones a América y a la humanidad desde el Retiro del Royal Teton. En este libro, describiré otro grupo de Experiencias Importantes y Maravillosas que tuve el privilegio de vivir durante esos meses de asociación con nuestro Bienamado Maestro Ascendido Saint Germain.

Una mañana recibí un Mensaje de Él que incluía una carta de presentación para un Sr. Daniel Rayborn en el Hotel Brown Palace de Denver. Al día siguiente, al entrar en el hotel para preguntar por él, me encontré con un viejo amigo, el señor Gaylord, al que conocía desde hacía años. Le acompañaba un caballero de edad avanzada al que presentó enseguida y que, para mi sorpresa, resultó ser el señor Rayborn. Le entregué la carta de presentación y, tras unos momentos de charla, acordamos cenar juntos esa noche. Al día siguiente nos encontramos todos de camino al rancho Diamond K en Wyoming, una de las propiedades mineras de Rayborn donde comenzaron las experiencias descritas en este libro. Poco comprendí ese día lo que significaría mi asociación con él, y a lo que conduciría más adelante. Tales Experiencias le hacen comprender a uno cuán Perfecta es la Grande y Sabia Inteligencia Omnipresente que nos conduce, inequívocamente, hasta las personas, lugares y condiciones, donde y cuando más se necesitan.

Mi impresión de Rayborn fue muy agradable, porque su actitud demostraba Armonía y Amabilidad, y al mismo tiempo, sentí que era un hombre de carácter fuerte y con un intenso sentido del honor. Él tenía una cabeza finamente formada con rasgos clásicos, cabello gris y ojos azul-gris claros y penetrantes. Era de porte erguido, de 1,85 m. de estatura. Tenía un hijo de 18 años y una hija de 16, que habían regresado recientemente de la escuela en el Este.

Llegamos a nuestro destino, donde los jóvenes nos recibieron a la llegada del tren. Después de charlar un momento, subimos al coche de Rayborn y fuimos llevados al rancho, a una distancia de unos 32 Km. El hijo, Rex, era un muchacho alto, espléndido, bien parecido, con los mismos rasgos clásicos que su padre, a quien se parecía fuertemente. Tenía por lo menos 1.82 m. de altura, y abundante y ondulado cabello castaño claro. La hija, Nada, era notablemente bella, con una especie de extraña dignidad y gracia del viejo mundo. Medía 1.68 m. aproximadamente, era grácil de forma, y tenía un cabello similar al de su hermano. Sus ojos eran de un azul profundo. Uno podía sentir inmediatamente que los Rayborn estaban rodeados de un cierto encanto.

La maravillosa ubicación y belleza de la casa y terrenos nos encantaron, porque yacían a la entrada de un estrecho valle que se extendía hacia el oeste hasta abrazar las 'Great Rockies'. Hacia el norte se elevaba una picuda torre rosada hasta una altura de unos 2.400 m. La casa, con su fachada hacia el sur, estaba construida con granito azul-gris que recordaban a los castillos medievales con torres de Europa y a los antiguos edificios del Lejano Oriente. Los jardines que rodeaban la casa estaban bellamente trazados y mantenidos perfectamente. El propio edificio era grande y de forma rectangular, con una torre en cada esquina. La del suroeste, que miraba a las montañas, formaba una sala circular en el tercer piso. El resto de la estructura tenía sólo dos pisos de altura, y había sido construida evidentemente hacía muchos, muchos años. Daniel Rayborn, a la edad de veinte años, había heredado la propiedad de un tío que había viajado mucho y que estaba profundamente interesado en Investigaciones Superiores, y había vivido muchos años en la India y en Arabia.

Entramos en la casa y Rex me mostró una suite de habitaciones en el segundo piso, en la esquina sureste del edificio. Pronto se anunció la cena, y disfrutamos de una deliciosa comida y de la hermosa mesa. Comenzamos a hablar de nuestros planes mientras cenabamos.

Durante el curso de nuestra cena el Sr. Rayborn dijo que estaba esperando que John Grey, el superintendente de sus minas, se uniese a nosotros esa noche. Apenas habíamos mencionado su nombre cuando fue anunciado. Él entró al comedor, saludó a la familia amablemente, y yo le fui presentado. Mientras nos estrechábamos las manos sentí que me recorría un escalofrío, acompañado por un sentimiento de repulsión. Era un hombre de fina apariencia, de alrededor de 40 años, y una altura de casi 1.80 m. de ojos oscuros y penetrantes que yo noté inquietos. Yo lo ví seguir con sus ojos, muy a menudo, a la hija Nada, con una mirada peculiar que los demás no parecieron notar. El Sr. Rayborn se excusó, y salió hacia la biblioteca junto con el superintendente. Los demás pasamos a la sala de música y disfrutamos de dos horas de hermosa música, ya que ambos muchachos tenían voces notables. Fue durante la explicación de su entrenamiento musical cuando una sombra de tristeza se reflejó en el rostro de Nada. Ella señaló:

"Ambos hermanos hemos heredado nuestras voces de mamá, que ejerció su carrera en la ópera, donde papá la conoció por vez primera. Al hablar de ello, mamá decía a menudo: "Reconocimos el uno en el otro algo Interno que creció cada vez más fuerte según pasaba el tiempo. Más tarde supimos que éramos 'Rayos Gemelos', lo que naturalmente aclara las muchas cosas maravillosas que nos han ocurrido desde entonces. Ambos hemos comentado muchas veces que parecía que cada uno había estado buscando al otro a través de los siglos y naturalmente siempre ha habido un Amor muy grande y una Comprensión Perfecta entre nosotros".

"El padre de mamá era inglés, y su madre, educada en Inglaterra, era la hija de un jeque árabe. Hace dos años mamá enfermó y falleció a las pocas semanas, aunque se hizo todo lo posible para salvar su vida. Durante las últimas cuatro semanas recibió Revelaciones Trascendentes que nos han aclarado muchas cosas. Poco después de nacer yo, vino a ella nuestro Bienamado Maestro Saint Germain. Él le explicó que ella tenía Trabajo que hacer en los Planos Superiores de la Vida, y que Él siempre nos mantendría a Rex y a mí en Su Amoroso y Protector

Cuidado. Él es tan Maravilloso y Amoroso con nosotros que deseo podamos compartir nuestro Gozo con el mundo entero. El Oriente y el Lejano Oriente, es decir, la India, China, Arabia, Egipto y Persia, reconocen mucho más y comprenden más claramente lo que los Grandes Maestros Ascendidos han hecho por la humanidad, y lo mucho que le debe la Tierra a Su Trascendente Amor y a su Cuidado Ilimitado".

"Él nos ha enseñado muy claramente el Modo por el cual Estos Grandes Seres han sido capaces de elevar e iluminar el cuerpo físico; mediante el uso purificador de la Llama Consumidora de Su Propia Divinidad, a la que llama, 'La Poderosa Presencia YO SOY'. Él nos dice que esto puede obtenerse solamente mediante la Adoración a 'Esa Presencia', y una Obediencia Completa de la personalidad, -o conciencia externa-, ¡a Todas Sus Directrices! Él dice que el Secreto está en mantenerse en constante Comunión Interna con la 'Presencia YO SOY', en todo momento, (a través del sentimiento), de modo que la Perfección que Ella derrama pueda venir a través de la conciencia externa; sin ser distorsionada por nuestra propia desarmonía o la desarmonía de quienes nos rodean en el mundo físico".

"Saint Germain explicó que fue de este modo cómo los Maestros Ascendidos obtuvieron el Completo Dominio sobre toda la manifestación; y han finalizado el trabajo en la encarnación humana, como dijo el Amado Jesús que haría todo el mundo algún día. Ellos expresan -por siempre- Completa Maestría sobre todas las condiciones de esta Tierra física; porque toda sustancia y energía son Sus voluntarios y obedientes sirvientes, aún los Elementos y los Poderes de la Naturaleza; porque los Maestros se han convertido en la Plenitud del Amor Divino.

"Todo Su Trabajo con la humanidad es conducir a todos eventualmente a Esta Misma Maestría; pero sólo puede venir a través del Auto Esfuerzo del individuo y la Plenitud de Suficiente Amor."

"Mamá tuvo muchas experiencias extrañas en su niñez y mi abuela le contó otras todavía más sorprendentes; porque su abuelo había visto muchas de las Notables Cosas que Estos Grandes Seres realizan. Uno, a quien conoció él muy bien, era de Arabia, la propia tierra de la abuela; y fue grandemente adorado por todos los que tuvieron contacto con Él, pues Su Entera Vida fue una Bendición y Servicio constante para la humanidad".

"El Bienamado Saint Germain llegó por primera vez a mamá una noche, en el comienzo de su carrera en la gran ópera. Ella había estado cantando solamente unos cuantos meses, cuando una noche quedó casi sin habla por miedo a salir a escena. Estaba en su camerino poco antes de la función, cuando fue presa de un pánico terrible, que le hizo olvidar todo. El Bienamado Saint Germain se hizo visible en Su Cuerpo Tangible, se presentó a Sí Mismo, y tocó su frente con los Dedos de Su Mano Derecha. Instantáneamente desapareció todo nerviosismo, recuperó la memoria, y quedó en calma y en paz. Esa noche su éxito fue inmenso, y continuó incrementándose, llegando a ser brillante más allá de sus más profundos sueños.

"Él le dijo que ella había ganado el Derecho a la Presencia Protectora de los Maestros Ascendidos; y desde ese tiempo en adelante, sería permanente. Él describió al hombre con quien se casaría; también el hijo y la hija que tendría. Después de esto, Él vino a intervalos regulares y le enseñó muchas Leyes Internas, que ella comprendió y aplicó con resultados sorprendentes; sorprendentes al menos para aquellos que son incapaces de usar las Leyes Superiores; aunque son perfectamente naturales para quienes comprenden y utilizan Estas Leyes a través del Amor.

"Papá, según dijo el Bienamado Saint Germain, no estaba suficientemente despierto para serle reveladas Tales Actividades; hasta que hace un año, cuando le amenazó un cierto peligro, vino a él Saint Germain en su Cuerpo Tangible, y le explicó que estaría muy cerca de morir a mano de uno en quien confiaba como un amigo; pero que conservase la calma, porque los Maestros Ascendidos darían la Protección necesaria".

Estábamos todos tan inmersos en esta conversación que casi me sentí frustrado cuando el Sr. Rayborn y el superintendente se unieron a nosotros. Después de oír cantar a Nada y a Rex una canción de amor árabe a su padre, nos dimos las buenas noches y nos retiramos a nuestras habitaciones. Estaba yo tan conmovido por haberse manifestado el Bienamado Saint Germain a la Sra. Rayborn, que no tuve ganas de dormir, y comencé a sentir que debía haber una Razón Mayor de lo que yo pensaba externamente, para mi estancia en su hogar. Me senté en una silla confortable, y me dediqué a meditar sobre los Maestros Ascendidos, con profunda gratitud hacia Ellos, por la benévola acogida con la que esta bendita gente me había recibido.

Debí quedarme dormido, porque desperté sobresaltado, y pensé que había oído que alguien me llamaba. Sentí tal urgencia de levantarme y salir al aire libre, que no lo pude resistir. Yo estaba completamente despierto y vivamente expectante de algo que ignoraba qué podía ser. Bajé las escaleras, saliendo de la casa, tomando un sendero cercano a un gran granero. En un momento, hubo un movimiento entre las sombras; y siguiendo un impulso repentino, me oculté detrás de un árbol. En el mismo instante, salió un hombre del granero. Yo observé otro movimiento entre los árboles, y fijándome más atentamente descubrí a un hombre parado, con un rifle en el hombro, apenas visible en la oscuridad. Cuando él apuntó al hombre que salía del granero, quise advertirle, pero no pude articular una sola palabra. Antes de que pudiera pensar, un destello cegador de luz golpeó al hombre del rifle plenamente en la cara, revelando sus rasgos según caía hacia adelante, como si le hubiese golpeado un rayo, aunque el cielo estaba claro como un cristal. Todavía fui incapaz de moverme de mi posición; y el hombre del granero apareció indemne, totalmente ignorante de su escape. Ví que era el Sr. Rayborn, aunque él no me vio, de modo que permanecí donde estaba, hasta que hubo entrado en la casa. Entonces corrí hacia el lugar donde había visto caer al hombre del rifle, pero había huido. Busqué alrededor, hasta cierta distancia, pero no encontré traza de él, de modo que retorné a mi habitación. Era entonces la una de la madrugada. Me metí en la cama rápidamente, y mediante un serio esfuerzo fui capaz de quedarme dormido.

Cuando bajé a desayunar la mañana siguiente, todos estaban radiantemente felices, excepto el superintendente, Grey, que parecía muy nervioso y extremadamente pálido. Los Rayborn, Gaylord, y yo, disfrutamos notablemente planeando nuestro día; que terminó con la sugerencia de los muchachos de ir a "Table Mountain", uno de sus parajes preferidos en las 'Wyoming Rockies'.

Entretanto, Grey estaba casi sombriamente silencioso, rehusando mirar a los ojos de nadie. Acabó su desayuno, se disculpó, y se dirigió en coche a la estación. Cuando se hubo ido, mi primer impulso fue contarle a Rayborn la experiencia de la noche anterior; pero pensándolo una segunda vez, decidí esperar, hasta que pudiera verlo a solas.

Me excusé yo también, preparándome para nuestra excursión a la montaña; y retorné justo a tiempo para ver al mozo de cuadras traer nuestros caballos. Uno de ellos era un bello corcel árabe, de color crema con la cola y crin blancas, el más maravilloso animal que jamás he visto. Él vino directamente hacia Nada, a quien pertenecía; y con una mirada en sus ojos que era casi de humana inteligencia, se paró orgulloso delante de ella, esperando los terrones de azúcar que ella le ofrecía. Nada amaba al animal y éste lo sabía. "Este es Pegaso", -dijo ella-, acariciándolo. Pegaso se aproximó a mí, puso su nariz contra mi cara, marchó hacia Rex, y después hacia Nada, como si diera su consentimiento para que yo fuera un miembro del grupo.

"Él lo aprueba y acepta como un amigo fiable" -comentó Nada-, después de observar su expresión un momento. "Esta es una conducta nueva para él, ya que nunca hace amistad con nadie excepto Rex, el mozo de cuadra, y yo misma".

"¿Dónde lo obtuvo?", -pregunté yo-.

"Le fue regalado a mamá", -replicó ella-, "por un jeque árabe en agradecimiento por un concierto que dio en el Cairo. Fue enviado al rancho como una sorpresa, cuando retornó de su última gira. Fue realmente el último concierto de su carrera, y su éxito fue tremendo. El viejo jeque amaba la música, y disfrutó especialmente ese concierto". "Pegaso es hermoso, ¿no es cierto?" -continuó ella-. El Amor en la voz de Nada era inequívoco y justificable, porque nadie podría hacer otra cosa excepto admirar a esa bella criatura. Montamos nuestros caballos, nos despedimos de Rayborn, cabalgamos a medio galope a través del valle y pronto entramos en el sendero de la montaña. Este serpenteaba continuamente hacia arriba a través de un bello bosque maderero.

Ocasionalmente llegamos a un claro y nos detuvimos para gozar de la magnífica vista. Seguimos el curso de la corriente de montaña, durante una larga distancia. El canto de los pájaros, la fragancia de las flores, y la embriaguez del aire enrarecido, nos hizo sentir radiantemente fuertes y contentos de estar vivos.

Alcanzamos la cima de la montaña cerca del mediodía; y ante nosotros se extendía un espacio llano, que cubría al menos 8 hectáreas, una verdadera planicie suspendida en medio de estos gigantes picudos. En ella, se había construido una acogedora cabañita, y un refugio para los caballos. La cabaña estaba hecha de piedra con un hornillo empotrado, muy singular y útil. Disfrutamos de la belleza del entorno durante un rato, y después nos sentamos para comer un delicioso almuerzo.

"¿Saben?", -comentó Rex-, "Yo siento como si todos nos hubiésemos conocido unos a otros durante eras", y Nada y yo admitimos que sentíamos lo mismo. "Vayamos a la Cueva por el otro sendero, tan pronto como finalicemos el almuerzo", - sugirió él-, y nosotros asentimos. Cruzando hasta el lado opuesto de la montaña, encontramos un buen sendero que descendía, donde el panorama era más silvestre y áspero. En algunos lugares, las rocas parecían manchadas de verde, azul, y negro, por un maravilloso colorante mineral. La luz del Sol y las sombras jugaban sobre ellas según cambiábamos nuestra posición, produciendo el efecto de un bello e inspirador panorama. Continuamos sendero abajo durante 1.200 m. dimos una vuelta aguda y llegamos a la cara este de la montaña.

Hace miles de años, una porción de la montaña se había separado, evidentemente, convirtiendo el entero lado en un escarpado acantilado, de por lo menos 300 m. por encima de nosotros. El sendero en el cual estábamos, serpenteaba alrededor del lado sur, volviéndose hacia la pared este, y corriendo a lo largo de una especie de plataforma que nos trajo hasta la entrada de una Cueva. El sendero estaba salpicado de grandes piedras que lo hacían áspero y de difícil acceso. Una roca en forma de ala ocultaba la entrada, como si la Naturaleza guardase celosamente Sus Secretos de ojos curiosos. Dejamos los caballos atados en su proximidad, de modo seguro, y Rex tomó tres potentes linternas de su alforja. "Prepárese para una sorpresa", -exclamó él-, dirigiéndose a mí, y entonces inició el camino para adentrarse en la Cueva. A unos 15 m. de la entrada, entramos en una caverna de tamaño medio. Tan pronto como mis ojos se ajustaron al cambio de luz, vi que el entero techo estaba cubierto con una sustancia cristalina de color rosa y blanco.

Cruzamos el primer espacio, una distancia de cerca de 9 m. y pasamos a través de un arco que conducía a una cámara inmensa y abovedada, de por lo menos 60 m. de una parte a otra.

El techo estaba cubierto con estalactitas con los colores del arco iris, en las más sorprendentes formas que yo había visto jamás. Había cruces, círculos, cruces con círculos, triángulos, y muchos, muchos símbolos ocultos que habían sido usados en esta tierra, desde el mismo comienzo. Parecía como si estos símbolos hubiesen estado suspendidos del techo durante eras, y la Naturaleza los había cubierto con una formación calcárea verde lima, altamente coloreados y muy artísticamente decorados con sus pigmentos. La belleza de todo ello dejaba a uno sin palabras, fascinado con asombro y admiración. Daba la impresión de haber ojos observando en todo momento.

Rex nos llamó para que fuéramos al lado opuesto de la cámara donde nos hallábamos. Cruzamos el espacio intermedio, y paramos delante de una pared que tenía tres arcos, a unos 6 m. de distancia unos de otros. Dentro de cada uno había una superficie altamente pulida. La primera a mi izquierda era de color rojo China, la segunda de un blanco brillante, y la tercera de azul cobalto. Inmediatamente, sentí que tenían un significado de algo que concernía a América. El sentimiento creció tanto que apenas pude soportarlo.

"Este es el Trabajo de una Poderosa Inteligencia de eras pasadas", -dije-, "y creo que estos arcos marcan la entrada a otras cámaras o pasajes más allá". Nada y Rex me miraron fijamente, y sus caras estaban blancas, con la intensidad de algo que vieron.

"¿Qué ocurre?", -pregunté-.

"¿No lo siente, no lo ve?", -preguntaron a su vez-.

"¿Qué?", -repliqué yo-. Ellos comprendieron entonces que yo no era consciente de lo que ellos veían, y explicaron: "Evidentemente usted está siendo ensombrecido", -dijo Nada-, "por una forma etérica que tuvo en eras pasadas; porque las vestiduras son diferentes a cualquier cosa que haya yo visto u oído. El cuerpo es por lo menos de unos 2 m. de altura, el cabello es dorado, llegando casi a sus hombros, y la piel es blanca y clara. Estoy segura que alguna memoria antigua está intentando manifestarse en la conciencia externa.

"Contémosle la experiencia de la última vez que estuvimos aquí", -sugirió ella a Rex-.

"Hace ahora un año", -explicó Rex-, "vinimos a esta Cueva, y cuando estábamos delante del arco azul, quedé tan fascinado que alargué mi mano y recorrí con ella la superficie, cuando una Voz saliendo de la atmósfera dijo: '¡Alto!'. La Voz no era de enojo, sino más bien de una Suprema Autoridad. Dejamos la Cueva inmediatamente, y nunca hemos vuelto hasta ahora".

"Antes de que finalice mi estancia con ustedes, queridos amigos, siento que nos será dada una Sorprendente Explicación", -repliqué-. Retornamos a nuestros caballos y encontramos al bello Pegaso árabe en un estado de gran agitación; porque era altamente sensible al Poder Espiritual enfocado dentro de esta montaña, y le mantenía inquieto, a causa de la intensidad de la energía.

Solamente con gran gentileza pudo aquietarlo Nada, y evitar una estampida hacia la casa. Ella dijo que su velocidad no tenía límites cuando se emocionaba.

Continuamos nuestro camino bordeando el pie de la montaña, hasta que llegamos al final de nuestro descenso, entonces dimos rienda suelta a los caballos; y en media hora alcanzamos el rancho justo antes del ocaso. Daniel Rayborn salió a nuestro encuentro y anunció que pronto estaría lista la cena. Durante la misma relatamos la experiencia del día, contándole Rex a su padre lo de la forma que me ensombreció, vista sobre mi cabeza en la Cueva. Cuando finalizó de hablar, su padre dijo que quería hablarnos a los tres juntos en la biblioteca, después de la cena, y que nos reuniésemos con él a las ocho.

Entretanto fuimos a la sala de música, mientras Nada fue a la habitación de su madre y trajo un instrumento árabe, algo así como una guitarra hawaiana, que le había sido dada por el Bienamado Saint Germain, quien le enseñó a tocar sobre ella una Determinada Melodía, justo antes de su hora de meditación. Nada y Rex cantaron los dos y se turnaron tocando los acompañamientos sobre el instrumento, que formaba el más hermoso fondo para sus voces, y tenía un algo en la calidad de su tono que parecía una cosa viviente que penetraba dentro del mismo Centro de la Existencia.

CAPÍTULO 2

REVELACIONES

PUNTUALMENTE a las ocho, entramos en la biblioteca, y encontramos que Daniel Rayborn nos había precedido. Fuimos directamente al asunto.

"A las dos de la tarde de hoy", -comenzó él-, "recibí información de que los mineros descubrieron un rico filón en la mina en Colorado, y he enviado a Grey por delante. Pasado mañana debo unirme a él. Desearía que todos ustedes viniesen conmigo. Nada estará confortable en el bungalow del campamento, y ustedes dos pueden residir conmigo en la mina.

"Tengo algo más que decirles que es a la vez grave y extraño. A las cuatro de esta mañana fui despertado por una 'Presencia' en mi habitación, y cuando estuve totalmente despierto vi que era nuestro Bienamado Saint Germain. Me habló por lo menos durante dos horas, y entre otras cosas dijo que Grey había atentado contra mi vida la última noche. Él vio el intento y en el momento en que Grey intentó dispararme, el Bienamado Saint Germain dirigió una ráfaga de Fuerza Electrónica que lo golpeó y dejó sin sentido por el momento. Él fue advertido que si hiciese otro intento, se permitiría que su propio motivo destructivo reaccionase instantáneamente sobre su propio cuerpo, y pagaría su falta".

Entonces les conté mi experiencia, la noche de mi llegada, y cómo yo había sido testigo del entero asunto. Rayborn estaba profundamente emocionado, y levantándose extendió su mano hacia mí diciendo:

"Usted es uno de los nuestros, con toda seguridad, y estoy profunda, profundamente agradecido. El Bienamado Saint Germain dijo que había sido traído a nuestro hogar porque era muy necesario; y de ahora en adelante, actuará como hermano mayor de Nada y Rex. Parece que se han conocido unos a otros en cierto número de encarnaciones previas. Él dijo también que ninguno de nosotros íbamos a estar implicados en ningún riesgo, porque habíamos vivido vidas limpias y habíamos mantenido un estrecho contacto con los Ideales Superiores. Esto, desde el punto de vista de los Maestros Ascendidos, hace posible manejar una Poderosa Fuerza para la protección de todos.

El Bienamado Saint Germain también me instruyó acerca de otras cosas de importancia. Me explicó la Actividad que experimenta uno después de haber hecho la Ascensión. El Bienamado Jesús dio Ejemplo público de Ella, y buscó enseñar a la humanidad Su Significado, orientando a cada uno hacia ese Mismo Logro. Yo voy a entrar en Esa Misma Libertad dentro de poco. Nuestro Bienamado Maestro dejó bien claro, que uno es a veces elevado a Esta Condición, previo al cambio llamado muerte, o cercano a ella; pero que todos deben conseguirlo desde el lado físico de la vida. Si el Cordón Plateado de Luz que entra en el cuerpo, se corta o retira, es imposible iluminar y elevar ese cuerpo; y el que así se está esforzando debe reencarnar una vez más, con objeto de obtener la Libertad Final desde el lado físico de la experiencia humana. Todas las Ascensiones deben ocurrir conscientemente; porque este Logro de la Maestría Ascendida es la Victoria Completa sobre todas las experiencias externas a través del ser personal. Leeré Sus Propias Palabras, que apunté bajo su indicación". Dirigiéndose a un portafolio que yacía sobre su escritorio, lo abrió y leyó:

"La así llamada muerte es tan sólo una oportunidad para el descanso y re-armonización de las facultades de la conciencia personal. Esto es preciso para liberarlas el tiempo suficiente de la inquietud y discordias de la Tierra, y para recibir un Influjo de Luz y Fortaleza, que capacite a la actividad externa de la mente a retomar de nuevo el trabajo de la experiencia física. La encarnación física tiene el propósito de preparar, perfeccionar e iluminar un cuerpo; cuya acción vibratoria pueda ser elevada para fundirse con el Cuerpo de la "Poderosa Presencia YO

SOY". Nosotros la llamamos, LA PRESENCIA MÁGICA". El Bienamado Jesús se refería a Ella como la Vestidura sin Costuras".

"En Este Cuerpo, que está hecho de Sustancia Electrónica Pura, el individuo tiene Completa Libertad de toda limitación; y mediante intensa devoción a la "Poderosa Presencia YO SOY" todo el mundo puede liberar Su Poder hasta tal punto que pueden ver Este Cuerpo de Sustancia tan Deslumbrante, que al principio uno tan sólo puede contemplarlo por un instante, a causa de la Intensidad de Su Luz.

A través de tal devoción, uno comienza a manifestar más y más de su propio e Individual Dominio Consciente sobre toda la manifestación. Este es el Eterno Derecho de Nacimiento de todo el mundo, y el propósito por el cual todos decretan la travesía a través de la experiencia humana". "Cuando aquel que se esfuerza en conseguir tal Libertad alcanza el punto en el cual libera instantáneamente cualquier cantidad de energía que desee de su Cuerpo Electrónico, por mediación de su propio mandato consciente, entonces él puede controlar toda la manifestación, sin importar en qué esfera elija expresarse. Uno tan sólo tiene que observar el mundo ampliamente para ver lo que hace la discordia en los bellos cuerpos que la Naturaleza proporciona para nuestra experiencia en la parte física de la Vida. En la niñez y la juventud, la estructura de la carne del cuerpo físico es bella, fuerte, y responde a las demandas que se le hacen; pero cuando se le permite a los pensamientos y sentimientos discordantes expresarse en el ser personal a través de los años, según pasa la Vida, el cuerpo se incapacita; y el Templo cae en ruinas, porque nuestra conciencia externa no obedece la Única Ley de la Vida, ¡Amor, Armonía, y Paz!

"Llámalo como quieras, pero la Verdad Eterna permanece. Cuando la humanidad aprenda a vivir su Vida para la Única Ley Eterna del Amor, encontrará que tal obediencia la habrá liberado de la rueda del nacimiento y la reencarnación; y por tanto desaparecerán los problemas de la existencia humana. En su lugar vendrá el Gozo de la Perfección siempre en expansión, que reside por siempre dentro del Amor. Siempre continuará la Nueva Creación Constante, porque la Vida es Movimiento Perpetuo y nunca está inactiva ni duerme; sino que es por siempre una Auto-Sostenida Corriente de Perfección en Expansión, con Gozo, en

Éxtasis, y con un Diseño Nuevo y Eterno. Esta Actividad Perfecta y Gozo de la Vida están contenidos dentro de la Obediencia a la Ley del Amor.

"El último enemigo, 'la muerte', desaparecerá, porque ella es tan sólo un medio de liberarse de una vestidura que no tiene ya ningún valor que ofrecer a la Perfección de la Vida. Cuando el cuerpo físico está incapacitado de tal modo que la personalidad que lo ocupa no puede ya hacer un Esfuerzo Auto-Consciente para expresar Perfección, entonces la naturaleza misma se encarga de las cosas; y disuelve la limitación para que el individuo pueda tener una nueva oportunidad de hacer un esfuerzo que sea benéfico.

"Lamentar la muerte de un ser amado es egoísmo, y tan sólo retarda que el ser amado disfrute de un bien mayor. Lamentar una pérdida es realmente rebelión contra la Acción de la Ley; que se ha diseñado para darle otra gran oportunidad para el descanso y crecimiento; porque nada retrocede en el Universo y, no importando las apariencias, se mueve hacia un Gozo y Perfección Mayores. La Conciencia Divina en nosotros no puede y no debe afligirse; y la parte humana debería saber que, como nadie puede desaparecer de Este Universo, deberá encontrarse en algún otro lugar mejor que el que dejó. Si hay Real, Verdadero, y Divino Amor, nunca cesará de existir y debe alguna vez, en algún lugar, conducirnos hasta eso que amamos. En el Verdadero y Divino Amor, no existe tal cosa como separación; y eso que se siente como separación no es Amor. El sentido de separación es meramente uno de los errores del ser personal en el cual continúa enfrascado; porque no comprende la Naturaleza de la Conciencia. Donde está la Conciencia ahí funciona el individuo, porque el individuo es su Conciencia.

"Cuando se piensa en alguien amado que ha fallecido, uno está realmente en contacto con tal ser amado en su Cuerpo Mental Superior, en el momento en que la Conciencia de uno está puesta en la otra persona. Si el mundo occidental quisiera comprender Esta Verdad, rompería las cadenas que causan semejante sufrimiento innecesario. Tal sufrimiento se debe en su totalidad al hecho de que la personalidad, especialmente en el sentimiento, acepta que el cuerpo es el verdadero ser del individuo; en lugar de saber que el cuerpo es solamente una vestidura que lleva puesta el individuo. Sobre esta vestidura debería tener Dominio Completo y Eterno, y debería exigirle Obediencia Perfecta en todo momento.

"Si se ama realmente a otro, uno desea que ese otro sea feliz y armonioso. Si a través de la llamada muerte, elije un individuo aceptar una oportunidad mejor para una futura experiencia, y hay en nosotros la más ligera chispa de Amor por él, uno no debería sufrir, ni desear mantener atado a este ser querido en un estado de incapacidad; cuando puede marchar hacia un Descanso y Libertad Mayores.

"Es la ignorancia de esta Verdad la que hace posible que tal egoísmo mantenga a la humanidad atada en sus auto-creadas cadenas de limitación. Esta clase de ignorancia ata la Expresión de la Vida de la entera raza y es un terco rechace a comprender la Vida. Arrastra a miles de seres humanos cada año a las profundidades de la desesperación, totalmente innecesaria y evitable; cuando podrían y deberían estar gozando de Felicidad y viviendo en el Modo que la "Poderosa Presencia YO SOY" tiene previsto que vivan. Tal actitud hacia la Vida no sólo impide los logros de toda cosa digna; sino que incapacita al individuo, y lo llena de autocompasión, uno de los modos más sutiles e insidiosos por los cuales la fuerza siniestra destruye su resistencia y lo vuelve negativo. El individuo debe permanecer positivo, si es que quiere lograr su Victoria y expresar Maestría. La fuerza siniestra que ha generado la humanidad, usa este método para evitar que ganen su Libertad maravillosos individuos aspirantes; y para evitar que usen el Pleno Poder de la Divinidad, que ha sido suyo desde el comienzo, el Don del Padre a Sus hijos.

"De todas las faltas que ha generado la humanidad, la autocompasión es la más inexcusable, porque es la cúspide del egoísmo humano. A través de la autocompasión, la atención de la conciencia personal o ser externo, queda enteramente absorbida por los deseos del cuerpo físico; mientras ignora la Gran, Gloriosa, Adorable, Omnisapiente, Omnipotente Luz de la "Bienamada Poderosa Presencia YO SOY", que siempre reside sobre el cuerpo físico; no obstante, Su Energía, la usa el ser humano para este propósito destructivo.

"La humanidad no puede tener nada mejor de lo que está experimentando hoy día; hasta que busque fuera de su pequeño ego durante un largo tiempo, y reconozca y sienta la Presencia de Dios, la "Poderosa Presencia YO SOY", la Fuente de la Vida de cada individuo y de toda Manifestación Perfecta.

"¡El sufrimiento es egoísmo colosal, no es Amor! ¡La discordia es egoísmo, no es Amor! ¡El letargo es egoísmo, no es Amor ni Vida! Estos hunden a la raza en la esclavitud, porque destruyen la resistencia del individuo, gastando la Energía de la Vida; que debería ser usada para la creación de Belleza, Amor y Perfección. Esta esclavitud continúa, porque la actividad externa de la conciencia personal no hace el esfuerzo necesario y determinado para liberarse, ella misma, de la dominación del mundo psíquico.

El estrato psíquico solamente contiene esas creaciones de la humanidad generadas por los pensamientos, sentimientos y palabras discordantes de la actividad externa o conciencia personal. Esto significa las actividades diarias de la mente, el cuerpo y el sentimiento, con los cuales continúa la personalidad embrollando la expresión creativa de la Vida. La raza entera se ha atado de tal modo a su propia discordia, que los Grandes, Gloriosos, Trascendentes Maestros Ascendidos, además de pura Compasión por la lentitud del crecimiento de la humanidad y de la miseria de su degradación, ¡ofrecen liberarnos de las miasmas del plano psíquico y dar a la humanidad un nuevo comienzo! "Las gentes están entretenidas, fascinadas, y auto-hipnotizadas por las diversas condiciones del mundo psíquico; pero yo les digo -y lo conozco desde ambas actividades, Interna y externa de la Vida, desde el Punto de Vista de los Maestros Ascendidos-, ¡que no hay nada bueno ni permanente dentro del estrato psíquico! ¡Es tan inseguro y peligroso como las arenas movedizas!

El plano psíquico de la actividad externa del mundo mental y emocional, a menos que reporten Perfección, son uno y la misma cosa. Es completamente la creación de la conciencia humana del sentimiento y es tan sólo la acumulación de los pensamientos y formas humanas alimentadas por el sentimiento humano. No contiene nada inherente a Cristo, "La Luz Cósmica".

"El deseo y la fascinación por los fenómenos psíquicos es un sentimiento muy sutil que mantiene la atención de la personalidad alejada del reconocimiento, la constante adoración, la continua comunión, y la Permanente Aceptación de la "Poderosa Presencia YO SOY" del individuo. ¡La atención a las actividades del plano psíquico, disipa la energía y habilidad del ser personal, requerida para llegar a la Fuente Divina y para anclarse allí permanentemente!

"Cuento una Verdad Eterna cuando digo, que del reino psíquico no viene nada de Cristo, a pesar de cualquier aparente evidencia que parezca lo contrario; porque la actividad psíquica o externa de la mentalidad, está cambiando sus cualidades por siempre; mientras Cristo, que es Luz Eterna, es Perfección Siempre en Expansión, la Única, Incambiable, Suprema e Imperecedera Cualidad.

"La humanidad es hoy día como una multitud de niños necesitada de Mucha Ayuda, a causa de la atención y sutil fascinación que presta al plano psíquico, y está necesitada de la Sabiduría de los Maestros Ascendidos para elevarla, una vez más, a la Comprensión de la Luz; que es el único medio de Liberación de la oscuridad del caos de la Tierra.

"Los Salvadores del Mundo han venido a intervalos regulares para dar esta Clase de Ayuda a través de los siglos, desde el final de la Segunda Era Dorada sobre esta Tierra. Después de Esa Actividad, la humanidad quedó fascinada por el mundo de la forma y la creación de las cosas. La atención del individuo quedó presa, la mayor parte del tiempo, en las actividades externas; y olvidó el Reconocimiento Consciente de su propio Ser Divino Individualizado. De ahí que "la Poderosa Presencia YO SOY", residiendo en su cuerpo Electrónico, fuese ignorada completamente. Por lo tanto, el individuo solamente fue capaz de expresar parte de su Plan de Vida.

"El Bienamado Saint Germain pidió que usted, hermano mío", - continuó el Sr. Rayborn dirigiéndose a mí-, "observe muy atentamente sus sentimientos e impresiones, mientras esté en la mina; porque será llevado a cabo un trabajo de cierta naturaleza ¡ahora o nunca! Él desea utilizar una Cierta Actividad Cósmica presente en este tiempo, por Razones que no me explicó. Dijo que volvería de nuevo muy pronto y hablaría con todos nosotros. Él se esforzará en dar una Más Amplia Información (Luz) sobre la Cueva de los Símbolos que visitaron recientemente; y a la cual iremos con Él en Su Próxima Visita. Grey fallecerá en breve, por causas naturales; y no le dejaré sospechar que conozco todo acerca de su atentado contra mi Vida".

Los Cuentos de las Mil y Una Noches son difícilmente más extraños que las Verdades que estábamos recibiendo, y que las Cosas Maravillosas que estábamos experimentando. Parecía como si hubiésemos entrado en otro mundo, donde la actividad de la mente llegase a manifestarse instantáneamente en la forma física. El Bienamado Saint Germain nos había mostrado una Concluyente Evidencia de que conocía cada incidente y actividad de nuestras vidas; incluso veía los pensamientos e intentos más Internos de cada uno de nosotros. Me sentí Fuertemente Elevado con una Felicidad Indescriptible.

Nada y Rex se sintieron tristes inicialmente, cuando comprendieron que la marcha de su padre estaba tan próxima; pero supe positivamente que serían sostenidos por la Única Gran Presencia "YO SOY". Al salir de la biblioteca pregunté a Nada y Rex si querrían cantar una o dos canciones para su nuevo hermano, y ellos asintieron sonriendo. Cantaron "Eterna Luz del Amor" para la que Nada había compuesto la música y Rex la letra. La melodía y poder de la pieza pareció dilatar y continuar elevando la conciencia de uno, hasta el Gran Creador de todas las cosas, "La Poderosa Presencia YO SOY". Cuando nos juntamos, después de finalizar el canto, puse mis brazos alrededor de ambos muchachos, los conduje hasta su padre, y formé un círculo a su alrededor.

"Bienamado Hermano", -dije-, "Le rodeamos en un círculo de Corazones Amorosos; y pueda, el Sendero de cada uno, ser de Suprema Felicidad a través del Radiante Poder del Amor Divino, dentro de todos nosotros". Les dije entonces que las palabras no acertaban a expresar mi gozo y gratitud por su Amor, amistad y hospitalidad. "Hermano mío", -dijo Daniel Rayborn-, "Soy yo quien desea expresar mi gratitud al Bienamado Saint Germain y a usted, por el privilegio de su amistad, y porque mis amados hijos puedan tenerle como compañero, mientras yo me encuentre en otros lugares sirviendo en mi humilde manera. Regocijémonos de la felicidad que podemos darnos los unos a los otros.

Creo que es mejor que descansemos todo lo que podamos esta noche y mañana; ya que tendremos que conducir hasta la mina en Colorado, y debemos partir tempranamente por la mañana".

A la mañana siguiente en el desayuno, después del descanso nocturno, Daniel Rayborn nos saludó diciendo que había encontrado un Mensaje del Bienamado Saint Germain sobre la mesa, cuando despertó; pidiendo que los cuatro nos encontrásemos en la sala de la torre a las ocho de la tarde. Innecesario es decir que estuvimos todos instantáneamente interesados y gozosos, con la anticipación de Su Llegada.

A las ocho menos veinte, Daniel Rayborn anunció que era la hora de ir a la torre para nuestra reunión; pero por algún motivo, me sentí refrenado temporalmente de hacerlo. Cuando nosotros llegamos a la puerta el Sr. Rayborn, permaneció parado unos momentos delante de ella, como si estuviera meditando. En ese instante se abrió la puerta sin que nadie la tocara, y según entramos ví que estaba ricamente alfombrada, y hermosamente amueblada. En el centro de la magnífica alfombra estaba tejido el Símbolo Sagrado y Secreto de la Vida, donde nuestro Bienamado Saint Germain producía la Llama Consumidora dadora de Vida.

Las paredes estaban cubiertas con un material blanco brillante que parecía seda satinada. Las sillas no se parecían a nada que hubiese visto jamás. Estaban hechas de alguna clase de metal blanco semejándose a la plata satinada, tapizadas en sedosa felpa, del mismo rico azul de la alfombra, y diseñadas tan perfectamente como para dar comodidad, confort, y equilibrio al cuerpo, cuando uno se sentaba en ellas. Había una silla colocada en cada uno de los cuatro puntos cardinales, formando un cuadrado dentro del círculo de la sala. Las dos ventanas y la puerta cerraban desde el interior. Cuando todos estuvimos listos, Daniel Rayborn pidió que cada uno de nosotros cerrase los ojos, y permaneciese perfectamente en calma y silencioso; hasta que el Bienamado Saint Germain apareciese y hablase. Unos instantes después una voz profunda y rica dijo:

"Les saludo, Mis Amados estudiantes".

Abrí los ojos, y allí estaba la Bendita, Maravillosa Presencia de nuestro Bienamado Maestro. Tenía plenamente 1,84 m. de altura, era Esbelto, Majestuoso y Real. Su cabello era castaño oscuro, ondulado y abundante. Su rostro reflejaba indescriptible Belleza, Majestad, y Poder. Un rostro que revelaba Juventud Eterna, con ojos del más profundo color violeta que uno puede imaginar, a través de los cuales se derramaba sobre el mundo la Sabiduría de los Siglos, expresando el Amor y la Maestría que eran Suyas.

Él cruzó la sala hasta donde estaba Nada sentada, saludó con una inclinación y tocó su frente con el pulgar de su mano derecha, extendiendo el resto de los dedos sobre la cima de la cabeza. Hizo lo mismo con Rex, conmigo mismo, y con Daniel Rayborn. Es de Este Modo cómo un Maestro Ascendido puede dar una Radiación, que hace por el individuo lo que nadie más puede hacer. Es una Formidable Ayuda para aclarar la mente, porque libera Ciertas Actividades Superiores desde dentro de los Cuerpos Internos del estudiante, mientras él está dentro del Aura del Maestro.

"Bienamados", -comenzó-, "He venido esta noche para explicar Ciertas Leyes que les capacitarán para manifestar Dominio sobre las limitaciones humanas; una vez que conozcan y comprendan plenamente el Principio de la Vida dentro de sus cuerpos humanos.

Entonces conocerán y sentirán verdaderamente que este Principio es Omnisapiente y Todopoderoso. ¡Cuando comprendan realmente Esto, verán que no sólo es natural y posible; sino que eventualmente obligará a que trasciendan toda actividad externa, sus leyes, y sus limitaciones! Estas llegan a la existencia a través de la ignorancia, y se expresan en la actividad externa; porque se le consiente actuar al intelecto sin la Luz que ilumina el interior del Corazón. La discordia y la limitación son impuestas sobre la actividad externa por el hombre, y solamente por el hombre; porque el Creador Supremo, Omnisapiente, Omnipotente y Omni-Perfecto, no crea ni puede crear una limitación, una carencia, o una discordia.

"El concepto de que es posible que la Perfección-Total (Dios) pueda crear imperfección o algo diferente de Sí Misma es absurdo, vicioso y enteramente falso. El Creador Supremo da al individuo, junto con el Libre Albedrío, el Uso de los Atributos del Creador, con los cuales manejar la manifestación, en su punto particular del Universo. El individuo está dotado con la capacidad de formar conclusiones, usando el intelecto solamente, que son resultado de una información fragmentaria. Se originan porque se usa tan sólo una parte de los Poderes Creativos con los que está dotado el individuo. Y las conclusiones obtenidas de lo parcial, en lugar de la información completa, deben necesariamente producir resultados insatisfactorios. Pero el individuo debe tener Libre Albedrío, o no podría ser un Creador. Si elige experimentar con un radio de la rueda, en lugar de la rueda entera, no hay nadie que le pueda decir nada, en su deseo de experimentar estos resultados.

"Su rueda de manifestación no puede estar ni estará completa hasta que reconozca su 'Bienamada y Poderosa Presencia YO SOY', porque Ella es la Única Fuente que conoce todo lo requerido para construir cualquier patrón de manifestación que produzca Perfección para él.

"Todos los Patrones de Perfección se almacenan dentro de la Omnisapiente, Insondable, Deslumbrante Mente de la 'Bienamada y Poderosa Presencia YO SOY'; y nunca puede manifestarse en el mundo físico de la humanidad, hasta que la actividad externa de la mente, que es la conciencia intelectual, sea iluminada por el Rayo de Luz Dorada dentro del Corazón. Este Rayo procede siempre y solamente del Cuerpo Electrónico del individuo. Esta es 'La Presencia mágica YO SOY'.

"Esta 'Bienamada y Poderosa Presencia YO SOY' del Ser de la humanidad, no conoce, y nunca puede crear, el laberinto de confusión, caos, y destrucción que existe en la mentalidad y mundo externo de la humanidad; más de lo que puede el Sol crear una nube. Es Derecho de Nacimiento, y Privilegio de cada individuo, expresar la Plenitud de Esta Gloriosa Presencia Interna y Poder de Perfección; pero si el ser personal no quiere invocar el Poder de la 'Presencia' en acción, a través de la Mente Superior, dentro de la actividad externa, en todo momento, entonces toda experiencia externa permanece meramente como una condición cambiante, o como el terreno de juego de los pensamientos y sentimientos de otros seres humanos que rodean al ser personal.

"'La Poderosa presencia YO SOY reside dentro del Cuerpo Electrónico de cada individuo, estando situada entre 3,5 a 4,5 m. o más, por encima del cuerpo físico; y se ocupa solamente creando, expandiendo, y derramando por siempre Perfección. Vive en su Propio Reino, haciendo Trabajos Creativos en Niveles Cósmicos.

"Solamente se puede generar y experimentar imperfección en la actividad externa de la personalidad humana, que es tan sólo una parte fragmentaria de la individualidad de cada uno. La Inteligencia Discernidora y Selectiva actúa a través del Cuerpo Mental Superior. En Este Cuerpo la Inteligencia Individualizada puede mirar la discordia de la creación humana y observar las condiciones que atraviesa y rodean a la personalidad; pero no acepta estas condiciones dentro de Su Conciencia, ni Mundo. Esta Inteligencia ve lo que se requiere para producir Perfección en la experiencia física; y puede conectar con el Cuerpo Electrónico, que es 'La Bienamada y Poderosa Presencia YO SOY' del individuo, para atraer o hacer que se manifieste desde Ella aquello que produzca Perfección en la actividad externa.

"Trascendiendo de este modo todas las leyes terrenales, tan sólo reclamamos nuestra Autoridad Dada por Dios, para vivir y actuar en Perfecta Concordancia con la 'Bienamada y Poderosa Presencia YO SOY' del hombre y el Infinito. Esta 'Presencia' es Eterna, Incambiable Perfección, aunque siempre expandiéndose Ella Misma a través del individuo. Como pudieron ver, llegué a su presencia en esta sala cerrada, con paredes de piedra sólida. Estas aparentemente impenetrables paredes no son más barrera ni obstáculo para la 'Bienamada y Poderosa Presencia YO SOY', de lo que pudieran ser para una onda eléctrica. Esta 'Presencia' es el Poderoso Maestro Interno, el Ser Divino de cada individuo. Cuando uno reconoce, acepta, comprende, y siente Esta 'Bienamada y Poderosa Presencia YO SOY', Sus Ilimitados Poderes son liberados para ser usados".

"Este hogar y sala fueron dedicados a los Maestros Ascendidos de Amor, Luz, y Sabiduría cuando fue construida la torre; y continuará siendo un Foco de Su Actividad mientras Ellos deseen usarlo.

"Cuando el caparazón, que viene a ser la discordia del ser externo, se disuelve, no pasando por el cambio llamado muerte, sino por la consciente elevación e iluminación del cuerpo y de todas sus actividades, mediante la 'Luz' de la 'Bienamada y Poderosa Presencia YO SOY', Su Poder se libera dentro del mundo externo a través del individuo, y él manifiesta Completa Maestría, el Dominio, como le fue dado por el Padre en el comienzo.

"A través de su conciencia, cada ser humano puede liberar el Poder Ilimitado de la 'Bienamada y Poderosa Presencia YO SOY'. Cuando uno disciplina sus facultades externas y las hace obedientes a su Consciente Mandato de Perfección; es capaz entonces de permitir que Este Formidable Poder fluya a través de él, sin obstrucción, y de usarlo constructivamente. ¡Dentro de cada uno de ustedes está el mismo Magno Poder que Yo uso! Ustedes lo pueden usar como Yo lo hago, cuando reconozcan, acepten, y admitan en todo momento que la 'Bienamada y Poderosa Presencia YO SOY' está siempre en acción. Este es el Cristo Cósmico, y la única Conciencia que puede decir 'YO SOY'.

"La Llama Pensante de Dios es la única Actividad de la Vida en todo lugar de la manifestación que puede reconocer Su propia Individualización; puede usar la 'Palabra Creativa de Dios', y puede enviarla a todo el Universo para producir manifestación. Solamente el Hijo de Dios, o sea, el Individuo dotado de Libre Albedrío, puede decretar como decreta Dios, y puede decir, 'YO SOY'. Cualquier cualidad que siga a ese sonido, emitido hacia los éteres, se convierte en una manifestación en el mundo de la sustancia, y de este modo llega a ser una forma.

"Cuando el individuo dice, 'YO SOY', él está usando el Atributo Creador de la Divinidad, y está anunciando Creación en su punto particular del Universo. La acción vibratoria de la Palabra 'YO SOY', tanto en pensamiento como hablada, es la Liberación del Poder de la Creación; y cualquier cualidad que siga a este Decreto se imprime o impone en la sustancia electrónica de los éteres. Siendo ésta la única sustancia y energía existente, cuya naturaleza es ser cualificada de alguna manera, debe reflejar o reproducir el patrón existente dentro del Decreto. Si el Decreto es siempre algo Perfecto, entonces la experiencia del mundo del individuo expresa la Plenitud del Plan de la Vida; pero si el individuo no emite ese Decreto, es imposible que esa Perfección se manifieste o refleje en su experiencia, hasta que el Decreto sea liberado en los éteres en los cuales vive.

"Cada individuo puede pensar Perfección en cada momento, si tan sólo lo desea así; y no requiere más sustancia ni energía construir Formas Perfectas y Bellas de la que requiere lo imperfecto; pero si el individuo desea que esta Perfección se exprese en su propio mundo, debe usar su propia energía para emitir el Decreto que liberará Esa Perfección hacia él. ¡Tal es la 'Ley de su Ser' y nada puede cambiarla!

"La Vida es la única Presencia, Inteligencia, y Poder que puede actuar o siempre actuó. ¡Estas tres Actividades dentro de la Vida son coexistentes en todo lugar! La Luz Electrónica Pura que llena el Infinito es Inteligente Sustancia, Auto-Luminosa, de la 'Poderosa Presencia YO SOY', existiendo en todos los puntos, y de la cual están compuestas todas las formas. La discordia y la limitación pueden construir una película, por decirlo de algún modo, alrededor de esta sustancia, sofocando por lo menos en algún grado la Brillantez de la Luz; pero la imperfección de cualquier clase nunca puede entrar en la Sustancia Electrónica misma. Las discordias y limitaciones con que la humanidad se ha envuelto a sí misma, se deben a las actividades del intelecto y de las emociones; que no han sido entrenados para mirar dentro de la Luz de la propia e individual 'Poderosa Presencia YO SOY', en busca del Plan de Perfección; sobre el cual debería construir cada uno todas sus actividades externas.

"Este Plan Perfecto no existe en ningún otro lugar excepto dentro de la 'Poderosa Presencia YO SOY'. Cuando el intelecto y las emociones son purificados e iluminados por la Luz de Esta Gran Presencia, entonces pueden fluir a través de la personalidad las Ideas y Actividades perfectas, sin llegar a ser distorsionadas por la información fragmentaria de la actividad externa de la conciencia. Los informes de la conciencia de los sentidos humanos, son meramente actividades no iluminadas; porque cuando La Luz se enfoca en ellos desde la 'Poderosa Presencia YO SOY', se funden en Su Gloriosa Perfección de nuevo.

"Amor, Paz, Equilibrio, Orden y Actividad Perfecta, o la coordinación de todas las actividades externas con los Patrones de Perfección de la 'Presencia', tan sólo pueden conseguirse por la Gran Luz del 'YO SOY'. En la 'Presencia', y sólo en Ella, existe por siempre el Diseño de Perfección. Si el estudiante o el individuo quiere fijar su atención con tenacidad determinada, y la mantiene sobre la 'Poderosa Presencia YO SOY', puede liberar un tal Amor Divino, Luz, Sabiduría, Poder, Coraje y Actividad, como no puede comprender posiblemente en el presente.

"El Amor Divino contiene la Actividad Perfecta de Cada Atributo de la Divinidad. Cuando el individuo entra en el sendero consciente de la Auto-Maestría, ¡debería entender y comprender plenamente que de ahí en adelante está obligado a conseguir todo lo que intente, mediante el Poder del Amor Divino, procedente del interior de su propia 'Presencia YO SOY'! Debe saber inequívocamente, y recordar en todo momento, que ese Amor Divino contiene dentro de Él, la Completa Sabiduría y Todopoderosa Fuerza de la 'Bienamada y Poderosa Presencia YO SOY'.

"Cuando un individuo genera suficiente Amor Divino y lo derrama en todas las actividades externas, puede ordenar lo que quiera a través de la 'Poderosa Presencia YO SOY', y su petición siempre se cumple. Puede estar en medio de las bestias salvajes de la jungla, sin sufrir ningún daño. El Amor Divino, cuando se genera conscientemente dentro del individuo, es una Armadura de Protección, Invisible, Invencible e Invulnerable, contra toda actividad perturbadora. Hay una sola cosa que puede proporcionar Perfección en todo lugar del Universo; y esa es suficiente Amor Divino. Por lo tanto, ¡ama a tu propia 'Poderosa Presencia YO SOY' intensamente, y nada más puede entrar en tu Ser o mundo!

"Ustedes cuatro han alcanzado el punto donde la 'Presencia YO SOY' ordena la Asistencia de los Maestros Ascendidos. Por tanto será un Gran Placer ser de alguna ayuda que puedan necesitar. Antes de continuar más adelante, deseo transmitirles el Gran Amor y Bendiciones de su Bienamada Madre y Compañera. Pronto tendrán el Gozo de verla y saludarla cara a cara; y nunca de nuevo serán perturbados por el pensamiento o cambio llamado muerte. Siento Gran Gozo al ver tal Maravillosa Armonía dentro de sus cuerpos.

"Hermano mío", -dijo, dirigiéndose a mi-, "le doy la bienvenida y le bendigo por su noble naturaleza, tan Sincero Corazón, y tan Gran Amor. Pronto será consciente de que tiene mucho que hacer aparte de escribir". Dirigiéndose a Nada y Rex, les señaló:

"Mis Bienamados Nada y Rex, me siento como un padre y una madre para ustedes, aunque no puedo ocupar el lugar de su padre terrenal que es tan noble, tan fino y cuyo peregrinaje está tan cercano a su fin. Él puede permanecer con ustedes muchos meses todavía. Por favor, olviden enteramente eso que relacionan como separación, y acometan de lleno las actividades que tienen por delante".

"Estoy más que satisfecho", -continuó, dirigiéndose hacia mí-, "de ver en su Corazón una gran voluntad de servir dondequiera que ese servicio sea más necesario. Ese atributo le traerá una Luz Muy Grande". Incluyendo a todos continuó:

"Después de su viaje a la mina, impartiré a cada uno ciertas Instrucciones Privadas que les asistirán grandemente y asegurarán el despertar de Ciertas Facultades cuyo uso necesitarán pronto; y a través de las cuales seré capaz de comunicarme con ustedes mucho más fácilmente. Esto les proporcionará una claridad que barrerá toda duda.

"El superintendente de su mina", -dijo, dirigiéndose a Rayborn-, "retendrá su cuerpo físico solamente hasta que le pueda decir unas pocas palabras de despedida. Al norte del túnel, donde se hizo el último descubrimiento, que se considera muy bueno, hay un depósito inmensamente más rico, que se pasó por alto. Yo indicaré la situación, cuando se llegue al lugar exacto en el túnel. Usted debe marcarlo", -dijo, viendo hacia mí-.

"Hay algunos en la mina que están en contacto con Grey, lo que hace que no sea sabio descubrir esto, hasta que esté fuera de su alcance. Será mucho más sabio en el futuro prohibir que salga cualquier informe acerca de descubrimientos de filones hechos en la mina. Esta veta de mineral de oro, que le será indicada a usted, contiene alrededor de veinte millones de dólares en oro, libre de todos los gastos de operación.

"Poco comprenden aquellos seres humanos en gran necesidad, cuán fácil y rápidamente podrían y deberían obtener su libertad financiera; si tan sólo quisieran volver su atención a la 'Bienamada y Poderosa Presencia YO SOY' y la mantuvieran allí con determinada tenacidad, sería grande su recompensa por tal esfuerzo.

"Estaré presente mientras estén en la mina, pero no visible para su vista externa. Este es el restablecimiento de nuestra maravillosa asociación pretérita. Comprenderán lo bello que esto resulta, cuando lleguen a ser conscientes del Formidable Poder de la 'Poderosa Presencia YO SOY' dentro y sobre cada uno de ustedes. Ustedes atraerán y usarán sin límites este Magno Poder".

Él dio a cada uno un cordial apretón de manos, y pidió que tomásemos la misma postura como antes de que llegase, diciendo que todos nosotros nos íbamos a encontrar de nuevo prontamente. Cuando abrimos nuestros ojos había desaparecido, tan rápidamente como había entrado.

Nada y Rex dijeron que la experiencia fue lo más Glorioso de sus vidas, y las dos horas más felices que habían tenido jamás. Solamente puede ser transmitida en palabras una pequeña parte de tal Trascendente Trabajo, a quienes no hayan tenido experiencias de este tipo; pero toda la humanidad puede tener la misma oportunidad, cuando el individuo esta libre de egoísmo, es sincero, humilde, y ferviente en su deseo por la Luz; y ama realmente a su propia 'Poderosa Presencia YO SOY'.

Fue tan notable y edificante ver la sala brillantemente iluminada por la Presencia Radiante del Amado Saint Germain, y fue una prueba concluyente de que Su 'Presencia' era Su propia Luz. Cada uno de nosotros experimentó tal Paz y Amor como nunca soñamos que existieran. No pudimos abstenernos de abrazarnos, y había lágrimas de alegría en nuestros ojos por la profunda gratitud por tal privilegio divino. Nos despedimos y nos fuimos a nuestras habitaciones, ya que a la mañana siguiente debíamos salir temprano hacia la mina. Salimos muy temprano, conduciendo casi quinientas millas por una carretera que estaba en espléndidas condiciones. El día era tranquilo, luminoso y encantador, y la belleza del paisaje, magnífica. Nos turnamos al volante para que nadie se cansara lo más mínimo, y exactamente a las siete de la tarde llegamos al campamento. Notamos una gran actividad y excitación. En cuanto los hombres nos vieron, uno de ellos vino corriendo hacia el coche, diciendo con entusiasmo: "¡Vengan! ¡Vengan! Grey se ha herido gravemente en la mina. Sucedió mientras cambiábamos de turno".

Daniel Rayborn partió apresuradamente, mientras Rex y Yo llevamos a Nada al bungalow. Los mineros se hicieron cargo del equipaje, y nosotros nos apresuramos hacia el despacho del superintendente, a donde había sido llevado Grey. Cuando llegamos, el cuarto estaba siendo desalojado, ya que Grey deseaba hablar a solas con Rayborn. Entramos y lo saludamos, dándole los ánimos que pudimos, y entonces los dejamos solos.

Treinta minutos más tarde, salió Rayborn. Estaba profundamente emocionado, porque, según nos contó más tarde, Grey había hecho una confesión completa, había pedido perdón, y había fallecido inmediatamente. El Bienamado Saint Germain dijo, refiriéndose a esto más tarde: "El Alma se retiró de su templo de carne, cuando comprendió que su parte humana no podría aguantar la tentación".

"Al hacer explotar los barrenos perforados por el turno de día", -explicó Rayborn-, "se aflojó una gran roca, y cuando Grey estaba inspeccionando y tomando muestras del trabajo del día, cayó la roca, golpeándolo en la cabeza. Cayó inconsciente, y otra roca cayó sobre su pecho, aplastándolo tan seriamente que no hubo esperanzas de recuperación.

"Grey permaneció consciente hasta que llegué a su lado e hizo una confesión completa, concerniente a su atentado sobre mi vida, porque supo que no iba a vivir. Gustosa y libremente perdoné todo, para que pudiera fallecer en Libertad. Su Alma puede, de este modo, tener una mayor oportunidad de crecimiento. Su gratitud fue inenarrable por la oportunidad de liberar su conciencia y ser perdonado. Su deceso se produjo realmente con gran paz".

Todos nosotros estábamos un tanto pasmados por la rapidez y exactitud con que el vaticinio del Bienamado Saint Germain se había cumplido. A las once de la mañana siguiente, se ofreció un pequeño servicio en el campamento, y el cuerpo fue llevado después a la estación del ferrocarril, distante unos 5 Km. Bob Singleton lo acompañó a San Francisco, donde vivían la madre y hermano de Grey. El Sr. Rayborn les envió un cheque por valor de 25.000 dólares y pagó los gastos.

En todas mis experiencias mineras, jamás he visto un campamento de hombres tan maravilloso como los empleados del Sr. Rayborn. Se había hecho todo lo posible para su confort y conveniencia; sin permitirse bebidas intoxicantes de ninguna clase. La mina estaba situada en el corazón de una montaña muy escarpada; y se hizo todo lo posible para mantener una suma Armonía.

Nada y Rex usaban toda oportunidad para familiarizarme con el campamento, y por todas partes era completamente evidente que Rayborn era muy apreciado por sus hombres. La entera atmósfera era de armoniosa cooperación, y había una ausencia total de todo elemento bronco e indeseable.

Era costumbre del Sr. Rayborn pagar a cada hombre un bono de un dólar al día, en tanto durase cualquier rico filón. Hizo superintendente a Bob Singleton, porque era un muchacho fino, de elevada nobleza, y honesto, con espléndida habilidad. Pasamos un día maravilloso visitando la planta de concentración, de la cual sólo se embarcaban los concentrados hacia la fundición. Mucho del rico oro estaba libre de impurezas, enviándose a fundir, y se mandaba directamente a Denver para su acuñamiento.

Esa noche en la cena dijo Daniel Rayborn al hablar de Bob Singleton: "Hace tiempo que he querido hacer a Bob Singleton nuestro superintendente, porque siento que es un hombre absolutamente confiable. Creo que sería mejor que no entrásemos en la mina hasta que él retorne de San Francisco; lo que probablemente será el segundo día después de mañana. Mientras tanto podemos croquizar la superficie que aflora y levantar planos.

"Deseo que ambos muchachos se familiaricen con los límites de la mina y todos sus departamentos. Les mostraré las venas principales del mineral de oro en la superficie. A pesar de que hemos tenido esta mina durante doce años, no obstante, como se podrá ver según la recorran, tan sólo hemos explorado una pequeña parte; aunque hemos sacado millones de dólares en oro".

Singleton retornó a la caída de la tarde del cuarto día, y se hicieron planes para inspeccionar cuidadosamente los trabajos subterráneos, al día siguiente. Durante esa noche sentí como si estuviese siendo cargado fuertemente con una Dinámica Corriente Eléctrica. Nada había traído su instrumento musical árabe, y Ella y Rex nos entretuvieron regiamente después de la cena.

A las nueve en punto de la mañana siguiente, fuimos a la caseta de la boca de mina y nos reunimos con Singleton, que nos esperaba listo para bajarnos a la mina. Entramos en el elevador y descendimos hasta el nivel de 122 m. Desde aquí atravesamos diversos túneles y atajos. Según estábamos atravesando un túnel que conducía al suroeste, sentí repentinamente que una Corriente Eléctrica me atravesaba. Paré, y dirigiéndome a Singleton dije: "¿Qué contiene esta formación hacia el norte de este punto?"

"Hay solamente roca del país entre estas dos venas", -replicó él-. "Se encuentran separadas de la superficie unos 122 metros, con muy poco declive, aparentemente".

Reiniciamos la marcha, pero sin que los demás me viesen, marqué el lugar con tiza azul. Después fuimos al nivel de 182 m. y continuamos inspeccionando los diversos trabajos. Llegamos a un túnel que conducía hacia el suroeste, y casi debajo del lugar donde había sentido la corriente, la vez anterior, la sentí de nuevo, pero más poderosa que antes. Miré a mi derecha, y ví una luz azul intensa con un centro de oro líquido. Este se mostraba claro y brillante sobre la pared del túnel. Marqué el lugar rápidamente, y al mismo tiempo, se activó grandemente mi Vista Interna. Vi claramente entonces, a través de la roca, lo que parecía ser una gran cavidad entre las dos venas principales, separadas por lo menos unos 60 m. La cavidad tenía una altura de otros 60 m. y aproximadamente la misma medida de circunferencia. Una hendidura en la formación subía hasta la cima, justo en el nivel de los 122 metros.

Durante una antigua actividad volcánica, el mineral de oro había sido forzado hasta este punto, formando venas muy ricas, pero esta hendidura permitió que se llenase la cavidad. Es una de esas cosas muy extrañas que ocurren en la naturaleza, muy raramente por supuesto, no obstante ocurren.

Esa actividad completa pasó como un relámpago por mi conciencia en un momento, como lo hacen todos los Destellos Cósmicos. Yo marqué el lugar, después proseguí con los demás para examinar el nuevo filón. Era muy interesante. Las dos paredes de la vena se habían ensanchado repentinamente en su formación, y en ese punto, se había creado el amplio depósito; aunque no era más grande de una décima parte del que yo había marcado. Justo en ese momento Bob Singleton fue llamado aparte por uno de sus hombres, y yo tuve una oportunidad de explicar a Rex y a su padre lo que me había sido mostrado por el Bienamado Saint Germain. Supe positivamente que fue Su Poder el que había hecho posible que viese dentro de la formación, y marcase su posición. Rayborn decidió inmediatamente abrir un túnel de atajo, que partiese desde el lugar que yo había marcado, hasta contactar el depósito que me había sido revelado. Cuando regresó Singleton, Rayborn dio la orden de que los mineros comenzasen de inmediato ese atajo.

El superintendente le miró profundamente asombrado. No obstante, nadie de sus hombres pensó jamás en cuestionar nada de lo que Rayborn sugiriera; y Bob comenzó los preparativos de inmediato, para llevar a cabo la orden. Rayborn le dio una pequeña explicación diciendo:

"¡Bob!, sé que no comprende por qué estoy haciendo esto, pero cuando se haya realizado este trabajo especial, se lo explicaré".

"Sr. Rayborn", -dijo Singleton con una gentil y humilde dignidad-, "será siempre un placer para mí cumplir sus órdenes sin hacer preguntas".

"Deseo", -continuó Rayborn-, "que sean puestos los hombres más rápidos y confiables en este trabajo. Usa los tres turnos, y finalízalo tan pronto como sea posible".

"¿Cuántos metros pueden horadar los mineros en veinticuatro horas?", -pregunté al superintendente-.

"Creo que por lo menos 3 m., más o menos", -respondió él-, "de acuerdo a la dureza de la roca". A ese ritmo deduje que serían capaces de alcanzar el depósito en unos diez días, y casi estuve a punto de gritar de gozo; porque supe con toda certeza lo que encontrarían al llegar a él.

A Rex y a mí nos agradaba mucho Bob Singleton, porque parecía un hombre de carácter fino pero fuerte, aunque era muy joven para el tipo de posición que desempeñaba. Él nos dejó tan pronto como salimos de la mina, porque había un cargamento de mineral para enviar esa tarde. "He telegrafiado al capataz del rancho", -explicó Rayborn-, "para que sepa que no retornaremos durante dos semanas, a no ser que algo vitalmente importante lo demande; porque deseo permanecer aquí, y observar el progreso del nuevo túnel de atajo". Los días pasaron rápidamente; el trabajo prosiguió avanzando metódicamente, y nosotros ocupamos el tiempo escribiendo, paseando, y gozando de la música que Nada y Rex nos tocaban con su instrumento árabe, uniéndose a nosotros, en diversas ocasiones, Bob Singleton a la cena.

El trabajo en el túnel alcanzó unos 15 m., los primeros cinco días. Cada uno de los hombres recibía un bono de un dólar por cada pie (30 cms.), y Singleton cincuenta dólares por el buen trabajo realizado. Bob preguntó a Nada y Rex si querrían cantar una tarde para los mineros, mientras permanecían en el campamento. Ambos estuvieron de acuerdo, y Nada, queriendo sorprender a todos, telegrafió a Denver pidiendo sus trajes árabes; y cuando apareció en su primer número, los mineros casi se volvieron locos de contento. Acabado el programa se levantó uno de ellos, y preguntó si podían estrechar las manos de los muchachos, en agradecimiento por el maravilloso entretenimiento de la tarde. Los muchachos accedieron y dijeron después que nunca habían sentido tal inspiración o tal poder en sus voces. Ambos sintieron que el Maestro Saint Germain había estado presente, y había usado la oportunidad para derramar Su Radiación a los presentes a través de la música; elevando de este modo sus conciencias y lealtad a una todavía mayor altura. Este fue Su Modo de neutralizar la influencia que había intentado penetrar a través de Grey; quien no había podido lograr su nefasto propósito.

A las doce de la mañana del día decimoprimero, estaba yo en la oficina de la mina con Bob Singleton, cuando un minero entró grandemente excitado, diciendo que habían tropezado con un rico mineral de oro en el nuevo atajo. El superintendente miró hacia mí, incapaz de articular palabra alguna; tan llanamente mostró su sorpresa. Fue entonces, cuando comprendí que él nunca soñó encontrar oro en el nuevo trabajo.

Simplemente, mediante el uso de observaciones geológicas ordinarias, este depósito nunca podría haber sido localizado; porque los geólogos raramente toman en consideración las formaciones caprichosas que algunas veces ocurren en la naturaleza; y ésta, ocasionalmente hace cosas extraordinarias. Este depósito nunca habría sido encontrado excepto mediante el Poder Súper-humano de nuestro Bienamado Maestro. Singleton me pidió que buscásemos a Rex y a su padre, y les comunicásemos las noticias. Me dirigí apresuradamente a la oficina de la mina, y los encontré esperándome para almorzar. Cuando les conté lo que había sucedido, todos dimos silenciosamente alabanzas y gracias a la "Bienamada y Poderosa Presencia YO SOY", y a nuestro Bienamado Saint Germain, por hacer posible este rico descubrimiento.

Rayborn mandó recado a Bob de que estuviera listo para ir con él a la una y media, y examinar el nuevo descubrimiento. Nada decidió esperar nuestro informe. Cuando alcanzamos el lugar, ví que los últimos barrenos habían irrumpido en el depósito, y la entera superficie del túnel era de mineral de oro.

"Bob", -instruyó Daniel Rayborn-, "toma muestras del mineral de oro, y pon a trabajar al personal lo más rápido posible, para determinar su extensión".

"Lo haré", -replicó Bob-, y continuó explicando, "La formación en el mismo depósito de mineral de oro, es mucho más fácilmente perforada y troceada que la roca ordinaria". Cuando volvimos a la superficie no se pudo contener por más tiempo, y estalló diciendo:

"Sr. Rayborn, esta es la cosa más notable que he leído u oído en toda mi vida. ¿Cómo sabía usted que el mineral de oro estaba allí? Ningún signo externo lo indicaba".

"Bob, amigo mío", -replicó él-, "ten paciencia. Pronto lo sabrás. Prolongaremos nuestra estancia otros diez días, y si no estoy equivocado, avanzarán a doble velocidad en el cuerpo del mineral, de la que necesitaron para alcanzarlo. Mantén este mineral enteramente apartado de todo el resto de la mina. Explicaré la razón de esto posteriormente".

Esa noche, a la cena, el Sr. Rayborn pidió a Nada, Rex y a mí mismo que nos reuniésemos con él a las ocho.

"Sugiero", -comenzó él tan pronto como estuvimos todos sentados-, "que tomemos a Bob Singleton como socio, y como gerente general de la entera mina; incluyendo lo que en el futuro será conocido como el 'Descubrimiento del Maestro'. Pienso que será mejor que él seleccione un asistente, a quien todos aprobaremos. Siento con certeza que puede confiarse en él como en uno de nosotros. Tenemos delante de nosotros toda evidencia de que es físicamente cierto todo lo que dijo nuestro Bienamado Maestro, acerca del depósito de mineral de oro. No obstante, no digamos nada a Bob sobre esto, hasta que finalice la perforación del túnel". Los días siguientes se llenaron de gran actividad y tremendo interés, mientras progresaba el trabajo. Casi cada noche Bob era invitado a cenar con nosotros para llegar a conocernos mejor. Veinte días después de haberse encontrado el cuerpo de mineral de oro, la perforación alcanzó el lado opuesto, a una distancia de unos 60 m. y Rayborn estaba más que feliz de haber esperado para saber su extensión.

La noche en que se finalizó el túnel, anunció durante la cena, que Bob iba a ser tomado como uno de los socios; y aunque el "Descubrimiento del Maestro" pertenecía realmente a Nada y Rex, ellos querían que Bob compartiese también cierto interés específico en la mina, en adición a su salario. Después Rayborn explicó cómo había sido descubierto el depósito de mineral. Él dio una corta descripción de nuestro Bienamado Maestro Saint Germain, contándole la protección que había recibido él y su familia durante años; y el reciente atentado contra su Vida, así como su escape. Lágrimas de gratitud y gozo cursaron las mejillas de Bob mientras intentaba expresar su agradecimiento.

"Tu profundo sentimiento", -dijo Rayborn-, "prueba tu sinceridad más allá de toda duda. Todos nosotros sentimos un Gran Afecto por ti, Bob, y estoy seguro que se puede confiar en ti como uno de nosotros".

"Les doy las gracias a todos", -dijo Bob con sinceridad-, "y haré lo indecible para ser digno de la confianza que ponen en mí, y por su gran

51

amabilidad". Fue entonces cuando supimos que Bob tenía una hermana, Perla, a quien apreciaba mucho; la cual era su único pariente vivo, con la excepción de una tía con quien ella vivía.

"Espero que Perla", -continuó él-, "llegue aquí mañana, pues viene a visitarme durante un tiempo". Se mostró muy entusiasmado al describirla, y mostró su foto que sacó del bolsillo.

Era una joven de unos dieciocho años, notablemente bien parecida, y no obstante, uno sentía que tenía gran fortaleza de carácter con un sentido natural de calma y mando. Bob le comentó a Daniel Rayborn que siempre había deseado proporcionarle medios para ir a la universidad; y con esta buena fortuna reciente, de compartir la mina, esto sería posible ahora. Al día siguiente Nada, Rex, Bob y yo, fuimos a la estación para recibir a Perla. Cuando paró el tren y los pasajeros descendían vimos a alguien precipitarse en los brazos de Bob. Esto nos hizo comprender cuán tiernamente se amaban el uno al otro. Esa tarde Bob le habló de su participación en la mina, y de la buena fortuna que le había llegado. Más tarde, cuando conoció a Daniel Rayborn, ella le echó los brazos al cuello, y le beso con profunda gratitud, por su amabilidad con Bob. Intentó darle las gracias, pero él dijo:

"Hija mía, me hace todavía más feliz saber que tú vas a compartir el gozo con tu hermano, a quien todos hemos aprendido a querer". Esa noche la pasamos escuchando cantar a Nada y Rex, y pienso que Perla fue sin duda alguna, la persona más feliz y más agradecida que jamás he visto.

Al día siguiente llegó un mensaje desde el rancho, diciendo que se necesitaba allí a Daniel Rayborn, de modo que hicimos los preparativos para partir en la segunda mañana siguiente. El asistente del superintendente, que había elegido Bob, llegaría al campamento diez días después, y Nada persuadió a Bob que permitiera que Perla regresara al rancho con ella, hasta que él tuviese tiempo de visitarla.

Rayborn planeó permanecer en el rancho solamente dos o tres semanas, y después retornar a la mina de nuevo.

A las seis de la mañana del día de la partida, todos los trabajadores que estaban libres de servicio vinieron a vernos partir, y cuando Bob dijo adiós, sostuvo a Perla en un fuerte y hondo abrazo; y expresó su gratitud de que ella hubiese encontrado tan maravillosa amiga en Nada. Rex y yo nos turnamos en la conducción, para que Daniel Rayborn pudiera tener una oportunidad de conocer mejor a la nueva amiga de Nada. Notamos que Perla era una observadora muy atenta, y su apreciación del bello panorama que atravesábamos era muy profunda.

El tiempo pasa volando cuando todo es Gozo y Armonía, y ésta es Una de las Grandes Leyes de la Vida. Si la humanidad pudiese tan sólo comprender la imperativa necesidad de su funcionamiento en sus vidas; y comprendiese el factor vital que llega a ser en su consciente uso, estaríamos viviendo en un mundo muy maravilloso, mucho más pronto de lo que posiblemente podamos comprender ahora.

Dimos un gran rodeo mientras volvíamos, aunque llegamos a casa a las ocho, a tiempo para disfrutar de una espléndida cena. Todos parecíamos un poco cansados por el largo viaje en coche, excepto Perla. La novedad del panorama mantuvo su interés tan vivamente, que ella pareció no sentir nada excepto la gran felicidad de la experiencia. Nos retiramos temprano, profundamente agradecidos a la "Poderosa Presencia YO SOY" por las Maravillosas Bendiciones que había derramado sobre nosotros.

CAPÍTULO 3
MARAVILLAS SUBTERRÁNEAS

AL día siguiente Nada, Perla, Rex y yo fuimos a nuestro lago favorito en la montaña. Perla había ido a dar un paseo, mientras el resto de nosotros estábamos sentados, muy quietos, en la orilla. Llevábamos allí casi una hora, cuando sentí que me atravesaba una sensación extraña, como si Perla estuviese en peligro. Llamé a Rex; hablamos de mi sensación, y corrimos en su búsqueda. Rodeamos una roca enorme que se proyectaba en medio del sendero, y la vimos parada e inmóvil. Afortunadamente no la llamamos, sino que avanzamos rápidamente hacia adelante. Cuando llegamos más cerca, observamos que una enorme serpiente de cascabel esperaba su oportunidad de atacarla.

Rex siempre llevaba una cuerda alrededor de su cintura. Sin decir palabra, y más rápido de lo se tarda en decirlo, hizo un lazo, y con un rápido y diestro movimiento lo lanzó hacia adelante, cogiendo a la serpiente justo por debajo de la cabeza. La mató instantáneamente, y se volvió hacia Perla esperando encontrarla muy asustada. Imaginen nuestra sorpresa cuando ella, con cara serena y calmada, y sonriendo curiosamente, dijo:

"Me acerqué inesperadamente a la serpiente, pero sabía que no podía dañarme, en tanto mantuviese mis ojos sobre los suyos. De algún modo supe que vendrías en mi auxilio". A estas alturas ya Nada había llegado hasta allí, y le contamos el incidente.

"Mi querida hermana", -dijo ella, dirigiéndose a Perla-, "ciertamente tienes maravilloso coraje y calma". Perla la miró con una expresión peculiar que nunca habíamos visto antes.

"Nada, querida", -replicó Perla-, "sabes que el Gran Maestro no permitiría que ninguno de nosotros fuese dañado". Finalmente yo recuperé mi voz y pregunté: "¿Qué Maestro?". Ella me miró fijamente por un momento y exclamó:

"Qué pregunta más tonta. El mismo Maestro que conoce cada uno de ustedes". Nada le echó los brazos al cuello y exclamó:

"Dios te bendiga, querida. ¿Cómo le conociste?"

"Cuando apenas tenía diez años", -continuó ella-, "a poco de morir mi madre, se me apareció un Bendito Ser a quien posteriormente llegué a conocer como el Maestro Saint Germain. Después de su primera aparición Él continuó visitándome e instruyéndome; pero me fue prohibido contarlo a nadie, ni siquiera a mi hermano, hasta que se me diese permiso para hacerlo.

"Él me dijo que viniese aquí para ver a Bob en este momento, y noté un brillo inusual en su mirada, mientras lo decía; pero no comprendí por qué estaba tan divertido. Ahora está todo claro. Poco soñé yo que iba a conocer a aquellos que también conocen a mi Bienamado Ángel Maestro, como yo siempre le llamo".

Desde ese momento en adelante, pareció como si Perla fuera una hermana perdida hace tiempo, que había retornado. Esa noche volcamos nuestra gran sorpresa sobre Daniel Rayborn, y se sintió profundamente gozoso cuando se enteró que Perla era una estudiante de nuestro Bienamado Saint Germain.

A la mañana siguiente tuvimos todos una Real Sorpresa esperándonos cuando bajamos a desayunar; porque Daniel Rayborn, cuando despertó, recibió un mensaje de Nuestro Maestro; en el que Saint Germain había pedido que nos encontrásemos todos nosotros en la "Cueva de los Símbolos" en Table Mountain a las ocho de la mañana del tercer día siguiente. Eso era en la mañana del martes. Perla estaba muy ansiosa de saber algo acerca de la Cueva, y después de oír alguna descripción de ella señaló: "Verán que va a tener lugar alguna Revelación muy importante concerniente a ella".

A las seis de la mañana indicada, aparecimos a desayunar vestidos con nuestras ropas de excursionistas, bullendo de gozo con la feliz anticipación de ver a nuestro Bienamado Saint Germain de nuevo; porque sentimos que nos esperaban grandes cosas. Partimos en auto hasta donde llegaba la carretera, que nos dejó solamente a una distancia de unos 3,5 Km. que había que hacer a pie.

El día era glorioso, y el mismo aire semejaba estar cargado con fragancia mágica, una Energía Espiritual atenuada, altamente poderosa. El viaje fue delicioso. Encontramos un lugar seguro y apartado para el automóvil; tomamos nuestras linternas, con pilas extra, y alcanzamos la entrada de la Cueva a las ocho menos diez en punto.

Entramos a la primera cámara, y fuimos conscientes inmediatamente de una Vibración Poderosa, casi parecida a la producida por la trepidación de una gran maquinaria. Cuando llegamos a la entrada arqueada de la gran sala Interna, allí estaba nuestro Bienamado Maestro. Estaba vestido con ropas de inmaculado blanco que contrastaban extrañamente con las de excursión que llevábamos nosotros. Envolviendo a cada uno en Su Abrazo Divino, dijo:

"Bienamados Míos, los saludo en el Nombre de la 'Poderosa Presencia YO SOY'. Esta Gran 'Presencia' dentro de ustedes, llegará a serles tan familiar de aquí a poco, como lo son los unos para los otros, tan Real, tan Tangible, y tan Vital. Veo que es innecesario presentarles a mi fiel estudiante Perla, cuyo nombre simboliza su gran pureza de alma.

"Me regocijo grandemente de que haya sido posible reunir tan bellas almas en la expresión física, como lo son todos ustedes. Es una cosa muy inusual. Se lo aseguro, como verán más tarde. Si quieren seguirme amablemente, continuaremos".

Él avanzó hacia el arco blanco, descrito en el primer capítulo, y paró a unos 90 cms. frente a Él. Extendió Su Mano Derecha, y en un instante, una Luz Blanca deslumbrante, similar a un denso vapor, envolvió el lugar entero. Se abrió la entrada a un túnel lleno de Suave Luz Blanca.

Entramos, y seguimos a Saint Germain durante una distancia de varios centenares de pies (30 cms. cada pie); y finalmente llegamos a otra puerta sobre la cual había figuras en relieve de antiguos símbolos de la Vida. Puntualmente se abrió la puerta y fuimos admitidos en una cámara de forma extraordinaria y notable belleza; compuesta por doce lados de dimensiones iguales, con una bella cúpula por techo.

Cada lado estaba hecho de una clase diferente de sustancia. Cuatro de estos paneles eran de un blanco deslumbrante, cada uno diferente, aunque emitían una difuminada y suave Luz Chispeante, haciendo un cuadrado dentro de las doce figuras puntiagudas. Los otros eran de colores variados de los tonos más delicados y bellos. La sala tenía por lo menos 18 m. de diámetro, y en el lado del este se encontraba un instrumento en una caja transparente que parecía una radio, hasta donde yo puedo decir. En cada lado de esta caja, formando un círculo alrededor de la sala entera, a unos 90 cms. de la pared, había doce sillas hechas del mismo metal transparente de la caja, una enfrente de cada uno de los doce paneles. Saint Germain nos mandó sentar y avanzó hacia el instrumento.

"Bienamados estudiantes", -comenzó-, "sus conjeturas son correctas. Dentro de esta caja se encuentra la radio más notable jamás hecha en la Tierra. La caja, como se ve, es perfectamente transparente, aunque el material de la cual está hecha es tan sólido y fuerte como el acero; tan duro que no podría hacérsele ninguna muesca con un martillo. La inventora de esta súper-radio estará aquí esta noche, y la podrán conocer.

"Deseo que sean mis invitados aquí durante tres días. Haré que esta noche sea entregado un mensaje escrito en su hogar, por un mensajero visible, y que su automóvil sea protegido. Ahora, si quieren venir conmigo, proseguiremos, ya que tenemos mucho que hacer antes del anochecer". Él marchó hacia el lado opuesto a aquel por el cual habíamos entrado en la sala, y presionó su mano contra la pared. Se deslizó hacia atrás un panel y descubrió una entrada a una sala grande y ovalada.

"Este es un laboratorio químico", -explicó él-, "en el cual los Grandes Maestros Químicos han estado trabajando durante los pasados cincuenta años; perfeccionando fórmulas para la protección de América en la próxima y final crisis de su experiencia. Después de esta crisis, a su pueblo se le enseñará el uso de la Energía Universal que proporciona Luz, Calor y Poder. Esto tendrá lugar con una Gran Perfección, incluso mayor de la que fue conocida en toda época previa".

Fuimos al extremo del laboratorio y pasamos a otra sala, unas tres veces más grande, donde se llevaban a cabo experimentos eléctricos.

Toda esta sala estaba revestida del mismo material transparente, como el usado en la caja de la radio.

"Muchos descubrimientos e inventos", -continuó él-, "se consiguen aquí, despertando la memoria del pasado, dentro de aquellos que están realizando los trabajos experimentales. Trayendo a la actividad externa de la mente eso que se obtuvo en vidas previas; y añadiendo a esto la Mayor y Simplificada Perfección del futuro, los que hacen este trabajo están preparando Maravillas y Bendiciones para América y su pueblo, y a través de ella, para el mundo."

"Durante los próximos setenta años, América y su pueblo apenas se reconocerán a sí mismos, cuando viendo hacia atrás, reconozcan la limitación de las actividades de hoy día. "Estos Seres Maravillosos, que han llegado a ser tan claramente conscientes de su 'Poderosa Presencia YO SOY', están perfeccionando y preparando para su uso actual, muchas cosas maravillosas, para el gran beneficio e iluminación de la humanidad; a medida que la gente progresa, en Consciente Comprensión, hasta el punto donde tales cosas pueden ser aceptadas y usadas. Muchas de estas fórmulas e inventos han sido, y están siendo, tomadas de ciudades selladas herméticamente; que yacen en el lecho del Océano Atlántico, habiéndose hundido debajo de sus aguas cuando el último cataclismo destruyó la Atlántida."

"Estos Grandes Seres han rescatado tales fórmulas del interior de estas ciudades selladas, y las están probando y mejorando. Es así como se manifiesta una Mayor Perfección para el uso y elevación de la raza, en la entrante Era Dorada. Los Grandes Maestros Ascendidos guardan, vigilan, y dirigen este trabajo. Sus estudiantes, que han sido entrenados para entrar y salir del cuerpo físico conscientemente, son los que realizan los experimentos en el laboratorio.

"Los Maestros Ascendidos son los Guardianes de la humanidad, y han trabajado a través de los siglos desde lo invisible, como también desde lo físico, para despertar, bendecir, iluminar, y rescatar a la humanidad de su auto-creada degradación y egoísmo. Nosotros hemos conquistado la muerte mediante un Completo y Eterno Dominio sobre la sustancia atómica del cuerpo y mundo físico. ¡Todas las cosas obedecen Nuestros Mandatos! Las 'Leyes de la Naturaleza y del Universo' son Nuestros sirvientes voluntarios y obedientes. En estas Maravillosas Cámaras Secretas de la Naturaleza, el Trabajo prosigue tranquilamente, desconocido para el mundo externo; y dondequiera que el individuo busca la Luz, por la Luz misma, entonces verdaderamente todas las cosas le son dadas por añadidura".

Saint Germain llamó nuestra atención a una y otra cosa, que ya habían sido perfeccionadas, y a otras que estaban construyéndose. Nunca podré expresar en palabras el sentimiento de Gozo y Euforia que esto nos dio a cada uno de nosotros. Una cosa en particular atrajo la atención de todos, y preguntamos su propósito.

"Es un modo mecánico de acelerar la vibración atómica del cuerpo humano", -replicó él-, "y de dar asistencia para elevarlo al Cuerpo Electrónico Puro al que se refirió el Bienamado Jesús, como la Vestidura sin Costuras o el Traje Nupcial del Espíritu. Este está compuesto de Luz Electrónica Pura, porque no puede registrarse la imperfección dentro ni sobre él.

"La Luz, como verán", -enfatizó él-, "es Sustancia, Energía, y Luminosidad, los tres en uno. Esta Luz Electrónica Pura, de la cual se compone el Cuerpo Espiritual Eterno, está compuesta, o condensada, como si dijéramos, por la 'Poderosa Presencia YO SOY' en una Sustancia Auto-Luminosa; que es para ustedes una Auto-sostenida, Inmortal, Siempre-expansiva, Siempre-Perfecta Forma, y Depósito, de Amor Divino, Sabiduría y Poder, desde el Mismo Corazón de Dios. Es el Templo Individualizado de la Vida y el Centro del Corazón de vuestro mundo de la forma manifestada. Algunas veces se hace referencia a él como el Cuerpo de Fuego Blanco; porque la Deslumbrante Luz Blanca que emana de él, es tan brillante, tan intensa, y tan Todopoderosa que al ojo humano le parece como un Fuego Blanco. La persona ordinaria tan sólo puede fijar su vista sobre él durante una fracción de segundo.

"¡Este es el Cuerpo en el cual hizo la Ascensión el Bienamado Jesús! Cuando la Luz dentro de Su Cuerpo fue creciendo hasta alcanzar ese Nivel de la Vida Más Elevado, que es una acción vibratoria más rápida, se volvió invisible para la multitud que le adoraba, y que estaba observando Su Ascensión. El ojo humano sólo graba, o es sensible a, ciertos niveles de vibración. Cuando el ser humano, mediante Auto-purificación, incrementa su tasa vibratoria, la Luz dentro de cada electrón del cuerpo físico, luce más brillante. Ello expande Su radiación hasta tal grado que la forma física se hace primeramente Auto luminosa; a continuación Trasciende la gravedad de la Tierra; y entonces es capaz de expresarse conscientemente y a voluntad, en cualquier nivel u octava de vibración que desee el individuo". "Puede ir y venir libremente a cualquier lugar dentro del Infinito, porque la Luz Electrónica Pura existe en todo lugar a través de la Creación. Tan pronto como la estructura atómica del cuerpo físico de alguien deviene todo Luz, ella ha entrado en el Único Elemento Eterno, el 'Gran Mar Universal de Deslumbrante Esencia Blanca', de la cual creó Dios todas las formas. Solamente hay Libertad Completa, Maestría, y Logro posible, en esta Condición de Vida. ¡Esta es la Realidad y Fundamento de la existencia humana! Entonces lo humano deviene elevado, hasta que es todo Divinidad, la cual es por siempre Libre, Omnipresente, Omnipotente, Omnisciente, yendo a todo lugar; y haciendo todo lo que desea, hasta reconocerse a Sí Misma como un Auto-Consciente Foco de la 'Poderosa Presencia YO SOY'.

"En casi toda sociedad secreta que lleva a cabo actividades constructivas, o en otras palabras, que reconoce la 'Luz' como la Fuente de Todo Bien, hay siempre la palabra 'Elevación', que se usa para la iniciación. Esa 'Elevación' es literalmente, figurativamente, eternamente y físicamente cierta, porque la acción vibratoria del átomo físico se 'Eleva' hasta transformarse en la Esencia Pura, Electrónica, Auto-expansiva o Espíritu. La Pura sustancia de Dios, ¡LUZ, LUZ, LUZ!

"Nosotros llamamos a este aparato un Acelerador Atómico, y será muy usado en el futuro, para ayudar a elevar el átomo físico de carne a su Pureza y Estructura Divina, el Cuerpo Electrónico. Este Cuerpo Perfecto permanece por siempre Eternamente Juvenil, Bello, Fuerte, Perfecto, y Libre de toda limitación concebible. En este Cuerpo, los individuos pueden funcionar y lo hacen, dondequiera que ellos elijan en el Universo; porque en él no hay barreras de tiempo, lugar, espacio, ni condición.

"El deseo por esta Condición Perfecta de Existencia es una Idea e Ideal Innatos dentro de la entera raza de la humanidad, y siempre lo ha sido. En las leyendas, mitos, y cuentos de hadas, de cada raza y nación que ha existido sobre esta Tierra, hay historias de 'Seres Perfectos' trascendentalmente bellos, Inmortales, Omnisapientes, y Eternamente jóvenes. Estas historias tienen una Causa, una Idea Original de la cual partieron; y esa Causa es Esta Verdad Eterna del Ser, que estas historias transmiten a través de los tiempos, para que el Ideal pueda mantenerse delante de la mente de la humanidad. Este es el registro maestro sobre el cual fue modelada la humanidad en el inicio la imagen y semejanza de Dios, 'la poderosa presencia YO SOY'.

"Si uno es un Verdadero estudiante de la Vida, se aferrará a los pensamientos y sentimientos de estos Seres que expresan Condiciones Súper-humanas, Cualidades, e Ideales Perfectos. La personalidad ordinaria considera éstas imposibles, a causa del Gran Poder requerido para expresarlas en el plano externo. El esfuerzo necesario para obtener y expresar estas Cualidades Divinas, es más de lo que la persona ordinaria está dispuesta a hacer. El Esfuerzo que requiere Esta Clase de Logro, es una disciplina sincera y estricta de la conciencia humana; hasta que aprenda a dar obediencia al Patrón de 'Perfección', en lugar de dar obediencia a sus propios caprichos y apetitos temporales. El Verdadero Estudiante de la Vida sabe que cualquier cualidad Divina sobre la que puede meditar el individuo, la trae a la existencia, a través del Poder Creador de su propio pensamiento y su sentimiento de Amor Divino".
"Pensamientos Divinos, Sentimientos Divinos, Cualidades Divinas, Ideales Divinos, tan sólo se pueden encontrar meditando sobre la Divinidad; porque no existen ni residen en ningún lugar más, y lo

semejante produce lo semejante a través del Infinito. Divinidad es la Luz y la Perfección de la Vida.

"Verán este Acelerador Atómico en funcionamiento, mientras estén aquí, para su Instrucción e Iluminación. Los Maestros Ascendidos han permitido que esto se manifieste para que más seres humanos conozcan esta posibilidad, y hagan el esfuerzo necesario para su Logro o Victoria en el momento presente.

"Los Maestros Ascendidos son Maestros de Amor, Luz, y Sabiduría. Solamente a través de Ellos puede la humanidad comprender la Vida y alcanzar Logros; porque Ellos lo saben todo, han experimentado la actividad de esta Tierra, y son ahora Totalmente Divinos, y Maestros de sus fuerzas. Ellos han trotado cada paso del sendero que ahora recorre el ser humano, y conocen cada paso del camino. A Causa de esto, Ellos pueden mostrar, y muestran al estudiante sus fallos, si éste quiere escucharlos y ser protegido por Ellos; pero los Maestros nunca interferirán el Libre Albedrío del individuo; porque este es su Derecho de Nacimiento, y Ellos lo respetan".

Saint Germain entonces encabezó el camino hacia la entrada de un elevador en el cual había una cabina de metal o ascensor. Entramos, y comenzamos a bajar. Descendimos alrededor de unos 30 m. y la cabina se detuvo en el centro de una sala circular. Esta tenía alrededor de 6 m. de diámetro, y frente a nosotros había una puerta de piedra. Él presionó una palanca a la derecha de la entrada. La pesada puerta se deslizó a un lado, dejando ver una cámara inmensa que contenía equipos maravillosos y completos, para hacer toda clase de materiales; que eran usados para construir los diversos aparatos, en ambos laboratorios, el químico y el eléctrico. En esta gran sala había grandes hornos eléctricos, y gigantescos rodillos para convertir diversos metales en hojas delgadas. Todo era manipulado eléctricamente.

"Este es el lugar", -hizo notar Saint Germain-, "que producía la vibración que sintieron dentro de la montaña, cuando entraron en la Cueva. La maquinaria rara vez funciona durante el día. Hoy es necesario hacerlo así con objeto de estar preparada para el trabajo que Nosotros vamos a realizar esta noche, y para el cual han sido invitados aquí". "Cada clase de material que deseamos usar se produce aquí mismo, en esta cámara. Naturalmente, no necesitamos grandes cantidades para el trabajo experimental que hacemos; pues este trabajo sólo intenta traer a un uso práctico, para el futuro, a los Grandes Genios y Maravillosos Ideales de Individuos Altamente Iluminados; que están totalmente despiertos al Consciente Reconocimiento de la 'Poderosa Presencia YO SOY', y al uso de Su Ilimitada Sabiduría y Poder.

"Es Mi Deseo explicar todo en un lenguaje tan simple como sea posible, de modo que su Esencia y Principio pueda ser fácil y permanentemente comprendido. Es necesario simplificar la terminología técnica en la era presente, para que la persona media pueda ser capaz de comprender Estas Verdades fácil y rápidamente.

"Ha llegado el momento en el que gran número de personas entre la masa de la humanidad despierten a la Verdad y comprendan que tienen un Maestro Divino en su interior, 'La Presencia Mágica YO SOY'. Hay muchos que desde un Punto de Vista Interno, están muy avanzados en el Sendero de la Iluminación, debido a auto-esfuerzos y logros previos. No obstante, en esta encarnación presente, están externamente inconscientes de ello, y no han tenido entrenamiento académico. Debe hacerse algo para dar a tales almas la Libertad que ansían, y para la cual están listos. Estos tendrán ayuda, y para este fin, realizamos trabajos aquí, para dársela". El Bienamado Saint Germain se volvió entonces hacia Nada y Perla y señaló:

"¿Están cansadas después de tantas horas de atención a esta clase de observaciones que se supone generalmente ser dominio del hombre?". Ellas aseguraron rápidamente que no lo estaban, y juzgando por el intenso chispeo de sus ojos, nadie lo puso en duda.

"Nunca jamás estuve tan vitalmente interesada en otra cosa en mi vida entera", -replicó Perla-.

"Me honra grandemente tu intenso interés", -respondió él,- "y Me da verdadera alegría saber que lo disfrutas también. Ahora, si quieren honrar mis humildes aposentos con su Presencia, refrescaremos nuestra forma externa. Retornemos al laboratorio eléctrico".

Regresamos por el elevador, y cruzando la sala Saint Germain avanzó hacia una puerta que conducía al corazón de la montaña. Esta se abrió al Toque de Su mano, y entramos en una especie de hall de recepción oblongo con un techo en forma de cúpula. Las paredes y techo eran todas de un color crema muy bello y delicado; el piso estaba cubierto con un material parecido a la lana, cremoso y suave, de al menos unos veinticinco milímetros de espesor. Había cinco sillas hechas de una sustancia semi-opaca en un color crema similar, y tapizadas con el mismo suave material de felpa azul como las sillas de la sala de la Torre, del hogar de Rayborn. Cuatro de las sillas eran exactamente iguales, pero la quinta tenía un respaldo tallado. Cada silla estaba situada cerca de una puerta, y la más grande en el centro.

Saint Germain escoltó a Nada y Perla hasta la puerta a la izquierda, según entramos. Él requirió que entrasen, se bañasen, y vistiesen con la Vestidura que encontrarían disponible; y que después retornasen a la sala, y esperasen la llamada para la cena.

Dirigiéndose a Rex y a mí, nos condujo a la puerta más alejada a la derecha, con un requerimiento similar para prepararnos para la cena. Entramos en la habitación que nos indicó y ambos quedamos sin habla con la sorpresa, porque era magnifica, digna del palacio de un príncipe o rey. Era de forma circular, con techo en forma de cúpula, rematada en blanco y oro, amueblada con dos bellas camas, y una silla situada al lado de cada una, con un hermoso espejo en la pared entre ambas camas. Había un curioso arcón con cajones incrustados en la propia pared, de modo que no se distinguían de ella excepto por las asas. Las sillas y cabeceras de las camas eran ambas de la misma sustancia semi-opaca que parecía metal.

Rex cruzó hacia una puerta pequeña a nuestra izquierda, y me pidió que mirara. Yo avancé hasta donde estaba él, y ví un exquisito baño romano, también de forma circular. Estaba lleno de agua que chispeaba y se movía incesantemente, como si estuviese cargada con la "Esencia de la Vida". No pudimos encontrar ningún medio de ventilación, no obstante en toda sala o habitación visitadas, el aire era limpio, fresco, vigorizante, y estaba lleno del aroma de rosas.

Nos bañamos, y nuestros cuerpos se sintieron resplandecer con un sentido de salud que nunca habíamos experimentado antes. Yacientes sobre las camas estaban las Túnicas que debíamos vestir. No tenían costuras y eran de un material que nunca habíamos visto, ni oído hablar, algo similar a una rica y gruesa seda, pero muy, muy suave, y extremadamente ligera de peso. La de Rex era de un maravilloso color azul zafiro, bordada en oro. El bordado formaba una faja alrededor de la cintura, y anchas bandas alrededor del cuello, mangas, y borde de la Túnica. La mía era blanca, bordada en oro. Había también sandalias a juego, que ajustaban perfectamente.

Acabada nuestra preparación, retornamos al hall de recepción. Unos instantes más tarde entraron las muchachas, vestidas con Túnicas similares a las nuestras, y eran una visión de ensueño. Las Túnicas de Perla y Rex eran iguales, y la de Nada era como la mía. Su habitación era evidentemente un duplicado de la nuestra, excepto que estaba decorada en un tono rosa suave. Estábamos muy ocupados comparando notas cuando sonaron a través del hall, las campanillas más celestiales, e instantáneamente se abrió la puerta del medio. Entramos y quedamos sobrecogidos por la belleza que contemplamos.

Aquí de nuevo, la sala era de la misma combinación crema suave, y oro. El techo de la cúpula estaba pintado de azul celeste, y sobre él había nubes que daban a uno la impresión de estar mirando realmente al cielo. Las paredes estaban tapizadas con un paño muy maravilloso que parecía polvo de diamantes, porque algo en la composición del material, producía un Indescriptible Resplandor.

Esta Cámara de Audiencias tenía quizá doce por veinticuatro metros, y en su centro se encontraba una gran mesa dorada con encimera de cristal. En el extremo más alejado de la sala había un duplicado de esta mesa, pero su medida era cerca de un tercio de la primera; y alrededor de ella estaban colocadas sillas para seis personas. En una esquina había un bello órgano y opuestamente, en otra esquina había un piano, con la caja hecha de la misma sustancia similar al metal, como la de los otros muebles. Estábamos todos tan absortos admirando y disfrutando de esta belleza, que no nos dimos cuenta de la entrada del Bienamado Saint Germain ni de Daniel Rayborn, hasta que sentimos que estaban próximos, detrás de nosotros.

Nuestro Bienamado Maestro nos condujo hasta la mesa pequeña donde sentó a Rayborn en un extremo, y tomó la cabeza Él Mismo. Perla fue colocada a Su mano derecha y a continuación Rex, y Nada a su izquierda y después yo mismo. Él dijo:

"¿Puedo tener el placer de ordenar el alimento para cada uno? Como verán, mi departamento culinario está en lo invisible para ustedes; pero es muy Real y Tangible para Mí". Nosotros asentimos muy felices, y Él continuó: "Inclinemos nuestras cabezas en adoración y alabanza a la 'Poderosa Presencia YO SOY' dentro de cada uno de nosotros".

En ese instante, sin que se mencione palabra, apareció a mano derecha de cada uno una Copa de Cristal llena de un Líquido Dorado Chispeante.

"Por la Iluminación y felicidad de cada uno de ustedes y de toda la humanidad", -dijo él-, elevando su Copa, y según bebimos este Maravilloso Néctar, todo el mundo sintió correr por sus cuerpos apresuradamente el Vivificante Poder de su Esencia dadora de Vida. A continuación apareció algo similar a un pan vegetal, con una pieza de pastel de miel que era ligeramente dulce. Estos eran muy deliciosos y todos estuvimos de acuerdo en que era la cosa más perfecta que jamás habíamos comido. Siguió una ensalada de frutas, o por lo menos eso fue lo más parecido a ella, y Saint Germain dijo que era muy nutritiva.

Para postre comimos algo que se asemejaba a un helado, refrescantemente frío, aunque no helado, y con él una clase de pastel de cabello de ángel; aunque mucho más delicioso que ninguna cosa que conociésemos en el mundo externo. Finalmente, aparecieron copas de cristal, llenas de Crema Líquida, y según la ingerimos se extendió a través de nuestros cuerpos una fuerza similar a una Luz Viviente.

Al terminar cada ronda, el servicio vacío desaparecía. Ninguno de nosotros había jamás compartido algo la mitad de delicioso, nutritivo, y satisfactorio, como esta maravillosa cena que nuestro Bienamado Saint Germain había precipitado para nosotros, directamente de la

Omnipresente Sustancia Universal. Cuando hubimos finalizado, Rayborn se dirigió a Él y dijo:

"Esta Experiencia que es tan sorprendente, y tan maravillosa para nosotros, es bastante natural y normal para Usted. Sentimos que nunca hemos sido tan honrados ni favorecidos en nuestras vidas, como hemos sido esta noche".

"Mis Bienamados hijos", -replicó Saint Germain-, "cada uno de ustedes tiene Esa Misma 'Poderosa Presencia YO SOY', el Maestro Divino, y Todopoderoso Poder de Dios, al interior, con el cual hacer estas cosas. Ustedes pueden producir toda cosa que requieran, directamente del Abastecimiento Universal. Yo he adquirido la Comprensión de cómo usar este Magno Poder; y cómo dirigir Su Ilimitada Energía para realizar mi deseo. Si así lo desean, ustedes pueden también dirigir pronto esta Poderosa Energía, que es Energía Divina, para hacer lo que llaman milagros. Toda la humanidad puede aprender a hacer esto también, si tan sólo lo desea.

"No hay nada en el Universo que pueda oponerse a lo que ustedes deseen en tanto no dañe a otro hijo de Dios.

"Requiere mucho menos energía, y es mucho más fácil producir todo lo que deseen usar, directamente de la siempre Pura Sustancia Universal, una vez que saben cómo hacerlo, que la que se requiere para atravesar su proceso natural de crecimiento". Dirigiéndose hacia Nada y Rex, dijo:

"¿Quieren ustedes dos, Bienamados, hacerme el honor de cantar dos de sus composiciones para nuestro deleite?". "Encantados", -replicaron-. Nada se sentó al piano y ensayó una frase de la melodía que iban a cantar. Paró asombrada por el tono del instrumento; porque era diferente a cualquier otro tono musical jamás producido en la Tierra. Ellos cantaron su favorita, "Canción árabe de Amor". Sus voces y este piano maravilloso produjeron un efecto de indescriptible belleza. Cuando finalizaron, el Bienamado Saint Germain, con toda la gentileza y gracia de un cortesano, inclinó su cabeza ante ellos, en reconocimiento de la "Poderosa Presencia YO SOY" de ambos, que había tenido la oportunidad de expresarse tan perfectamente a través de ellos.

"Me inclino ante vuestro virtuoso trono del canto", -los cumplimentó Él-," y nunca He oído nada más Divino. Ahora vayamos a la cámara de radio, nos esperan algunos amigos".

Cuando llegamos a ella, fuimos presentados a tres damas y a tres caballeros, que habían llegado antes que nosotros. Vestían el mismo tipo de Túnicas que nosotros, solamente que eran de diferente color. En medio de ellos, había un caballero mayor, con cabello y barba blanca, que parecía sumamente débil. Una de las tres damas, a quien llamaré Leonora, avanzó hasta la radio y dijo:

"Esta Radio Perfeccionada es el resultado de mi trabajo durante siete diferentes encarnaciones; en cuatro de ellas usé un cuerpo masculino. Yo conservé la memoria de la radio conmigo cada vez; y finalmente tiene la Perfección pretendida. Esta radio posee tres campos de funcionamiento, que yo denomino alto, medio y bajo. "En el alto alcanza otros planetas de nuestro Sistema Solar. En el medio alcanza cualquier lugar de nuestro propio planeta, la Tierra, incluyendo los Cinturones Etéricos. Y en el bajo alcanza el interior de nuestra Tierra. Conectemos primero con algunas de nuestras ciudades".

En unos instantes, oímos clara y distintamente una lectura radiada por una de las más prominentes estaciones de Nueva York. Posteriormente, sintonizamos una orquesta, radiada desde otra estación de Nueva York. Después conseguimos conexiones con Londres, París, Viena, el Cairo, Calcuta, Hong Kong, Melburne y Tokio. La distancia no parecía afectar a la claridad de la recepción; y en ningún momento hubo la más ligera indicación de perturbación estática.

"Ahora vamos a sintonizar el Primer Cinturón Etérico alrededor de la Tierra", -dijo ella-. Inmediatamente oímos una muy majestuosa y conmovedora Música, y a continuación se oyó una magnífica Voz diciendo:

"Aquí la Ciudad Etérica Dorada sobre el Desierto del Sáhara. Siempre sabemos cuándo se hace una conexión terrestre con nosotros; pero tenemos todavía un Medio de comunicación Superior. Este es el funcionamiento del Rayo de Sonido, por el que podemos hablar, y el Rayo de Luz, por el que podemos ver. Cuando estos dos se combinan, vienen a ser la más avanzada forma de televisión. No obstante, la televisión mecánica alcanzará un muy alto grado de perfección; y en unos pocos años, será predominante en el mundo externo, como lo es el teléfono hoy en día. ¡Oh, ojalá puedan más seres humanos elevar su conciencia para sintonizarse con más elevados niveles y poder disfrutar del uso de Estos Rayos!

"Como ven, la 'Poderosa Presencia YO SOY' dentro del individuo no reconoce tiempo, lugar, espacio, ni condición. Es solamente en la actividad externa de la mente, de la conciencia humana, donde ocurren tales concepciones de limitación". Leonora ajustó la radio en el campo alto, y en un momento, oímos una Voz que decía:

"Leonora, aquí Venus. Te reconocemos porque tu radio es el único instrumento mecánico que nos alcanza desde la Tierra. Tu comunicación habitual con nosotros la haces a través de los Rayos de Luz y Sonido, de modo que juzgamos que esta comunicación se hace para enseñar o beneficiar a otros y no a ti. Nuestros instrumentos aquí indican el planeta con el cual estamos conectados, por medio del color y el sonido de la vibración. Se está aproximando el día en el que su televisión será capaz de alcanzarnos también. Sus científicos no conseguirán este éxito hasta que comprendan que existen Rayos Etéricos. Ellos deben ser conscientes de esos Rayos, y aprender a usarlos. Esto hará que toda clase de comunicaciones dentro del Espacio Cósmico sea un simple asunto; y entonces llegará a ser una ocurrencia diaria mantener comunicación con Nosotros.

"Dentro de unos diez o veinte años, dependiendo enteramente de la Armonía mantenida entre los habitantes de la Tierra, un cierto número de Nuestros Grandes Inventos serán proporcionados a aquellos de ustedes que puedan armonizarse para recibirlos. Estos serán de gran beneficio para su humanidad; como es el maravilloso Acelerador Atómico que está cerca de uestedes. Ese Instrumento bendecirá enormemente algún día a su gente. Llámennos siempre que podamos ser útiles para ustedes. Nuestro Amor, Luz, y Sabiduría los envuelvan a ustedes y a toda la Tierra".

Leonora cambió entonces del campo alto al bajo, y en unos tres minutos se oyó una Voz profunda diciendo: "Reconozco tu llamada, y estoy contestando en persona. Aquí Pelleur. Es interesante y alentador saber que hay algunos en la superficie de la Tierra que tienen idea de la posibilidad de que existan Seres Divinos en el interior de la Tierra. Creemos que tenemos menos factores con los que lidiar que vosotros; porque no tenemos temperaturas extremas ni estaciones cálidas o frías. Disponemos de 'Eterna Luz Blanca' que es suave y sosegada. Nuestro clima es muy placentero, como el de las zonas semi-tropicales de la superficie. Vuestra América tendrá algún día algo bastante similar; aunque no obstante seguirá habiendo algún ligero cambio de estaciones. Estas serán mucho menos severas que las que tenéis en el presente. Nosotros tenemos lo que puede ser llamado el 'Sol de Presión Equilibrada'. Esto produce una Atmósfera que mantiene siempre una presión igual, y armoniosa, para todos los que viven dentro de ella.

"La 'Poderosa Presencia YO SOY' proporciona Condiciones Perfectas en cada fase de Su expresión. Si todos los seres humanos pudieran entender y comprender Esto, se acabaría enteramente con la terrible agonía de la humanidad producida por el miedo, sobre la superficie de la Tierra. Como veis soy conocedor de muchas de las condiciones de la Tierra, aparte de Mis Propias Actividades aquí; porque cuando Nosotros, como vosotros, alcanzamos la Mente de Dios, obtenemos todo conocimiento, porque nuestro motivo es puro y desinteresado".

No podemos continuar estas observaciones por más tiempo", -explicó Leonora-, "porque otras cosas demandan Nuestra Atención y Servicio en este momento". Saint Germain vio y sintió preguntas sin contestar en nuestras mentes, de cómo y por qué había habitantes en el centro de la Tierra, y qué clase de individuos eran; porque la idea nos chocaba, justo lo mismo que les ocurrirá a nuestros lectores. Él nos estudió durante unos instantes, y entonces dijo:

"Sí, les contaré los hechos ahora, ya que la condición y demanda dentro de cada uno de ustedes, de conocer la Verdad, es grande. Ustedes, como estudiantes del Sendero, que verdaderamente están intentando comprender la Vida en todo lugar del Universo, deben recordarle al intelecto a menudo, que no hay lugar en el Universo a donde, Individuos

Auto-conscientes, y por tales quiero decir individuos que conocen y son conscientes de ellos mismos como Creadores con Libre Albedrío, no puedan ir, explorar, y comprender lo que pasa en ese punto, si así lo desean.

"La idea de que el centro de la Tierra es una masa de fuego está enteramente equivocada. Dentro de la corteza de la Tierra, hasta una cierta profundidad, hay condiciones en que actúa el elemento Fuego; pero dentro del centro de la misma Tierra, hay Seres Individuales Auto-conscientes, que a través de muchos ciclos de Trabajo y Auto-esfuerzo, han conquistado el control de ciertas fuerzas; con las cuales están trabajando todavía, para lograr el Cumplimiento del Plan Divino para esa parte de la Tierra. Hay también Seres que se están esforzando por Ese Mismo Ideal, pero trabajan sólo con las condiciones que provee la Naturaleza en la superficie.

"Ustedes deben comprender y recordar que los Maestros Ascendidos instruyen y asisten a todos los grados de la experiencia externa de la Vida en toda condición encontrada dentro y sobre la Tierra, así como en otros planetas de este Sistema. ¿Por qué no puede ser una condición perfectamente natural y normal, permitir que un número de ellos sean Instructores de quienes están trabajando con fuerzas del centro, lo mismo que de la circunferencia de los planetas?

"Esta Revelación no es antinatural ni inconsistente con el Gran Plan Divino e Infinito. Lo inconsistente y antinatural en la humanidad es la ignorancia, la estrechez, la pequeñez, la oscuridad del concepto humano, que cierra la puerta a las estupendas Maravillas de Este Glorioso Universo, y dice: 'No creo en ello, eso es imposible'.

"Solamente la ignorancia y la oscuridad hace creer a la humanidad que algo es imposible. Los estudiantes de la Luz, que conocen y realmente aceptan una Fuente Todopoderosa de la Creación, saben que las Maravillas de la Creación a las cuales nos enfrentamos en todo lugar sobre nuestro planeta, son ilimitadas, maravillosas y estupendas. -¡Y qué mente razonable puede ponerlo en duda, cuando estudia las maravillas del átomo, lo mismo que la de los Soles Cósmicos!-. Estos hechos son Verdaderos. Hay muchas clases de individuos expandiendo su Luz sobre los planetas de Nuestro Sistema; y justamente por el hecho de que uno no tenga la menor idea de los otros, no es prueba de que no existan.

"La humanidad debe aprender algún día un poco más acerca de lo que reside en el Universo, al lado de ella. Esta Instrucción contiene parte de ese Nuevo Conocimiento. Es Verdadero en cada palabra, y ninguna ignorancia ni duda humana puede rebatir ni impedir que Esa Verdad se manifieste en el Universo. Las nubes pueden ocultar los rayos del Sol durante un tiempo, pero nunca serán capaces de acabar con su existencia.

Así ocurre con las opiniones e ignorancia humanas del pasado y del presente. Algún día la 'Luz' atravesará estas nubes y ese día está aquí. ¡Es AHORA! Pueda la Luz de la Verdad brillar limpiamente sobre todas las ideas y opiniones humanas preconcebidas. Ocurrirán hechos que forzarán a desaparecer toda ignorancia en el mar del olvido; y será reemplazada por la 'Gran Luz de la Poderosa Presencia YO SOY'.

"Ahora continuaremos con nuestro trabajo. Es la hora de la Ascensión de este buen hermano", dijo Él, refiriéndose al caballero mayor del cabello blanco, a quien llamaremos David. "Debido a sus logros previos, sintonizó de tal modo con su Corriente de Vida que puede entrar ahora en una más amplia Onda de Expresión; y en esta Gran Actividad, expresará Fases Trascendentes más avanzadas de Vida Individual, de lo que puede hacer posiblemente en la existencia actual. Debido a un crecimiento previo y a su presente Auto-consciente esfuerzo en esta Vida, es posible que le demos la Ayuda que podamos. Vayamos al laboratorio eléctrico".

Cuando se abrió la puerta vimos que la sala estaba inundada de Deslumbrante Luz Blanca. Avanzamos hacia el Acelerador Atómico y esta vez estaba cargado con la misma Esencia de la Vida. No me ha sido dado permiso para dar una descripción detallada de este Instrumento en el tiempo presente, excepto decir que la Silla en la cual se sentó el que iba a ser elevado, parecía como si estuviese hecha de oro puro; aunque Saint Germain nos dijo que era una combinación de oro y otras sustancias diversas, todavía desconocidas para el mundo externo.

Saint Germain pidió a David que ocupase su lugar en la Silla, y Ciertas Corrientes de Luz comenzaron a brillar dentro de la silla misma. David se sentó con su cuerpo perfectamente cómodo, completamente relajado, descansando sus brazos confortablemente sobre los de la silla. No había mecanismo de ninguna clase rodeando la Silla, ni dentro de ella, y daba la maravillosa impresión de una comodidad regia. Era positivamente una sensación extasiada y celestial, la que uno percibía del entero preparativo.

Cuando todos estuvimos listos, y estábamos muy silenciosos, uno de los Maestros Ascendidos, de Grandiosa Gloria y Poder, apareció de pronto saliendo de la atmósfera. Colocó a los presentes en la posición apropiada de acuerdo a su radiación, y pidió que juntasen sus manos, para hacer un círculo completo alrededor de la Silla; quedando el Poderoso Maestro de cara a Daniel. Las personas a cada lado del Maestro conectaron con Él, colocando sus manos contra Su Espalda, justo opuestamente al plexo solar, y Saint Germain se colocó en el lado opuesto a Él, detrás de la Silla en la que se sentaba David. El Poderoso Maestro dio entonces las instrucciones necesarias.

"Que cada uno cierre sus ojos", -dijo-, "y enfoque la atención con toda la fuerza sobre el Magno Poder de la 'Poderosa Presencia YO SOY' interna. Gozosamente alabe y de gracias de que el cuerpo de David sea ahora elevado a su Perfección Divina; porque él ahora acepta y recibe su Completa Maestría, Dominio, y Libertad dada por Dios". A continuación se dirigió a mí directamente, y pidió que observase el proceso atentamente.

Abrí mis ojos, y al principio apenas pude ver la forma de David, ya que la intensidad de la "Luz" había aumentado. En unos instantes se hizo todo más claro, ya que pareció como si yo me hubiese elevado en algún modo con Ella. Después vi algo que casi me sobresaltó por la sorpresa; porque el cabello de David había retornado a su color original, castaño oscuro, las arrugas se desvanecieron de su cara, su carne tomó el color rosa de la perfecta salud, y su barba desapareció. No pude observar por más tiempo, porque la "Luz" se hizo tan intensa que no fui consciente de nada más. La parte más concentrada de esta "Luz" estaba alrededor de su cuerpo; aunque nos envolvía a todos en el más Deslumbrante Resplandor. El perfil de su cuerpo desapareció completamente, e involuntariamente cerré mis ojos. Nunca supe cuánto duró esto.

Después nuestro Bienamado Saint Germain se dirigió a nosotros diciendo:

"El cuerpo de David se ha elevado a su Perfección Electrónica, y el Poderoso Maestro, Mi Hermano en la Luz, lo ha llevado con Él por el momento, a los Reinos de la Luz; para el cual se hizo apto mediante la Perfección de Su cuerpo de Luz Eterna. Algún día volverá en esa Forma Ascendida para dar servicio a la humanidad bajo la Dirección Divina. Vengan, ahora iremos a Mis Aposentos".

Él abrió camino y entramos en la bella "Cámara de Cristal", como a mí me gusta llamarla, donde habíamos disfrutado de nuestra maravillosa cena precipitada. Aquí encontramos el requerido número de sillas, colocadas alrededor de la gran mesa dorada con encimera de cristal. Esta era realmente Su Cámara de audiencias, aunque a veces la usaba como un comedor privado para invitados especiales. Saint Germain se sentó a la cabeza de la mesa, pidiendo a Daniel Rayborn se sentase en el lado opuesto, y entonces comenzó uno de Sus Asombrosos Discursos.

"Mañana por la noche, usted, hermano mío", -dijo Él hablándole directamente a Rayborn-, "tendrá un privilegio especial como el que David tuvo hoy. No obstante, el Proceso en su caso no será completo; sino que iniciará la elevación de la estructura atómica, para que cuando llegue el momento, de lo que en otras circunstancias sería el paso a través de lo que se llama muerte, usted tenga la Asistencia necesaria, y eleve su forma externa a la Perfecta Estructura Electrónica, en lugar de desecharla.

"He prometido", -prosiguió dirigiéndose a Nada y a Rex-, "que no habría pesar cuando pase su padre. Ahora pueden comprender por qué. Este es el modo en el que nos liberamos de las manos del cosechador llamado muerte; y de este modo, Conscientemente, entramos en esa Vida Perfecta que es la Luz Divina, y la Herencia Eterna, de cada uno de los hijos de Dios. Muchos han elegido un largo período para alcanzar este Punto, pero todos deben comenzar en algún momento, y deben llegar eventualmente al final, y hacerlo. "Esta Parte de la experiencia de la humanidad no ha recibido apenas reconocimiento, ni ha sido comprendida ni considerada posible de lograrse, hasta muy recientemente; no obstante el Poderoso Maestro Jesús dio el Ejemplo Absolutamente Perfecto, y la Explicación de Ello, hace ahora unos dos mil años. Él dio a la humanidad la Prueba maravillosa, conclusiva, y dijo: 'Los Trabajos que Yo hago, los haréis vosotros, y aún Mayores Trabajos que éstos haréis'.

"Ese Enunciado permanece sobre la humanidad como una Obligación Perdurable, hasta que todos lo cumplan. La humanidad ha pasado de largo sobre este Significado Verdadero, y ha tomado la postura de que no es posible. Aunque no todos necesitan realizarlo exactamente del mismo modo en que lo hizo Él, sí necesita cada ser humano, alguna vez, en algún lugar, elevar la estructura atómica externa al Cuerpo Electrónico Imperecedero, donde no existe la imperfección.

"Gran cantidad de individuos, ahora encarnados físicamente, son o serán capaces de hacer esto en la Vida presente, con una pequeña y necesaria Asistencia, y es Nuestro Gran Privilegio darla. El Acelerador Atómico fue perfeccionado para dar esta Ayuda, y no hay invento o descubrimiento que haya dado, o dará, una bendición tan grande a la humanidad.

"Los resultados en el cuerpo de David, de los que han sido testigos, son Permanentes, Reales y Tangibles. Esta máquina física sorprendente y real, es un poderoso agente curativo; lo mismo que el medio por el cual se puede elevar el cuerpo. También establece un equilibrio perfecto en la estructura cerebral; y mediante el Equilibrio de las actividades mental y emocional de un ser humano, la deshonestidad y el crimen de toda clase se pueden evitar. Fue usado en la Atlántida, aunque entonces era menos perfecto".

CAPÍTULO 4

ROMANCE DIVINO

AHORA voy a tocar cosas muy importantes que son sagradamente personales", -explicó Saint Germain, dirigiéndose directamente a Nada, Perla, Rex, y Bob Singleton-, "No quiero que sientan que me entrometo en sus asuntos privados, ni que tomo ventaja sobre ustedes, a causa del Poder que poseo.

"No obstante, hay ciertas cosas que debo dejar inequívocamente claras. Rex y Perla son 'Rayos Gemelos' de la misma Llama Divina. La Llama procede del Corazón de Dios, la Gran Vida Consciente del Universo, el Gran Sol Central.

"Cuando la 'Poderosa Presencia YO SOY' de ustedes, quiere manifestarse como un Foco Individualizado de Dominio Consciente, y quiere usar la Palabra Creativa 'YO SOY', la Primera Actividad Individual es la Formación de una Llama. A partir de entonces cada uno de los Focos Individualizados de la 'Poderosa Presencia YO SOY' comienza su Expresión Dinámica de Vida.

"Esta Actividad, la llamamos Nosotros Auto-conciencia, queriendo significar que se refiere al individuo que es consciente de su Fuente y Perfección de Vida, expresándose a través de él mismo. Solamente un individuo Auto-consciente posee TODOS los Atributos del Poder Creador de la 'Poderosa Presencia YO SOY'. Solamente Él puede conocer quién y qué es Él, y puede expresar la Plenitud del Poder

Creador de Dios, dondequiera que así lo decrete, mediante el uso de las palabras 'YO SOY'.

"La parte humana externa de esta actividad es lo que llamamos Nosotros la personalidad. Es tan sólo el vehículo a través del cual debería expresarse la Perfección en la sustancia externa del Universo.

"Dentro de la Pura Llama-Divina existe un Aliento que pulsa constantemente. Este 'Gran Aliento-Ígneo' es una Emanación Rítmica de Amor Divino, siendo sus Tres Atributos el Amor, la Sabiduría y el Poder en acción'. Estos se derraman constantemente dentro del Infinito Mar de Pura Luz Electrónica. Esta Luz es la Sustancia Universal, o Espíritu, de quien proceden y se componen todas las formas. Esta Sustancia Universal es inteligente, -tomen nota-, porque obedece la ley mediante el mandato del individuo que dice, o es consciente del 'YO SOY'. Estas Dos Palabras son el Reconocimiento y Liberación de un Poder Creador que trae a la experiencia externa cualquier cualidad que siga a Este Reconocimiento o Palabra. Para que actúe una Inteligencia, debe haber otra Inteligencia sobre la que actuar; y la Sustancia Universal, gracias a su Inteligencia, es como una película fotográfica que graba toda cualidad que el individuo impone sobre ella, a través de su pensamiento, sentimiento, y palabra hablada. Las Palabras 'YO SOY' tanto en pensamiento, sentimiento o habladas, liberan instantáneamente el Poder de la Creación. No se equivoquen respeto a esto. La Inteligencia es Omnipresente, y está contenida dentro de la Luz Electrónica.

"El primer Fiat de la Creación que se emitió en el Infinito fue: '¡Hágase la Luz!', y entonces tuvo lugar la Creación, porque toda forma manifestada surge o procede de esta Luz Primaria.

"La 'Luz' es el Punto Central de la Vida o energía, dentro de cada átomo que compone la sustancia, de la cual procede toda manifestación física. Hablo del átomo porque el nivel de vibración más bajo que compone la manifestación física, es la estructura atómica, que es la que estamos considerando.

"Cuando ustedes envuelven conscientemente, o sostienen, a cualquier persona, lugar, condición, o cosa en la Deslumbrante Luz Blanca, ustedes penetran o atraviesan la estructura atómica hasta la Electrónica, dentro de la cual no hay imperfección. En este Uso de la 'Luz' uno penetra en la estructura de imperfección, y eso sobre lo que se centra la atención, se manifiesta como Perfecto; no sólo como lo ve el Padre, sino que es la Perfección del Padre expresada.

"A ustedes, como Hijos, se les da a elegir, -se les ordena elegir y dirigir- a dónde enviar la energía (que es la Actividad de la Luz). Es imperativo centrar o enfocar el pensamiento consciente -su firme atención-, en lo que debe ser logrado; con objeto de dar la necesaria orientación a la Actividad de Esta Poderosa Fuerza, que tienen el derecho y privilegio de usar.

"Cuando ustedes usan la 'Resplandeciente Luz Blanca' están aceptando verdaderamente la Estructura Electrónica, que está entonces presente en la manifestación; porque están actuando desde el Plano de la Acción, o la Manifestación Perfecta. Su deseo, cuando se mantiene firme, sin vacilaciones, se convierte en el Pensamiento director Consciente, porque ustedes no pueden tener un deseo sin un Pensamiento Consciente en el deseo. "Se han dado grandes pasos en el Uso Superior de la 'Luz' en los Niveles Internos, en los pasados quince años. Su consciente y gran adhesión a la 'Luz' muestra que están listos para su Uso Más Elevado. Si ustedes, en su uso de la 'Luz', supieran que la Perfección de lo que desean ya está presente en la manifestación en el momento en que inician la acción dinámica de la 'Luz', se disolvería toda incertidumbre en sus mentes; acerca de la positiva certeza de la manifestación, o de lo que desean que tome forma en el uso físico.

"Al revestir, o visualizar, cualquier persona, lugar, objeto, o condición, con la Figura Luminosa de Jesucristo, o la Figura de cualquier otro Maestro Ascendido, están realmente desvistiéndolas, atravesando la vestidura atómica; donde ustedes ven, reconocen, y aceptan la Perfección que ahora desean que esté presente en la forma; porque han barrido toda imperfección en la acción.

"El estudiante debería ver y sentir su cuerpo como si se compusiera de Pura Llama Blanca, emitiendo largos Rayos de Luz. La Llama es su Ser Real -'La Poderosa Presencia YO SOY'-, la Plena Perfección Crística. Los Rayos que se disparan hacia el exterior, son la Mente Divina o el

'Amor en Acción'. Estos Rayos son los que siguen la consciente dirección de ustedes, portando su pensamiento y produciendo resultados mágicos; cuando se dirigen conscientemente, y se mantienen firmemente y sin vacilación. La 'Luz' que ustedes visualizan de este modo, es la Sustancia Electrónica que los hindúes llaman 'Prana'.

"Esta Luz siempre es dirigida por el pensamiento, pero es imperativo que todos aprendan a controlarla y dirigirla conscientemente. Este Control y Dirección Consciente es la forma en que los Maestros Ascendidos logran tan Maravillosos Resultados. El Amor Divino es una Presencia, una Inteligencia, un Principio, un Poder, una Actividad, una Luz y una Sustancia. Cuando ordenamos al Amor Divino que salga y haga cualquier cosa, estamos poniendo en movimiento la Forma Más Elevada de Acción, la Fuerza más Poderosa.

"Esto, no obstante no requiere esfuerzos formidables, de hecho requiere justo lo opuesto. Es un conocimiento consciente, tranquilo, firme y determinado. Cuando esto llega a fijarse en la conciencia, como una absoluta certeza en el conocimiento-consciente, uno encontrará una respuesta cada vez más instantánea a su demanda y mandato. Nunca tengan temor de demandar y ordenar cualquier cosa que sea Principio Universal de la Vida. "¡No se equivoquen! ¡La 'Luz', la Sustancia Electrónica Universal es para uso de ustedes -está a su disposición-! Su 'Poderosa Presencia YO SOY' es un Ser Auto-Consciente, del cual su conciencia externa es tan sólo una parte fragmentaria.

Por tanto, pueden hablar a su Poderoso Maestro interno, como lo harían con un padre amante que poseyese ilimitada Luz, Amor, Riquezas, Poder, Salud, Felicidad, o cualquier cosa que pudieran desear; porque cuanto más conscientemente usen esta Poderosa Presencia 'YO SOY', más rápidamente les responderá Ella.

"El Amor Divino puede controlar toda manifestación! Si en el uso del Amor Divino, son conscientes de que posee dentro de Él Mismo, todo Amor, Sabiduría, y Poder de esta 'Poderosa Presencia YO SOY', el hecho es que ustedes cualifican Este Principio al que dan órdenes con cualquier cualidad de la que son conscientes que existe en Él. Se les ha dado Dominio sobre toda cosa en el aire, en la tierra, en el fuego, y en el agua; a través del mandato de este 'Poderoso Principio Universal', que está siempre a su Servicio Consciente, y para su uso.

"Amor, Mente Divina, y Prana, son uno en el estado estático o aquietado. A través de la Acción Consciente del individuo, el Amor Divino, conscientemente dirigido, se convierte en Amor, Sabiduría, y Poder en acción. Esta es la razón por la que el Amor Divino conscientemente dirigido para lograr objetivos, produce tales resultados maravillosos. Este Amor Divino se vuelve Instantáneo y Todopoderoso, tan pronto como la conciencia externa deja de limitarlo.

"Ahora retornando a la explicación de los Rayos", - continuó-, "La 'Poderosa Llama Divina' pulsando dentro de Sí Misma, proyecta Dos Rayos dentro del 'Gran Mar de Pura Luz Electrónica'. Esta Inteligente sustancia de Luz llega a ser la vestidura, como si dijéramos, para estos Rayos de la 'Poderosa Presencia YO SOY'. Cada Rayo tiene todos los Atributos de la Divinidad dentro de Él, y ninguna imperfección puede jamás entrar o registrarse sobre Él. La Llama Individualizada vierte dentro de cada Rayo un Punto Focal, o Chispa, formando un centro-Corazón sobre el cual se adhiere o agrega la 'Sustancia Luminosa Electrónica' que crea el Cuerpo Electrónico. Alrededor de este, envía Rayos de menor intensidad, que forman un Aura o campo de fuerza. A este Campo de Fuerza se hace referencia a veces como el 'Cuerpo Causal', y dentro de él están depositados los resultados de todo esfuerzo constructivo durante cada encarnación, y entre ellas. Toda Sustancia Electrónica que se ha usado constructivamente por el ser personal, en la experiencia física, está también depositada dentro de él. A través de este Cuerpo Causal, la 'Llama Divina' puede enviar al espacio Emanaciones Más Grandes de Su propia onda de Vida.

"El 'Cuerpo Causal' llega a ser un Sol siempre en Expansión, a través del viaje de la personalidad por la experiencia física, y una Auto-sostenida Emanación de Ideas Ilimitadas, Amor, Sabiduría, y Poder, fluyendo por siempre, a través de los Rayos de Amor, al resto de este Universo. Este Sol es en Realidad un Depósito de energía y sustancia constructivamente usada, reunida a través de la experiencia humana, y recogida en el Cuerpo Causal, de modo que Éste llega a ser la Gloria de la 'Llama Divina'; la cual, adviértanlo bien, nunca pierde Su Identidad Individual en el

Universo. Este es el modo en el que la Ilimitada, Perfecta, Gozosa, y Bella Actividad de la Vida prosigue por siempre, expandiendo su Perfección.

"La Sustancia y Energía Universales que usa el ser personal discordantemente, se acumula en la atmósfera alrededor del cuerpo físico de ambos, la personalidad y la Tierra. Periódicamente, éstas construyen un vórtice, y solamente pueden ser purificadas y devueltas al 'Gran Mar de la Luz Universal' mediante la actividad del Elemento Fuego.

"El proceso purificador del Elemento Fuego, al actuar dentro del cuerpo de carne humano, para consumir cualidades erróneas, a veces produce la sensación de dolor, si se cualifican equivocadamente por la personalidad; pero si el Elemento Fuego actúa dentro de la carne del cuerpo humano para vivificar y vigorizar, produce una sensación de Paz, Alegría y Éxtasis. Si actúa en la atmósfera de la Tierra y dentro de la Naturaleza, para purificar, a veces produce condiciones volcánicas y cataclismos; pero cuando actúa para vivificar y vigorizar la Naturaleza, produce un crecimiento maravilloso y un aire rarificado que lo vitaliza todo.

"El ser personal de cada individuo está dotado con el Poder de Elegir qué desea pensar, sentir, crear, y experimentar. Si uno usa toda la sustancia y energía de su Ser constructivamente, entonces la Paz, la Expansión, el Gozo, la Opulencia, y la Gloria son el retorno o devolución a la Vida por haber Derramado Sus Dones. Si uno elige y crea de otro modo, su miseria y destrucción retorna sobre él mismo, y destruye su cuerpo.

"El ser personal es un Custodio de la Vida, de las Ideas, y de la 'Sustancia-Luminosa', la Sustancia Electrónica Pura. El mismo hecho de que uno existe como ser humano, es un reconocimiento claro, para aquellos que son capaces de leer el Libro de la Vida, de que uno ha decretado venir a la Existencia Individual, y ha aceptado, por propia voluntad, la Responsabilidad de ser un Creador. Todo el mundo debe responsabilizarse de su mundo. Si él ha creado, cosas y condiciones que no le producen gozo, por culpa de los apetitos del cuerpo físico, tiene todo el poder de purificarlas y disolverlas; mediante el uso correcto del

Elemento Fuego, del cual el Amor Divino es la Más Elevada, la Más Poderosa y Eterna Actividad.

"Si uno desea poner en orden su ser personal y mundo, y por tanto tener Paz y crear un mundo de Gozo, Perfección y Gloria, debe mirar a su Cuerpo Electrónico en busca del Patrón de su Perfección Divina; porque ese Patrón no puede, y nunca podrá, ser encontrado en ningún otro lugar. Allí, y solamente allí, puede el ser personal encontrar siempre seguridad, descanso, satisfacción, gozo, y el Cumplimiento de cada deseo constructivo; porque en la 'Plenitud de la Presencia' están las cosas que uno desea.

"Este Cuerpo Electrónico, Perfecto, y Eterno, reside entre 3,5 y 4,5 m. por encima del cuerpo físico de cada individuo; a no ser que éste sea un tipo muy inferior o destructivo, lo que hace que la distancia sea mucho mayor.

"Este es el Hijo y el Sol de Dios, porque el Cuerpo Electrónico de cada Llama Individualizada de Dios, es una Deslumbrante Luz de tal Intensidad, que los ojos humanos sólo pueden observarla durante la fracción de un segundo. Mediante la adoración a la Llama-Divina y la purificación de Su instrumento -el ser personal-, la actividad externa de la mente, y del cuerpo físico, son elevados en sintonía vibratoria, para ver el Cuerpo Electrónico claramente, dentro de la Deslumbrante Luz del campo de fuerza que lo rodea. El cuerpo físico, o estructura atómica actual de la carne, es la forma más densa; y es el registro de la actividad externa de la mente.

"En ciertas fases de la explicación religiosa concerniente a este Cuerpo Electrónico, se le menciona como el Ángel Guardián. Es todo esto y más, cuando se entiende y comprende verdaderamente. El ser personal debería mirar a Él, en busca del Abastecimiento de toda cosa buena, como un niño busca a su madre. Todo lo que existe dentro de la Llama-Divina fluye dentro del Cuerpo Electrónico; donde el Formidable Poder e Intensidad de la Luz de la 'Poderosa Presencia YO SOY' es reducido hasta cierto grado, en el que pueda actuar en el plano u octava del mundo físico. "Desde el Nucleo del Cuerpo Electrónico fluye una Corriente de Esencia de Vida, o Luz-Líquida que entra en el cuerpo físico a través de la glándula pineal, y llena el sistema nervioso. Este 'Fuego Líquido Blanco' fluye a través de los nervios, como lo hace la sangre a través de las venas. Esta Luz hace palpitar el corazón, mueve los músculos del cuerpo, y hace posible que uno camine o eleve la mano. Es también la Luz Vigorizante dentro de las células cerebrales.

"Esta Corriente de Vida se ha mencionado a menudo como el 'Cordón de Plata'. Y así es, porque la Corriente, o Luz Líquida Blanca, pulsan continuamente a través del cuerpo de carne por medio del sistema nervioso. Cuando ocurre la así llamada muerte, la 'Presencia Divina' retira la Corriente de Luz Líquida, y la carne se desintegra. La razón por la que la raza continúa experimentando la así llamada muerte, se debe al desperdicio o mal gasto de esta 'Luz Electrónica' a través de excesos emocionales; en lugar de retenerla dentro del cerebro y cuerpo físico, para reconstruir la estructura celular, y abastecer la Fuerza Motriz para el cuerpo entero.

"A la humanidad no le gusta oír esta Verdad, pero el desperdicio de la Energía de Vida a través de los sentimientos incontrolados, es la causa de la desintegración de todos los cuerpos físicos, aparte de la violencia. Si alguien usa la Visión Interna para observar la Corriente de Vida de una criatura fuertemente saludable, verá los nervios del cuerpo llenos de esta Deslumbrante Luz Líquida Blanca.

"Si a continuación observa el cuerpo de la misma criatura, cuando está enferma o fatigada, verá que ha disminuido grandemente la Luz. En un cuerpo viejo, la Luz está mucho más disminuida, y si uno desea observar la retirada de un alma de su cuerpo, en la así llamada muerte, verá esta Corriente de Vida enteramente retirada a la cima de la cabeza; hasta que sólo llega a ser un delgado hilo de Luz, que finalmente se rompe; y en ese momento el corazón cesa de latir.

"Volvamos nuevamente a la explicación de los Rayos: Nada y Bob Singleton son otros dos Rayos de una Llama Divina Individualizada. Que elijan aceptar este Hecho Maravilloso, depende enteramente de ustedes mismos. Ni siquiera lo sugiero, pero conociendo el sentimiento secreto de sus Corazones, como conozco, es Mi Privilegio revelar esto más ampliamente. Explicaré alguno de los sentimientos que no han entendido hasta ahora.

"Mi sincera esperanza es que ustedes cuatro sean capaces de elevar sus cuerpos en esta Vida, con la atención externa conscientemente dirigida a ese punto. Con la Asistencia que Nosotros podemos dar en el momento apropiado, serán capaces de alcanzar el Logro Final. Siento su gratitud por la cual les doy las gracias. En respuesta a su pensamiento del por qué tienen este Glorioso Privilegio, quiero que sepan que es debido a un crecimiento previo. Su propia y 'Poderosa Presencia YO SOY' dentro de ustedes, lo ordena, para su Seguridad e Iluminación.

"Ahora les daré la Explicación de la Ley por la cual serán capaces de iluminar, y elevar el cuerpo físico, y de expresar el Completo Dominio, Victoria, y Libertad de los Maestros Ascendidos:

"La semilla, o posibilidad de engendrar, dentro del hombre y la mujer, está diseñada solamente para el sagrado oficio de crear un cuerpo, por medio del cual pueda otra alma venir a la encarnación física. En todo otro momento, la 'Gloriosa Luz' dentro del cuerpo, debería ser elevada a la cima de la cabeza, y debería permitírsele fluir hacia lo alto, en adoración a la 'Poderosa Presencia YO SOY'. Entonces, mediante elevados pensamientos y sentimientos, puede uno hacer trabajos creativos en el nivel mental, mediante ideas gloriosas, ideales artísticos, musicales, descubrimientos, inventos, investigación, y creación de belleza y armonía de toda descripción; mediante un Servicio que bendiga a la humanidad, y por tanto, al individuo que lo hace posible.

"En lugar de malgastar la maravillosa Luz-Líquida, la Maravillosa Esencia de Vida dada por Dios, en sensaciones y excesos sexuales; por los cuales llega el cuerpo a la decrepitud, se vuelve lacio, tullido, arrugado, con los ojos apagados, la entera estructura encorvada y débil, el cerebro inactivo, la vista y el oído deteriorados y la memoria incapaz de funcionar, esta Energía debería ser usada correctamente en Actividades Maravillosas, Idealistas, y Creativas.

"Con tal conciencia constructiva y logros, el cuerpo físico permanecería eternamente joven y bello; el cerebro y las facultades aguzadas, alerta, y activas; y la entera expresión física sería la Imagen y Semejanza del Dios viviente – verdaderamente el ¡Templo del Altísimo!

"Sus cuerpos están reclamando ahora su acostumbrado descanso. Las habitaciones están preparadas. Duerman hasta que despierten. Les encomiendo al Abrazo de su Gloriosa 'Poderosa Presencia YO SOY'. Descansen en paz".

Nosotros retornamos a nuestras habitaciones donde todo estaba a punto. La más deliciosa fragancia de rosas lo penetraba todo, y ciertamente, nunca descansamos sobre tan confortables camas, ni disfrutamos de tan divino descanso. Rex estaba muy feliz de saber que Perla era el "Rayo Gemelo" de su propia Llama Divina, y hablando de ella, después de que ambos hubimos marchado a nuestras habitaciones, dijo:

"Siempre, desde nuestro primer encuentro, sentí una extraña atracción hacia Perla, y en todo lugar donde esté presente soy siempre consciente de un sentido de sosegado contento. Nuestro Bienamado Saint Germain ha explicado todo muy maravillosamente, y estoy profundamente agradecido".

Yo repliqué: "Al darme esta explicación a mí sobre los Rayos Gemelos, hace algunos meses, Saint Germain me había dicho: 'El Bello Amor de un Rayo por su Rayo Gemelo, es inmensamente elevado, enaltecedor, maravilloso, e Infinitamente más gozoso que cuando la gran corriente de Fuego-Líquido, de la Corriente de Vida del Universo, se invierte y transforma en pasión.

"Esta Poderosa Fuerza Electrónica concentrada, o Esencia de Vida, es una Luz Líquida que fluye dondequiera que se dirige la atención. La atención de la mente es empujada en esta dirección, por medio del pensamiento, sentimiento, visión y audición, -de hecho, por el empuje de los sentidos físicos-. La Verdadera Comprensión del Magno Poder que hay a su disposición, cuando tienen pleno control sobre su atención, no puede ser subestimada. La Esencia Electrónica Líquida es esta Poderosa Energía, y vigoriza cualquier cosa sobre la que descanse la atención.

"Si uno realiza un intenso trabajo mental, la 'Luz Líquida' permanece dentro del cerebro, y fluye a través del centro de la frente, entre los ojos, como un Rayo de Luz; y si la Vista Interna está abierta, uno puede verla siempre y fácilmente. Si uno habla, esta Pura y Poderosa Energía, fluye a través del centro de la garganta como un sonido. Si uno derrama Amor Divino, esta Luz Líquida fluye al exterior como un Resplandor desde el centro-Corazón.

"Si uno emite intenso sentimiento, este fluye desde el plexo solar. Aquí también realiza la función de digerir el alimento. Si uno tiene abierta la Visión Interna, verá una Corriente de Luz derramándose desde cualquier 'centro' donde se esté usando la energía, en cada momento. Esta Luz Líquida Pura toma el color de cualquier actividad que la personalidad impone sobre Ella, a través del pensamiento, sentimiento, y palabra hablada. Aquí descansan, la responsabilidad de uno como creador, y los medios por los cuales él puede corregir o purificar todo lo que ha creado erróneamente.

"Si esta Esencia de Vida es usada en el centro-generador para el placer sexual, en lugar de procrear un nuevo cuerpo físico para otra alma, comienza el proceso de desintegración del cuerpo físico; y se inicia el viaje hacia la auto-generada disolución del cuerpo. No importa lo que digan en contra las opiniones humanas. Esta es la Ley Inevitable e Inexorable de la encarnación física; y no hay persona en el Universo que pueda cambiarla.

"Esta es la Razón Principal de la existencia de la condición llamada muerte, dentro de la raza en su totalidad. Dejen que quien esté en desacuerdo con esta Verdad compare el cerebro y cuerpo de uno que conserve esta Luz Líquida, por un periodo de unos pocos años, con los de uno que la malgaste durante un periodo similar, y no necesitará ninguna otra prueba. La conservación de esta Luz Líquida Electrónica, y la consciente elevación de Ella, mediante la adoración a la 'Poderosa Presencia YO SOY', junto con el poder de la mente a través del control de la atención, es el Camino de Perfección, y es seguro, sano, sensible y razonable. Sólo puede tener resultados armoniosos y constructivos para la mente, el cuerpo, y el mundo del individuo.

"No se trata de un sistema de represión mediante el poder de la voluntad humana. Eso es, y siempre será, desastroso, porque contener o apresar una alta y concentrada energía; y añadirle más a esa 'presa' o embalse, mediante el pensamiento y sentimiento de sugestión, deseándolo en secreto, debe necesariamente ocasionar un estallido de alguna clase. Ese método nunca fue la enseñanza espiritual original de nadie que realmente supiese y comprendiese la Verdad y la Ley que concierne al tema.

"La humanidad no ha entendido esta Verdad, excepto en un pequeño grado, o miles de seres humanos habrían llegado a ser Maestros Ascendidos hace ya mucho. Con objeto de liberarse de la degradación, miseria, pobreza, y desastres en los cuales se revuelca la masa humana, el individuo debe llegar a una clara comprensión de esta 'Ley' en la actividad externa de su mente. A través de su consciente reconocimiento y control de las emociones, cierra la puerta a las más peligrosas y sutiles sugestiones del plano psíquico; que es el enemigo más desconocido y la más viciosa actividad de la fuerza siniestra en este mundo. "La naturaleza o cuerpo de sentimientos de la humanidad es un depósito de energía, y es imposible que el pensamiento se transforme en cosas, hasta que el 'sentimiento' lo empuje dentro del 'Mar de Sustancia Electrónica'.

Cuando nos fuimos a dormir, comenzó a desvanecerse la Gloriosa Iluminación de nuestra habitación, y pronto quedamos dormidos. Ninguno de nosotros había experimentado tal descanso celestial anteriormente. Debimos haber dormido plenamente unas doce horas, cuando sonó una campanilla de tonos gloriosos a través de la habitación, y la Deslumbrante Luz comenzó nuevamente a llenar el recinto.

Cuando nos bañamos y pusimos nuestras Túnicas, encontramos un delicioso desayuno esperándonos, servido sobre una mesa exquisita con encimera de cristal, que ninguno de nosotros había visto allí antes. Sobre ella había alimento del cual nunca oímos hablar, más delicado y delicioso de lo que pueda ser servido por ningún artista culinario de este mundo. Los platos parecían como si estuviesen fabricados de madreperla, con bandas de oro macizo, y el resto del servicio estaba hecho de maravilloso metal semi-transparente, con asas de perla. Desayunamos, y estábamos comentando las maravillas que habíamos experimentado, cuando la mesa, con su entero y bello servicio, desapareció de nuestros ojos.

Nuevamente, el sonido de la bella campanilla llenó la habitación. Fuimos al salón de recepción, y allí encontramos a Nada y Perla esperándonos. Se veían radiantemente bellas. La Juventud responde maravillosamente siempre a la 'Poderosa Presencia YO SOY', pero en este cambio había tenido lugar una Transformación que llegaba más allá de lo usual en ambas, revelando un Resplandor que nunca habíamos visto en ninguna de ellas. Ambas mostraban el despertar de un Gran Amor, y aunque habían experimentado el mismo y maravilloso descanso que nosotros, ellas habían pasado incluso por un cambio más sorprendente.

Habíamos estado hablando solamente unos momentos cuando se abrieron las grandes puertas de la Cámara de Cristal. Entramos y encontramos a doce Maestros Ascendidos más, presentes, haciendo la suma de veinticuatro, con aquellos que ya habíamos hecho contacto mientras estábamos en este Retiro. Saint Germain nos presentó a Ellos, y noté a una Dama y un Caballero, alrededor de los Cuales la "Luz" era deslumbrante, porque su Resplandor brillaba más que los demás. Ellos vinieron directamente hacia Nada y Rex, y con Indescriptible Gracia, saludaron a ambos. "Bienamados Hermano y Hermana", -dijo la Dama-, "venimos directamente de la Esfera en la cual reside su amada madre. No es Su Hogar, pero Ella está allí para cierto entrenamiento. Ustedes lo ignoraban en aquel momento, pero si pudieran haber visto dentro del ataúd, antes de que fuese colocada en el sarcófago, no habrían encontrado su cuerpo físico. Nosotros fuimos dos de los Doce presentes que estábamos con el Magno Maestro Saint Germain, cuando le fue dada la Asistencia que la capacitó para elevarse a su Eterno Cuerpo Electrónico. Ella desea que conozcan Esto, ahora que han llegado a ser conscientes del Gran Modo de Vida de los Maestros Ascendidos, y lo han aceptado.

"Estos, Nuestros Benditos Hermanos Ascendidos, han descubierto que a cada uno de ustedes le puede ser dada la Asistencia necesaria, para elevar sus cuerpos como lo ha hecho Ella; cuando se acabe el acostumbrado tiempo de su peregrinaje terrenal. La tercera noche aquí, Ella vendrá a ustedes, como lo hacemos ahora Nosotros. Esta noche Nada y su padre tendrán una sorpresa muy feliz".

Nuevamente sonó la campanilla y nuestro Bienamado Saint Germain anunció que todos íbamos a entrar en el laboratorio eléctrico. Al pasar a esa sala encontramos que el Maravilloso Acelerador Atómico brillaba con Grandes Corrientes de "Luz". Él pidió a Daniel Rayborn que tomase asiento en la silla. Los dos Maestros Resplandecientes se colocaron en puntos opuestos del círculo, uno enfrente, y el otro detrás de Daniel Rayborn; Saint Germain permaneció dentro del círculo de los veintiuno. Nuevamente, Él me pidió que observase el proceso atentamente.

En un instante, la Luz dentro del cuerpo de Rayborn comenzó a aumentar, y su rostro reveló una gran alegría. Dentro de la Luz que le rodeaba había partículas de sustancia, que se elevaban continuamente a medida que las impurezas de su cuerpo físico eran expulsadas y consumidas. Esto duró unos diez minutos; luego vi que su cabello volvía gradualmente a su color natural, un marrón oscuro, y su rostro se volvía radiante y juvenil. La Luz dentro de la Silla desapareció gradualmente, y el laboratorio volvió a ser el de siempre.

Saint Germain extendió Su Mano al Sr. Rayborn, y él bajó con ligereza, como si apenas fuese consciente de ningún peso. Durante más de una hora, el Resplandor de su cara y la "Luz" Brillante dentro de sus ojos eran muy notables. "Las palabras nunca podrán describir las Maravillas que he experimentado", -dijo volviéndose hacia nosotros-, "y por primera vez en mi Vida estoy comenzando a conocer el Significado Real de la Vida. En el estado no ascendido, no soñamos de cuán pequeña fracción del Poderoso Principio de la Vida nos apropiamos y usamos, en nuestra experiencia mundana ordinaria".

"Cada uno de ustedes", -dijo Saint Germain-, "ha sido elevado enormemente a través de la Poderosa radiación de este Maravilloso Acelerador Atómico".

Nosotros retornamos a la Cámara de Cristal, y notamos que se habían colocado sillas para veinticuatro personas, alrededor de la gran mesa con encimera de cristal. Los dos Maestros Resplandecientes tomaron asiento en las cabeceras, nuestro Bienamado Maestro en el medio, y Nada opuesta a Él.

"Enfoca tu atención sobre Bob Singleton", -dijo Él dirigiéndose a Nada- "y pídele que venga aquí". Casi instantáneamente, nos envolvió a todos una suave Luz, de color rosado, acompañada de una muy deliciosa fragancia de rosas. En unos momentos, se formó un bello color azul alrededor del círculo de color rosado. Este fue seguido por un resplandor dorado, alrededor del azul. Entonces se oyó un sonido similar al roce de unas alas, y Bob Singleton, apareció sobre la mesa, delante de nosotros, en un Cuerpo tangible y visible, acompañado por los dos Maestros Resplandecientes, que se habían sentado previamente a las cabeceras de la mesa. Yo no había notado su ausencia, hasta que retornaron con Bob.

Mientras permanecía de pie, pude ver cómo su forma se hacía cada vez más densa, hasta que de pronto su cuerpo fue tan tangible como el mío propio. Saint Germain se levantó, y extendió Su mano a Bob, que saltó ágilmente de la mesa. Todos nos pusimos en pie, y Nada le miró fijamente durante un instante, mientras el resto estábamos a punto de saludarlo. Bob puso sus brazos alrededor de ella, y la estrechó contra su Corazón.

"Mi Precioso Amor", -dijo él-, "siempre te he visto en mis sueños. Cuando llegaste a la mina, supe que eras mi Ángel de Amor, pero parecías tan lejana de mí, que no me atreví a tener esperanza. Ahora, tenerte en mis brazos es la cosa más divina que conozco. En la Gloriosa Libertad de este Cuerpo Interno, veo la Luz del Amor Divino entre tu bendito hermano y mi hermana. Mi gratitud es ilimitada". Daniel Rayborn se acercó con las manos extendidas, y dio su bendición a este Gran y Divino Amor; después, volviéndose hacia Perla y Rex, les dio su Bendición también, diciendo que en su estado superior de vibración, comprendía todo más claramente.

"¿Seré capaz de recordar Esto", -dijo Bob, dirigiéndose hacia Saint Germain-, "cuando retorne a mi cuerpo?" Y Él replicó:

"Lo harás así si lo deseas. El privilegio que se te concedió esta vez es una rara ocurrencia, porque estás investido con un cuerpo temporal. No obstante, es justamente tan tangible como tu propio cuerpo físico, y como los cuerpos físicos de los demás aquí".

Todo el mundo se acercó, y felicitó a la feliz pareja, haciendo los Maestros Ascendidos un vínculo de conexión, a través del cual podría ser dada Ayuda en cualquier momento del futuro, en caso de necesidad. Fue entonces cuando supimos que los dos Maestros Resplandecientes eran también "Rayos Gemelos". Los Maestros Ascendidos presentes, conocían a Bob por haber tenido contacto con él en las esferas superiores, pero él no retenía memoria de su relación con Ellos. Cuando Saint Germain se adelantó, Bob quiso arrodillarse delante de Él.

"No Bob", -dijo Él, elevando Su Mano en protesta-, "tu propia 'Presencia YO SOY que Mora en ti' es justamente tan Sublime como los 'Maestros Ascendidos' que han encontrado el modo de completar Su Maestría y Libertad, antes que tú. A Ella pertenece tu Primer Amor, reconocimiento, y adoración, en todo momento; nunca olvides eso. 'YO SOY' tu Hermano mayor, eso es todo, y es Mi Privilegio asistirte para que consigas esa Misma Libertad. Has sido capacitado para estar aquí esta noche de esta manera, por mandato de tu propia 'Poderosa Presencia YO SOY'. Es siempre una satisfacción ser de alguna ayuda, cuando la Gran Ley del Ser lo permite.

"Deseo que vengas mañana por la noche de este mismo modo, para que conozcas a la Madre de tu Rayo Gemelo, porque Ella también estará aquí entonces. Mucho se ha hecho que ahora comprendes, pero tu bello Amor y confianza, permite abrir las puertas ampliamente, para obtener Bendiciones de las que no sueñas. No obstante, llegará la comprensión completa según progreses. Dispón tu trabajo en la mina de modo que puedas retirarte puntualmente a las nueve. Ahora debes retornar a tu cuerpo físico".

Saint Germain entonces nos pidió a todos que formásemos un círculo alrededor de Bob. En unos momentos el Círculo Radiante de Luz, en rosa, azul, y oro, nos envolvió de nuevo. Los dos Maestros Resplandecientes tomaron su lugar al lado de Bob, y en un instante, desaparecieron los tres. El resto de nosotros anduvimos por la Cámara de Cristal, y en cerca de veinte minutos, reaparecieron en medio de nosotros los dos Maestros Resplandecientes.

Nunca, en mi entera existencia, experimenté tal maravilloso gozo e Indescriptible Amor Divino, como el radiado por cada uno de los presentes. Esto finalizó nuestro trabajo, hasta la noche siguiente. Los doce Maestros Ascendidos, que habían aparecido al final, formaron un círculo, y en unos instantes desaparecieron de la vista. Los seis remanentes, se desvanecieron ante nuestros ojos después de darnos Su Bendición.

Todos nosotros nos reunimos alrededor de nuestro Bienamado Saint Germain con desbordante gratitud por las Maravillas de las que habíamos sido testigos, y las Bendiciones Ilimitadas recibidas.

"Mis Amados Estudiantes", -explicó Él-, "¿no ven cuánto más fácil, cuánto más gozoso es elevarse por encima de toda limitación humana y terrenal; y producir cualquier cosa requerida directamente de la Sustancia Universal, que es el Eterno y Omnipotente Abastecedor de toda cosa que puedan desear? Cada uno de ustedes que se le ha pedido venir aquí, puede aprender esto, mucho más pronto de lo que se atreve a imaginar en la actividad externa su mente. El tiempo requerido para obtener esta Maestría se acorta enormemente, cuando el individuo llega a comprender que su cuerpo físico es el Templo de la 'Poderosa Presencia YO SOY', el DIOS del Universo; ¡y la misma Energía de Vida que mueve su cuerpo a través de este suelo, es el Altísimo Dios Viviente! Este es el Cristo, el 'Único Hijo Bienamado' -Dios en Acción-. No obstante, conozco muchos que consiguen enormes resultados pensando en Él como el Maestro Ascendido Interno; o la 'Poderosa Presencia YO SOY', a quien ellos pueden hablar. Esta Presencia es una Gloriosa Deslumbrante Luz. Pueden ver Su Luz en su mente y cuerpo externos, -Su Visible y Tangible Presencia- residiendo a corta distancia sobre sus cuerpos físicos. Pueden hablarle y recibir Su Concreta Respuesta, Perfecta Dirección, y Maravillosa Revelación.

"Ustedes pueden, de este modo, ser dirigidos Divinamente, si tan sólo quieren contactar con su 'Poderosa Presencia YO SOY', estrechamente, y a menudo. Su Magna Sabiduría, Inteligencia, y Luz Líquida, fluirá incesantemente dentro de todo lo que deseen realizar; si tan sólo mantienen su atención tenazmente sobre la 'Poderosa Presencia' primero, y sobre cuanto ustedes deseen obtener, segundo. Después continúen con definida y persistente insistencia. Tal Magno Poder e Inteligencia es Absolutamente Invencible, y nunca puede fallar.

"La duda y el temor humanos, que son sentimientos sutiles, pueden impedir, si se lo permiten, que ustedes acepten esta 'Poderosa Presencia YO SOY' y Su Perfección; pero la 'Presencia' nunca falló ni nunca puede fallar. Esta es una simple fórmula para obtener logros rápidos y seguros. Ustedes no pueden estimar posiblemente el enorme avance que es posible obtener en un corto tiempo, si quieren aceptar, consciente, continua y completamente, el Maravilloso Amor, Inteligencia y Poder de la 'Poderosa Presencia YO SOY'; cuya Energía fluye y actúa a través de su mente y cuerpo, en cada momento de las veinticuatro horas.

"Hay un punto que los Verdaderos estudiantes, y aquellos que desean avanzar, deberían conocer inequívocamente, y ese es concerniente al deseo. Nadie puede obtener Maestría sobre la creación humana y ganar la Ascensión con una actitud de 'ausencia de deseo'; porque sin deseo de avance, éste no será posible. Recuerden siempre que todo Deseo Constructivo es 'Dios en Acción' en ustedes; porque si el deseo no estuviese dentro del Principio Divino, la manifestación no habría tenido lugar. Hasta que la Divinidad deseó la manifestación, ésta no pudo exteriorizarse.

"La actividad del deseo es el 'impulsor' o movimiento expansivo de la Misma Vida, y nunca puede prescindirse de él. La Vida es Movimiento Perpetuo, y el sostenedor de esta Actividad es todo Deseo Constructivo.

"No obstante, sean cuidadosos para discernir entre 'deseo' y apetito humano; porque están tan alejados entre sí como la Luz y la oscuridad. Apetito es tan sólo una acumulación de energía, cualificada por el sentimiento humano, a través de la formación de un hábito en el organismo sensible solamente; y no tiene nada que ver con el deseo dentro de la Vida de Dios, porque todo lo que reside dentro de la Vida es Puro, Perfecto y Constructivo. El deseo Constructivo existe eternamente dentro de la Vida. Es imposible progresar o expresar Vida sin alguna forma de deseo. "Es obligación del estudiante estar alerta y en guardia, discerniendo siempre, cuál es su motivo para hacer algo. Necesita ser severamente honesto consigo mismo en su sentimiento y motivo; porque muchas veces, la actividad externa de la mente intenta hacer pensar a uno que está haciendo una cosa desde el punto de vista de la razón, cuando realmente, está todo el tiempo haciéndolo para satisfacer un sentimiento.

"La mayoría de la raza todavía son criaturas de sensaciones ya que el sentimiento las controla más del noventa por ciento de la mayoría del tiempo, de lo que lo hace la sabiduría de la mente. Eso explica por qué son principalmente criaturas de apetitos físicos, en lugar de ser dirigidos por Dios, y Maestros de las Circunstancias y del Dominio. Hasta que el estudiante controle definitivamente sus sentimientos mediante el Amor, la Sabiduría, y el Poder de su 'Poderosa Presencia YO SOY', no puede, y nunca podrá ser digno de confianza, ni puede hacer permanente progreso hacia la Libertad. La 'Poderosa Presencia YO SOY' almacena su fuerza en el cuerpo emocional, o cuerpo de sentimientos; y depende de esta energía para llevar a cabo el Cumplimiento del Plan Perfecto y Divino de la Vida.

"Cada uno conoce la diferencia entre una idea Constructiva y una destructiva, y la diferencia entre el sentimiento de Amor, Paz y Calma, con el de la discordia. Así que, la mente más simple, incluso la de un niño, conoce innatamente la diferencia entre el Modo Divino de la Vida, un Deseo-Divino, y el apetito humano en busca de auto-satisfacción. Nosotros estamos obligados a elegir el Modo Divino de la Vida; y si no obligamos a los apetitos de los sentidos a obedecer ese Mandato, entonces debemos sufrir, experimentando caos y destrucción; hasta que pongamos en orden nuestro propio mundo, de modo que se funda con el Grande y Ordenado Movimiento Armonioso del 'Todo'. Pureza, Orden y Armonía son las Leyes de Perfección por siempre.

"Cuando uno desea dar rienda suelta a su propio sentimiento de resistencia, en lugar de aquietar ese sentimiento y reemplazarlo por la Paz, él se destruye a sí mismo, a su mente, cuerpo, y mundo; porque la 'Ley' es que cualquier pensamiento y sentimiento discordantes emitidos por un ser humano, debe primero vibrar a través del cerebro y cuerpo del emisor, antes de que puedan alcanzar al resto del Universo. Después de dar vueltas por doquier, comienzan el viaje de retorno a su creador. Mientras retornan reúne a su alrededor más de su clase, y se convierte en la acumulación que compone el mundo del individuo. Esta es la 'Ley' y es Inmutable. Cuando la Gran Energía de la Vida dentro del cuerpo físico se usa constructivamente, el resultado es el mayor gozo posible, felicidad, y logros; no solamente para nosotros mismos, sino para toda persona, lugar, condición, y cosa que controlamos. Entonces la 'Poderosa Presencia YO SOY', a través del vehículo del ser personal, manifiesta Amor Divino en Acción; y cuanto más firme y más concentrada sea la atención, será más poderosa la acción y más maravilloso el resultado.

"Ahora irán todos a disfrutar de su bien merecido descanso. La Todopoderosa Iluminación e Infinita Paz del Altísimo Dios, permanezca con cada uno, porque tengo mucho que decirles, cuando finalice nuestro trabajo mañana por la noche. Que cada uno permanezca en su baño no menos de quince minutos. Estará especialmente preparado; después habrá alimentos esperándoles. Les envuelvo en Mi Paz, Fortaleza, y Amor, y les encomiendo a todos a su propia 'Poderosa Presencia YO SOY'. Buenas noches".

Fuimos a nuestras respectivas habitaciones, y encontramos todo resplandeciendo con la Vivificante Vida de la "Poderosa Presencia YO SOY". La misma atmósfera estaba cargada con la Pura Luz Electrónica. Después de haber entrado en mi baño, quedé encantado por la misma Presencia Viviente dentro del agua. Fue como la caricia mágica de la Madre de Toda Vida.

Cada átomo de mi cuerpo fue avivado en esa Paz Radiante que sobrepasa toda comprensión. Cuando estuvimos preparados para cenar, paramos delante del espejo y apenas nos reconocimos; cada uno se veía y sentía radiante y resplandeciente. Nuestro refrigerio fue celestial, y después de finalizarlo, nos retiramos de nuevo.

A las cinco de la tarde siguiente, fuimos despertados por el bello tono de una campanilla etérica, sonando a través de las habitaciones; y notamos que el Resplandor de la Luz alrededor de nosotros era mucho más deslumbrante de lo usual. Había sido tan vivificada dentro de nuestros propios cuerpos, que su Resplandor emanaba de nuestras manos con gran viveza.

El alimento que se nos proporcionó era de la más excelente calidad, y semejaba ser Esencia Concentrada. Había un líquido cremoso dorado que parecía casi Luz Líquida. Según la compartíamos, dije a Rex: "¿Sabes? Alguna experiencia inusual y poderosa debe estar a punto de ocurrir; y se nos da este Líquido para que el cuerpo no sea sobrecargado con sustancia innecesaria".

Cuando finalizamos, apareció sobre la mesa un vaso pequeño, del tamaño de un vaso de vino, y con él llegó una hoja de papel en la cual se leían las palabras, "Beban sin miedo". La sustancia en los vasos semejaba Pura Energía Electrónica. Tomé mi vaso, y lo bebí sin detenerme. Al principio parecía como si mi ser nunca parase de expandirse; y entonces lo siguió una sensación de estar siendo elevado a tremendas alturas. Pensé que iba a perder la conciencia, pero no la perdí. Pronto me ajusté a eso, y entonces miré hacia Rex, inmerso dentro de una Llama de Luz Deslumbrante. Sus ojos estaban cerrados, y su cuerpo oscilaba como si estuviese a punto de caer. Empecé a acercarme a él, cuando las palabras destellaron delante de mí: "¡No teman!". Instantáneamente abrió sus ojos, y según me miró, dos Rayos de Luz surgieron de ellos. Fue una experiencia sorprendente, y fue verdaderamente afortunado que no tuviésemos temor.

En un momento, sonó la campanilla, llamándonos a la Cámara de Cristal. Cuando llegamos ante las grandes puertas, éstas se abrieron suavemente, y la música más arrebatadora nos saludó. En el órgano, estaba sentada la más bella y Soberana Presencia que jamás he visto o imaginado, y otra, su "Rayo Gemelo" se sentaba al piano. No hay palabras que puedan hacer justicia a aquellas armonías, porque la música penetraba hasta lo más profundo del alma. No fuimos conscientes de nadie más en la cámara, hasta que cesó la música; y entonces nos dimos cuenta que diez de los Maestros Ascendidos se encontraban en medio de nosotros. Justo más allá de ellos, estaban Nada y Perla, envueltas en una Luz brillante, que se extendía alrededor de ellas cerca de 90 cm. Siguió otra oleada de gloriosa música, y repentinamente, en medio de ella, todos nos volvimos hacia la puerta. Nuestro Bienamado Saint Germain y Daniel Rayborn entraron con una bella Dama Maestra entre ellos.

Cuando entraron cesó la música, y Nada y Rex exclamaron, "¡Madre!" En el instante siguiente ambos estaban abrazados a Ella. Instantes después Rex se acercó a donde estaba yo, y poniendo su brazo alrededor mío, me llevó junto a Su Madre diciendo: "Este es nuestro maravilloso amigo que llegó a nuestra vida hace unas pocas semanas. Difícilmente podríamos apreciarlo más".

"Mi querido hijo", -dijo Su Madre-, "he observado mucho de lo que ha ocurrido, y estoy tan agradecida como ustedes, por tal verdadero amigo de mis seres amados. Me uno a la familia en el gran Amor que le brindan tan sinceramente. Veo que es radiantemente recíproco entre ustedes. Puedan las más escogidas Bendiciones Divinas, Amor e Iluminación, envolverlos por siempre".

Todos se acercaron y saludaron como una familia hermosa y feliz. Repentinamente sentimos una vibración intensa, y levantando la mirada vimos a la Dama Maestra que había estado tocando el órgano, flotando cerca del techo, sobre nosotros. Parecía realmente como si estuviera en los Reinos Etéricos, en lugar de estar en el corazón de una montaña de la Tierra. Instantáneamente, se situó en el piso, a nuestro lado. Fuimos presentados a Daphne, "La Hija de la Luz". Después nos presentaron a Arion, su compañero al piano, y Saint Germain señaló que pertenecían a la Séptima Esfera, y hacía mucho tiempo que habían alcanzado el estado Ascendido, completando su jornada a través de la experiencia humana.

Daphne y Arion se aproximaron directamente a Nada y a Rex, formándose un lazo entre ellos de Gran Sintonía. Ellos preguntaron si los muchachos querrían cantar acompañándolos al órgano y piano. Estos contestaron afirmativamente, y Daphne preguntó a Nada qué canción iban a interpretar.

"Luz del Amor Eterno", -dijo ella-, "la escribimos Rex y yo". Daphne tocó la frente de Nada un momento.

"La tengo", -dijo-, y marchando hacia el instrumento comenzó. Las voces de los muchachos eran espléndidas antes, pero ahora había un nuevo poder y belleza que era maravilloso. Incluso los Maestros Ascendidos expresaron su aprecio. Alguien pidió a la Madre de Nada que cantase, y desde el momento en que Ella comenzó, un Estremecimiento de Gozo llenó cada Corazón, al tiempo que Ella derramaba Su Gran Amor para bendecir a todos, a través de la canción. Fue con toda seguridad, la Gloria del Cielo derramada sobre la Tierra.

Fue en este momento cuando Saint Germain nos pidió que entráramos en el laboratorio eléctrico. Cuando nos habíamos reunido alrededor del Acelerador Atómico, Él pidió a cada uno de los que no habían levantado su cuerpo que siguieran por turno y ocuparan su lugar en la Silla, empezando por Daniel Rayborn, Perla, Rex, Nada y yo.

"La 'Poderosa Presencia YO SOY' dentro de cada uno, les dirá cuándo abandonar la silla", -instruyó Él-, "ya que no deberá hablarse mientras el proceso esté funcionando".

Daphne tomó su lugar de cara a la silla, y Saint Germain directamente en el lado opuesto. Rayborn se sentó y una Luz blanca-azulada destelló clara como el cristal. En unos diez minutos quizá, su carne parecía perfectamente transparente. Lentamente, una corriente de vívido azul ascendió por su columna, e hizo contacto con las corrientes combinadas de la glándula pineal, el cuerpo pituitario, y la base del cerebro, formando una Deslumbrante Luz Dorada, circundada por el vívido azul que jamás he visto.

Después, por el mismo Poder de su propia Luz, se levantó y abandonó la silla; y según lo hacía, pareció flotar más que caminar.

Perla tomó su lugar en la silla. En menos de cinco minutos su forma desapareció completamente, tan deslumbrante era la Luz Blanca. Esto duró posiblemente diez minutos, antes de emerger de Ella. Según bajó de la silla, la Luz la siguió como si la acariciara.

A continuación vino Rex. Al principio hubo un resplandor de suave Luz rosada, cambiando gradualmente a oro, y azul, y después a blanco intenso, con un glorioso tinte de azul que aún permanecía. Su forma no desapareció enteramente de la vista, pero en menos de diez minutos bajó de la silla, con los ojos destellantes por la Luz de la "Poderosa Presencia YO SOY".

Nada se sentó, e instantáneamente la Luz llegó a ser un sol deslumbrante, y su forma desapareció completamente dentro de su resplandor. De pronto, se levantó tan ligeramente de la silla, que parecía flotar; y Rayos de intensa Luz continuaron saliendo de la parte superior de su cuerpo durante algún tiempo.

Finalmente, tomé mi lugar. Sentí un millón de puntos de Luz atravesar mi carne, según era liberada una fuerza mayor desde dentro de los electrones, a través de la estructura atómica. Al principio quise salir del cuerpo que estaba usando y reclamar la Completa Liberación a mi "Poderosa Presencia YO SOY". Pronto me ajusté a Ella, y entonces llenó mi entero ser una muy gozosa exaltación, una sensación que no pueden describir las palabras.

Derramé un Poderoso Amor a la humanidad y una plegaria para que todos pudieran estar listos para recibir esta misma Iluminación Gloriosa; porque nadie puede retroceder, una vez que ha entrado en la Luz de esta manera. En este Impresionante Estado Exaltado, envié conscientemente el Magno Poder del Amor Divino para bendecir e iluminar a la humanidad, más poderosamente de lo que nunca había concebido que fuera posible. Si el setenta y cinco por ciento de la humanidad pudiese comprender, y ser elevados a este Estado Maravilloso; y desde él emitiesen conscientemente el Magno Poder del Amor Divino, durante siete días, la Tierra y todos sus habitantes serían transformados. No habría más egoísmo; y por ende, no más lucha. ¡Quiera Dios que ese día estuviese a mano ahora!

Nuestro Bienamado Maestro pidió que regresáramos a la Cámara de Cristal. Lo hicimos así, y encontramos el número exacto de sillas para los presentes, colocados de modo que miraran a la pared del este, de esa maravillosa cámara. Saint Germain avanzó hasta un cordón que colgaba de la pared, y tiró de él. La cortina protectora se descorrió a un lado, y dejó a la vista una superficie pulida de alrededor de 3,5 x 6 m.

"Este", -dijo Él-, "es un Espejo Cósmico, en el cual puede ver su completa serie de vidas cualquier individuo que haya alcanzado un cierto grado de avance; y también puede ver la causa y efecto de su actividad consciente, y cómo se obtiene el proceso gradual de Maestría. Entonces, viendo el Plan Divino de su futuro, sabrá cómo cooperar con el Gran Impulso Cósmico de Avance; y de este modo incrementará enormemente su poder de servicio y utilidad; expandiendo conscientemente el Amor, Luz, Sabiduría, y Poder de la 'Poderosa Presencia YO SOY' a través de sí mismo".

Cinco de las sillas, habían sido colocadas directamente enfrente del centro del espejo. En éstas, Saint Germain sentó a Rayborn, Perla, Rex, Nada y a mí, en el orden mencionado.

"Les pido a todos que mantengan sus ojos cerrados", -dijo-, "excepto uno que indicaré, para que sea testigo, y en ningún momento deberán hablar. Diré el nombre de cada uno por turno, cuando finalice el precedente. Deseo que usted", -dijo indicando hacia mi-, "siga atentamente el proceso; porque está aquí para observar y comprender todo lo que suceda, de modo que Este Conocimiento pueda ser dado al mundo. Los demás están aquí para su propio crecimiento individual". Sólo se me permite relatar fragmentos de las actividades impersonales de lo que fue revelado.

"Cuando sea pronunciado el nombre de cada uno", instruyó el Maestro, "éste debe volcar la Luz de su propia alma sobre el espejo, manteniéndola ahí sin vacilaciones, y calmadamente observar los resultados, sin importar cuales sean:

"Daniel Rayborn".

Inmediatamente, apareció sobre la superficie color crema del espejo un punto de Luz azul-zafiro, que se extendió de forma continua, hasta llegar a ser claro como el cristal. Entonces Saint Germain explicó:

"Aparecen aquí, Vida tras Vida, algunas con gran detalle, otras mostrando la terrible batalla del ser externo contra el certero avance y expansión de la 'Gran Luz Interna'. Esta Luz está expandiendo Perfección desde la 'Presencia'. Esto puede ser retardado, pero nunca se Le impedirá obtener su Finalísima Victoria y Dominio Eternos.

"En algunos casos, siglo tras siglo, y Vida tras Vida, pasan apenas con muy pequeño progreso, a causa de la terquedad del ser externo. Cuando se cansa uno lo suficiente del desperdicio de la existencia, y de la irrealidad de las cosas; e invoca fervorosamente a su 'Poderosa Presencia YO SOY', entonces desaparecen todas las barreras; y Su Gran 'Luz Interna' queda capacitada para expresar cada vez mayor Perfección. Esto, a la postre, es la obtención de la Completa Maestría". La pantalla reveló las experiencias de Rayborn, incluyendo incluso aquellas de su Vida presente, y nuestra reciente asociación.

"Verán ustedes", -prosiguió Él-, "que le ha sido concedida una Prolongación a este buen Hermano, hasta que haya finalizado cierto trabajo externo, y los hijos hayan concluido la enseñanza escolar. Estas Prolongaciones sólo son dadas cuando hay posibilidad de elevar la estructura atómica del cuerpo físico hasta la Electrónica. Cuando ocurra esto, él será capaz de unirse con su bello Rayo Gemelo, la Madre de Rex y Nada. Entonces ambos revelarán su Verdadero Servicio, a través de la 'Poderosa Presencia' del 'YO SOY', a medida que su Resplandor crece más y más brillante. En un señalado momento, ellos se manifestarán con su Autoridad de Maestros Ascendidos, y servirán en sus Cuerpos Visibles y Tangibles de Maestros Ascendidos; ocupando posiciones de Grandes Maestros de la 'Luz' en puestos gubernamentales, siendo Mensajeros Directos del Altísimo Dios Viviente". La superficie del espejo retornó al color crema, y Saint Germain dijo:

"Perla".

Una mancha de luz violeta apareció, se expandió y cubrió el espejo con un maravilloso resplandor. Toda la acción fue muy diferente. De las muchas vidas mostradas, sólo hubo tres en las que el yo exterior se rebeló contra la "Luz". Se revelaron tanto las encarnaciones masculinas como las femeninas.

Muchas veces, fue una maestra muy seria de la Verdad para la humanidad. En una fue testigo presencial de la crucifixión de Jesús. En otra vio la quema en la hoguera de Juana de Arco. Luego vino su encuentro y unión con Rex, la iluminación final y la elevación de sus cuerpos, y el ministerio que iba a seguir. Incluso los mostró siempre en contacto con sus padres como amigos queridos, no solo en la relación parental. De nuevo la Luz se desvaneció, la superficie del espejo se volvió blanca, y Saint Germain dijo:

"Rex".

Rápidamente, un disco de intensa Luz, color rosa, cubrió el espejo, y siguió una larga serie de vidas. Estas fueron también encarnaciones masculinas y femeninas. En tres de ellas, fue un gran maestro de la Verdad de la Vida. Muchas veces, fue oficial de alta graduación en grandes ejércitos. En estos, fue muy eficiente, especialmente durante el tiempo en que alcanzó su cima la civilización griega. En otra se le vio en Francia y todavía otra en Inglaterra, durante el tiempo de la revolución americana. Aquí, el Maestro llamó nuestra atención a una condición inusual.

"El crecimiento de Rex", -dijo Él-, "ha sido tan constante, que no ha tenido muy grandes batallas en ninguna encarnación particular. Esta es una cosa muy rara, cuando uno considera los cientos, y a veces miles, de encarnaciones que atraviesan las almas, con objeto de ganar su Victoria y Dominio Eternos. En tres vidas consecutivas fue renombrado científico, e hizo muchos y notables descubrimientos que bendijeron a la humanidad. "Ahora llegamos a su Vida presente, la cual tuvo un buen comienzo. Aquí se ve la finalización de sus días de escolarización, su unión con Perla, y la llamada para ir con los Maestros al Himalaya en el Lejano Oriente. Esto cubrirá un periodo de unos dos años por lo menos. Fíjense en la maravillosa, y vívida descripción de cierto trabajo que hará en el futuro; en el cual jugará un prominente papel en el gobierno de América". A continuación, como un relámpago, se desvaneció todo del espejo, y Saint Germain dijo:

"Nada".

Casi al instante, cubrió el espejo una Luz como el sol, y cuando se aclaró, Saint Germain continuó: "Aquí hay una Notable Revelación de cientos de vidas, en cuyas encarnaciones muestra una gran actividad, en la cual parece haber habido siempre un deseo sincero y dominante por la Luz. En la Vida particular que ahora se revela, se muestra el encuentro entre Nada y Bob Singleton, cuando estaban juntos en la Atlántida. En ese tiempo él era sobrino de uno de los Grandes Maestros Legisladores. En otra Nada fue una sacerdotisa en Egipto. En la que ahora se muestra, ella era hija de un jeque árabe, y durante muchas vidas ha estado bajo mi Cuidado e Instrucción.

"Esta es su Vida presente, mostrando nuestro encuentro, su contacto con Bob, y el repentino final de su aprendizaje escolar. Ella asumirá un Concreto Trabajo Cósmico que Bob aún no está preparado para llevar a cabo. Fíjense, cuando él despierte completamente, la Gran Luz que emitirá. Entonces, ellos llegarán a ser Maestros de la Sabiduría Divina. Como pueden ver, Bob elevará su cuerpo, lo mismo que los demás, con la Asistencia de los Maestros Ascendidos. Su Trabajo Futuro, desde el estado Ascendido, es verdaderamente hermoso". Saint Germain pronunció mi nombre a continuación.

Instantáneamente, volqué la Luz de mi Alma sobre el espejo, y una Luz giratoria, como un gran diamante en el centro, se expandió rápidamente hacia la orilla externa. Muy atrás en el pasado, vi mi Ser Verdadero, la "Poderosa Presencia" del Gran "YO SOY", utilizando un cuerpo detrás de otro, a través de una larga serie de vidas. Dos de éstas fueron en la Atlántida, una como ingeniero de minas y otra en la navegación aérea. Cuando la segunda apareció sobre la pantalla, Él explicó:

"En la última encarnación de la Atlántida, por primera vez desde que comenzaran las encarnaciones, entró en contacto con su Rayo Gemelo. En Egipto, fue un maestro secreto del 'Único Dios'. En Roma, fue un centurión durante la Vida y ministerio de Jesús, cerrando esa encarnación en la que hoy es Gran Bretaña. Nuevamente nace en Inglaterra, durante el siglo doce, y la Vida siguiente fue en un cuerpo femenino en Francia.

"Ahora viene su Vida presente, de nuevo en Unión Perfecta con su Rayo Gemelo. Esto entra en el distante futuro, cuando ya en la Gran Familia de Maestros Ascendidos, todavía hará su ministerio a través del Amor Divino, a quienes están en la Tierra, asistiéndoles en su progreso ascendente. La Bendición del Servicio Divino es un gran privilegio, pero recuerde siempre que su Primer Servicio, el Mayor Servicio que posiblemente pueda existir, es el Reconocimiento Completo y la Aceptación de su 'Poderosa Presencia YO SOY', la poderosa Luz dentro, y por encima de usted.

"Deseo que todos ustedes recuerden especialmente lo que voy a decir sobre el servicio, porque es uno de los temas peor entendidos. Mucha gente considera diversas cosas como servicio, aunque en Realidad no son servicio en absoluto; sino meramente esclavitud a la creación humana de uno mismo o de otros. La realización de actos físicos para gratificación y satisfacción de las limitaciones del ser humano, no es servicio, nunca lo fue, y nunca lo será. Eso es esclavitud a la creación humana y la rueda de molino de las limitaciones humanas. Por favor, limpien completamente sus mentes de esa idea, de una vez por todas, acerca de que eso sea un servicio, porque les digo franca y verdaderamente que no lo es. Una de las Damas Ascendidas ha dicho:

"El Primer Servicio para cada uno de la humanidad es alabar y adorar al 'Ser-Divino', el 'Gran Maestro' al interior de cada individuo. Fijando la atención externa de la mente, de este modo, sobre el Único Dador de toda cosa buena que podamos recibir, elevaremos la mente externa hasta la Completa Aceptación de la 'Suprema y Conquistadora Presencia', anclada dentro de la forma humana, que después de todo es divina.

"Si en el servicio del hombre para con su prójimo, se olvida de mantener su atención enfocada sobre la "Fuente Suprema" de Amor, Sabiduría y Poder, entonces ha fallado en ese servicio, en un alto grado.

"Si en la búsqueda de cosas con los sentidos externos, uno llega a estar tan ocupado, que su atención consciente se enfrasca en la manifestación, en lugar de la "Presencia Suprema" que la produce, entonces, de nuevo, ha perdido el rumbo. "De nuevo, si el hombre, en su gran deseo de servir, ese abrumador deseo de servir a su semejante, le impide mantener su atención enfocada sobre el Productor Supremo, entonces, ese servicio, ha fallado en un alto grado.

"El Único Servicio Verdadero está en mantener la atención y aceptación tan firmemente enfocada sobre el "Gran Maestro Interno" (el Único Productor), que la mente externa llegue a estar tan llena con la 'Presencia Interna', que cada actividad del día, naturalmente, y sin considerarlo, llegue a ser el Servicio Perfecto y Divino de cada momento. Entonces, el 'Gran Maestro Interno' (la "Poderosa Presencia YO SOY") estará dirigiendo la actividad externa, hasta que la entera acción llegue a ser Perfección expresada.

"El ser externo, hasta que esté completamente despierto, tiene periodos en los cuales, sin darse cuenta, quiere pavonear su vanidad y habilidades ante sus semejantes. Esto siempre invita a que un choque de alguna clase golpee al ser externo, hasta que llegue a ser consciente de lo que hace. Entonces, ansiosamente busca su Fuente de Poder, a la que, o bien ha olvidado o voluntariamente apartó de sí mismo; porque en nuestra elección compulsoria, y en el uso del Libre Albedrío, este "Gran Maestro Interno" no interferirá Él Mismo, a no ser que sea bienvenido e invitado gozosamente para hacerlo así. Digo gozosamente, porque cuanto más gozo pongamos en la aceptación del "Poderoso Morador Interno" más rápidamente seguirá la manifestación.

"Nuestra aceptación es un mandato que debe ser obedecido. No puede ser denegado. La atención y aceptación debe mantenerse el tiempo suficiente con suficiente tenacidad y constancia, sobre la "Poderosa Presencia YO SOY", hasta que el cascarón del ser externo sea completamente despojado de la idea de que tiene algún poder por sí mismo.

"La mente externa no puede argüir contra el hecho de que toda la energía que usa proviene de la "Gran Presencia Interna", no importando cómo se emplea esta energía. Nunca dejen que un deseo de servir les prive del tiempo necesario (sin dividir) para enfocar su atención y aceptación sobre su 'Gran Maestro Interno', sabiendo entonces que estarán dando naturalmente el correcto servicio, y haciendo la cosa correcta. Esta es la Ley del Verdadero Servicio Divino, que dice por siempre al ser personal: "No tendrás otros Dioses delante de mí". Esto es el todo de la Ley aplicada'.

"El ser personal no tiene absolutamente nada por sí mismo, porque llega a la encarnación incluso sin vestidos; y a no ser que el cuerpo físico sea iluminado y elevado, pasa a través de la así llamada muerte y deja atrás incluso el cuerpo. De modo que al ser personal no le pertenece realmente nada. No puede negar el hecho de que todo le ha sido prestado por la

Gran Presencia Maestra, sin importar lo mucho que malgaste este maravilloso don de la Vida.

"Mantengan su atención en las Alturas, la 'Luz', y la lucha del ser externo pronto cesará. Se encontrarán elevándose constantemente hacia ese glorificado Estado Ascendido donde la Alegría del Servicio Divino trasciende tanto la comprensión terrenal que no hay palabras para describirla.

"Esto desvela las revelaciones del crecimiento individual a través de cientos de vidas en la experiencia terrenal. Es un acontecimiento raro y un privilegio para cualquier estudiante que se le muestre esto, y sólo se permite cuando el individuo ha alcanzado una altura de logro y Fuerza Interior que le permita observar las experiencias del pasado sin recibir sugerencias o ser en lo más mínimo influenciado por ellas, sin importar cuán terribles hayan sido.

Solamente se refleja aquí un diminuto fragmento de todo lo que pasó sobre el espejo, porque la experiencia de un solo individuo, a través de cientos de encarnaciones, llenaría varios volúmenes. Saint Germain entonces corrió la cortina sobre el espejo, y tomando Su lugar enfrente de Sus invitados, dio un Discurso muy Maravilloso. Mucho de ese discurso fueron instrucciones privadas e información para los presentes, concernientes a su propio trabajo. Daré solamente una muy pequeña porción de ello aquí.

"Es Mi Deseo", -dijo Él dirigiéndose a Perla, Nada y Rex-, "que Perla retorne con Nada a su Universidad. "Es absolutamente imperativo, en este momento, que ella emprenda ciertos estudios que indicaré para el año, antes de su graduación. Esta Instrucción concerniente al servicio fue originalmente dada por una de las Damas Maestras, también conocida como Nada, quien levantó Su Cuerpo hace 2,700 años y quien hace un Trabajo muy Trascendente para la humanidad de esta Tierra, así como un Trabajo Mayor que Ella hace en Esferas muy Superiores."

Fue la Petición de Saint Germain que se escribiera esto en La Presencia Mágica, porque Él lo da a todos Sus Estudiantes y lo ha puesto aquí para que todos los que lean este Libro puedan tener el beneficio de Su Radiación.

"Al final de ese tiempo, estaré feliz de que Me acompañen al Lejano Oriente, donde deben permanecer durante dos años, y hacer Ciertos Contactos que es necesario que tengan."

"En ese tiempo Bob estará preparado para ir con ustedes. Me ocuparé de que sean traídos a la mina y rancho personas de confianza. Dentro de un año a partir de hoy, veintiocho de julio de 1931, nos encontraremos todos de nuevo en la Cueva de los Símbolos; y Daniel Rayborn completará la elevación a su Cuerpo Electrónico, y entrará a la Perfecta Libertad, con su bienamado Rayo Gemelo, Nada, 'La Hija del Canto'.

"Cada uno de ustedes recibirá Entrenamiento e Instrucción de tiempo en tiempo, según lo requieran, y esto será su Sendero a la Libertad. Todos ustedes saben que hay tan sólo una Fuente donde buscar toda cosa; y esa es su 'Poderosa Presencia YO SOY' dentro y alrededor de ustedes, a quien pueden invocar, y nunca dejarán de tener respuesta. De Ella pueden recibir ilimitadamente Coraje, Fortaleza, Poder, Protección, y Guía, que les podrá hacer atravesar cualquier experiencia terrible que puedan encontrar jamás.

"No he observado ninguna debilidad dentro de ustedes, de otro modo no estarían aquí. Aparecerán pruebas desde los lugares más inesperados. Ustedes, naturalmente, recuerden que el estudiante sincero siempre está en guardia. La Luz Interna nunca fallará, a no ser que ustedes se aparten deliberadamente de Ella, ¡lo que espero que nadie de ustedes hará!

"Ahora, ¿querrán unirse a Mi alrededor, en la Mesa de Cristal? Todavía tenemos otro servicio que prestar a nuestro bienamado Hermano Bob".

Cuando todos estuvieron en sus lugares, Él pidió a Nada que llamase a Bob con la "Luz Interna". Cerca de diez minutos más tarde, apareció Bob sobre la mesa delante de nosotros. Rex extendió su mano y Bob saltó con ligereza, abrazando a Nada. Ella lo llevó hacia adelante y lo presentó a su Madre, que había retornado a la cámara de audiencia con Daniel Rayborn.

Ella le miró fijamente, durante un momento, y con la sonrisa más dulce, extendió sus brazos y le abrazó. Según hizo eso, la Luz dentro de Ella destelló con tal intensidad que sus cuerpos fueron difícilmente visibles.

"Mi Bienamado Hijo, en quien me complazco", -dijo Ella, soltándolo-, "Los felicito a ambos por Este Descubrimiento, y por el Amor que encierra su Unión Divina. La Mayor Bendición que Mi Poder del Estado Ascendido puede dar, los envuelve a ambos por siempre. Recuerden siempre que ese Amor Puro y sin egoísmo, junto con la Devoción, forman el Sendero Abierto al Estado Ascendido".

Nada pidió a Daphne y Arion que tocasen de nuevo, y Ellos asintieron. Cuando Ellos ocuparon Sus lugares en el órgano y piano, una Luz deslumbrante flotó sobre Ellos, cerca del techo. Cuando pulsaron los primeros acordes de una bella melodía, una Gloriosa Voz de Tenor brotó de la Luz. El control de la Voz era Perfecto, y su campo o timbre parecía no tener límites.

Estábamos escuchando a un Ser que no veíamos, no obstante su Voz era la más magnífica prueba de la "Presencia", y de Sus grandes Dones a la humanidad. Cuando finalizó la primera canción, el órgano, el piano y la Voz, modularon "América". Instantáneamente se levantó todo el mundo, no solamente en tributo a América, sino al Gran Maestro cuya Maravillosa Voz nos emocionó a todos.

"América", -dijo Saint Germain-, "significa mucho más de lo que muchos de sus habitantes osan soñar; porque ella es el centro, Corazón del Progreso espiritual sobre este planeta. Es en América donde encontrará anclaje, el Firme Fundamento del Cristo Cósmico -la 'Poderosa Presencia YO SOY'- en los Corazones de la humanidad. Esta Gran, Todopoderosa Luz, se intensificará y expandirá; hasta que desaparezca todo vestigio de egoísmo o intriga política, o éstas no sean ya recordadas.

Ocurrirán muchas cosas sorprendentes en los años venideros, hasta que la humanidad quiera comprender verdaderamente que el tiempo de los milagros no ha pasado, sino que está por siempre con nosotros. Nosotros entenderemos entonces que ellos son tan sólo el resultado de la obediencia al Gran Plan Divino de la Vida. Estamos comenzando a entrar justamente en una era de los así llamados milagros que revelarán que las glorias de 'La Presencia Máfica' permanecen esperando a Sus Hijos.

"América es el 'Grial' -'El Cáliz para esta Tierra'-, que porta la Luz del Cristo Cósmico que iluminará a la Tierra, y la pondrá en Orden Divino, por el Poder de la 'Poderosa Presencia YO SOY'".

Bob estaba tan feliz que preguntó si podría permitírsele conocer a nuestro Bienamado Maestro en el cuerpo visible y tangible, antes de que empezase el curso escolar, y Saint Germain replicó: "Puede ser más pronto de lo esperado, porque tus benditos amigos estarán en la mina prontamente; y me encontraré con todos ustedes en ese tiempo, digamos el diez de agosto. Ahora Bob debes retornar a tu cuerpo físico". Instantáneamente los dos Maestros Resplandecientes se colocaron a cada lado de él. Bob dio las buenas noches a su pareja, y a los presentes, e inmediatamente desaparecieron. El resto de nosotros nos reunimos alrededor de la Madre de Nada, Quien abrazó a cada uno de Sus seres queridos. "Es tiempo de partir", -dijo Ella-, "pero en esta ocasión es un arrobamiento gozoso, en lugar de la tristeza de nuestra primera despedida".

"Deseo que retornen a sus habitaciones", -indicó Saint Germain-, "y descansen hasta mañana a las dos, y después retornen a su hogar. Será servido un apropiado alimento cuando estén preparados. Es mi privilegio escoltar a Esta Bienamada Hija del Canto (indicando a la Madre de Rex y Nada) a la Esfera donde Ella está residiendo".

Los observamos atentamente y vimos cómo las Dos Formas comenzaron a desvanecerse de la vista, y en cerca de tres minutos desparecieron completamente. Tal es el Poder del Maestro Ascendido para ir y venir en el Cuerpo Tangible, y hacerlo visible o invisible a voluntad. El intenso interés en observar cómo desaparecía la Madre de Nada y nuestro Bienamado Saint Germain, hizo que no notáramos que los demás Maestros Ascendidos se habían marchado también, quedando sólo Daniel Rayborn, Perla, Nada, Rex y yo. Cuando nos miramos unos a otros, pienso que no había ningún ojo seco en el entero grupo, porque lágrimas de gratitud y gozo, jamás conocidas antes, llenaban nuestros ojos y Corazones hasta desbordar.

Retornamos a nuestras habitaciones, y encontramos la cena más apetitosa esperándonos. Había un delicioso pan de nuez, un líquido ámbar, maravillosamente refrescante, y una combinación de ensalada hecha de cosas que nunca habíamos comido antes. Cuando nos acostamos, la Luz Brillante en la habitación se desvaneció gradualmente; hasta que solamente permaneció un suave resplandor blanco-azulado parecido a la luz de la luna. A no ser que uno haya experimentado algo de este tipo, no es posible describir los sentimientos de descanso y quietud que tal Luz proporciona.

La siguiente cosa de la que fuimos conscientes, fue oír la campanilla etérea sonando a través de las habitaciones, y cuando miré mi reloj, vi que era la una. Nos pusimos nuestras túnicas y nos sentamos alrededor de la pequeña mesa de cristal de nuestra habitación, repleta de frutas riquísimas, entre ellas, melocotones y fresas, como nunca había visto jamás en el mundo externo. Había una sustancia, como crema batida espesa, para acompañar a la fruta, y cada cucharada enviaba una carga eléctrica a través del cuerpo; que daba a uno una Sensación de Fortaleza, Coraje, Poder y Confianza, que es imposible explicar.

Cuando finalizamos nuestro refrigerio, flotó hasta la mesa una hoja de papel pidiéndonos ir a la Cámara de Cristal de nuevo. Las grandes puertas se abrieron al aproximarnos, y según entramos, Saint Germain y los demás que ya habían llegado, nos saludaron.

"Nuestro trabajo aquí se ha acabado por el presente". –Dijo Él, tan pronto como nos hubimos sentado-, "porque cada uno de ustedes ha avanzado en su crecimiento muy rápidamente, a causa de logros previos de los cuales están enteramente inconscientes. Ahora retornarán a la rutina y actividad diarias en el mundo externo, pero ya no son por más tiempo de ese mundo. Nunca de nuevo bajará la acción vibratoria de sus mentes y cuerpos al punto en que estaban antes de su entrada en la Cueva de los Símbolos, hace tres días.

"Sus amigos verán y sentirán el Cambio, pero no conocerán su Causa. Ellos se abstendrán de hacer preguntas personales. Ustedes deben llevar ahora sus vestiduras del mundo externo, pero conserven siempre sus Túnicas; ya que son para su meditación y comunión con los Maestros Ascendidos.

"Tengo Mi Modo Propio de mantenerme en contacto con ustedes. Si quieren venir conmigo tan pronto como estén listos, les llevaré a la entrada de la Cueva, ya que debo estar en el Lejano Oriente a las cinco de esta tarde. De aquí que, nosotros nunca estamos separados".

Retornamos en nuestras ropas de excursionista, y Saint Germain nos condujo hasta la entrada. Intentamos expresar nuestra gratitud pero Él elevó Su Mano pidiendo silencio y dijo:

"En el futuro absténganse de intentar expresar lo que ya es conocido por los demás. Yo, creo que han ido más allá de la necesidad de usar las convenciones humanas. Conozco el Gran Amor y Gratitud en sus Corazones. Mi propio Amor y Gratitud es justo tan grande como el suyo, porque hayan encontrado el Camino a la Luz, Libertad y Perfección Eternas. Que Yo haya sido privilegiado de darles Asistencia, es una Recompensa Suficiente para Mí. Todo está a la orden de 'La Presencia Mágica' dentro de ustedes, -la 'Poderosa Presencia YO SOY' del Universo". Cuando cesó de hablar Su Cuerpo se fue haciendo menos denso, y el perfil se atenuó, desapareciendo final y completamente, delante de nuestros ojos. Nuestro Amor y Gratitud al Bienamado Saint Germain son Ilimitados y Eternos; la obediencia a Su más ligero Mandato es una Orden para nosotros y un Gozo por siempre. Él ha ayudado a la humanidad tan continuamente a través de los siglos, que todos en este mundo deberían darle toda cooperación posible.

CAPÍTULO 5
EL GRAN MANDATO

CUANDO observamos de nuevo el mundo externo, fue casi como si hubiésemos retornado de otro planeta. Descendimos por el sendero hasta donde estaba el auto esperando, con un Gozo indecible cantando en nuestros Corazones. Condujimos de vuelta y alcanzamos el rancho de Rayborn a las tres y media de esa tarde. No pude sino preguntarme varias veces, mientras estuve en el rancho, cómo era posible para Rayborn estar inmerso en tal tipo de negocio, y no obstante tener el privilegio de haber vivido las experiencias maravillosas que tuvimos en la Cueva de los Símbolos. En respuesta a esta pregunta de mi mente, Saint Germain había explicado:

"Aunque es una cosa muy poco usual encontrar a alguien tan cercano a la elevación de su cuerpo, ocupado en estas actividades inferiores del mundo externo, ocurre ocasionalmente que un individuo que ha tenido un crecimiento previo, se enrede, por decirlo de algún modo, en semejante esfuerzo externo, a través de compromisos de negocios de la personalidad externa; aunque es muy raro naturalmente. En estos casos poco usuales, los Maestros Ascendidos dan Su Asistencia instruyéndolos en el uso de la Llama Consumidora; que los capacita para consumir una gran cantidad de la creación humana generada previamente. Esta Llama deben usarla por voluntad propia. De este modo podrán ayudar a completar con éxito el plan de muchas vidas. No obstante, Nosotros no Aprobamos tales trabajos como el camino apropiado de las actividades mercantiles del individuo. No queremos ningún mal entendido acerca de estas condiciones que genera el lado humano de la humanidad; porque la cría de animales para el sacrificio y posterior alimento, es una equivocación, de principio a fin. Pero de vez en cuando, un alma de gran crecimiento se enreda en tal actividad, a través de la sugestión y condiciones del mundo externo. Cuando ocurre esto, la Gran Ley Divina a través de la Sabiduría de los Maestros Ascendidos, proporciona un Modo de ayudar al individuo que intenta alcanzar su Completa Realización y desea ser Libre".

A las siete de la mañana del día nueve, iniciamos el camino de retorno hacia la mina. El día era inusualmente precioso, y el padre de Nada sugirió ir por un camino elevado, a través de las montañas, donde se podía disfrutar de las más bellas vistas del entero Oeste. Lejos, hacia el noroeste se erguía el Grand Teton en medio de un muy agreste y bello cinturón escénico que es incomparable. Hacia el sur se extendía Pikes Peak, y hacia el sureste Longs Peak y una multitud de otros picos que se elevaban al cielo. Nunca lo olvidaré. Bajando la montaña, observamos un panorama perfecto de una belleza exquisita. A las siete de la tarde entramos en el campamento de la mina, pero nadie se sintió cansado en lo más mínimo.

Hicimos sonar la bocina y a los pocos instantes llegó corriendo Bob hacia nosotros a toda velocidad. Esta vez pareció haber olvidado a Perla y se lanzó directamente hacia Nada. Ella se mantuvo muy quieta como si no lo reconociese al principio. Él se detuvo, y se volvió mortalmente pálido, entonces Nada, con su más dulce sonrisa, extendió hacia él sus brazos, aunque tuvieron que pasar unos momentos antes de que él pudiera articular palabra.

"Querida", -dijo él-, "me diste un susto terrible, y por un momento sentí que mi Experiencia en la Cueva de los Símbolos fue solamente un sueño. ¡Ahora se que no lo fue!"

"No", -dijo Nada-, "fue muy real, gracias a Dios, y estoy profundamente agradecida. Estaremos ambos agradecidos por siempre". Entonces, cuando Bob miró alrededor y pareció comprender que había otras personas presentes.

"Querida, perdóname", -dijo Bob tomando a Perla en sus brazos-, "sabes que no te olvidaría".

"Querido hermano", -replicó ella-, "Lo comprendo perfectamente. Está bien". Bob dio a cada uno de nosotros un franco abrazo, incluso a Daniel Rayborn.

"Bob, -dijo Rayborn-, "me complace el Corazón ver tu naturalidad y aprecio. Ven a cenar con nosotros esta noche. De ahora en adelante eres uno de la familia. Cena siempre con nosotros, en lugar de hacerlo en el campamento". Esa noche en la cena, Bob relató su Experiencia en la Cueva de los Símbolos, porque había retenido cada detalle de ella, y estaba perfectamente fascinado por la Madre de Nada. Era muy aparente que a través de ello, había tenido lugar en él una Gran Armonización. Después hablamos del trabajo en el "Descubrimiento del Maestro".

"Es sorprendentemente rico", -señaló Bob-, "hemos sacado ya unos trescientos mil dólares en valor". Estábamos a punto de abandonar la mesa cuando un pedazo de papel flotó enfrente de Daniel Rayborn. Sobre él estaban escritas las palabras: "¿Puedo tener el privilegio de cenar con ustedes mañana por la noche, y de abastecer el alimento desde la sustancia Universal? Sugiero que den la tarde libre a su ama de llaves". Estaba firmado: "Saint Germain". Esta idea era algo bastante nuevo para Bob, y por unos momentos, quedó muy perplejo. "¿Quieren decirme", -dijo-, "que el Maestro proveerá la Cena desde lo Invisible?".

"Precisamente eso, Bob", -replicó el Sr. Rayborn-. "No obstante, tendrás amplia oportunidad de observar todo lo que ocurra, porque un mundo nuevo se abre para ti". Entonces se recogió la mesa y mantuvimos una conversación regular de negocios.

"En toda mi vida, Sr. Rayborn", -comenzó Bob-, "nunca he visto tal hermosa armonía entre los mineros, o tal Amor y respeto al propietario por parte de cada uno. Pienso que se debe a Este Maestro.

"El nuevo ayudante Dave Southerland ya llegó, y me gustaría que lo conociese por la mañana. Fue mi compañero de clase en la Escuela de Minas de Colorado, y se graduó con altos honores un año después que yo".

"Será mejor que venga ahora", respondió Rayborn. Bob telefoneó, y en una media hora entró un joven de buen aspecto, de al menos un metro ochenta, bien construido, con un semblante franco y abierto que se ganaría el corazón de cualquiera. Era un hombre de gran honor y de ideales excelentes, y uno sentía que se podía confiar absolutamente en él en todo momento.

La mañana siguiente, Rex, y yo fuimos con Bob a la oficina y encontramos a Dave ya allí. Parecía muy agradecido y reconocido por su oportunidad de estar con Bob y Rayborn.

"Vaya, nunca soñé que estaría tan cerca del cielo", -dijo con franco entusiasmo-. "Dave", -contestó Bob-, "¡no sabes lo cerca del cielo que estás realmente!"

A las seis menos cuarto, nos reunimos en la sala de estar, y habíamos permanecido allí cerca de un cuarto de hora cuando alguien llamó suavemente a la puerta. Cuando Rex la abrió se encontró con Saint Germain delante de él, en un hermoso traje, todo un caballero perfectamente arreglado, del mundo moderno. "Pensé que podría darles una pequeña sorpresa", -comenzó diciendo, saludándonos a todos con Su Amable y Cariñosa Sonrisa-.

"Bien, Bob", -dijo Él mirándole extrañamente-, "¿por qué no lo haces?". Bob pareció confuso por un momento, y adelantándose echó sus brazos alrededor del Maestro y le dio un fuerte abrazo.

"Mi Bienamado Hermano", -prosiguió Él-, el primer paso a la Perfección es ser natural, porque toda cosa es correcta cuando el Motivo es Divino". Bob vio al momento que Saint Germain conocía sus más íntimos pensamientos.

"Ahora, si podemos tomar nuestro lugar en la mesa, cenaremos. El mantel y servicio requerido esta noche serán permanentes, y serán obsequiados a Perla y Rex, como un don de Uno que los ama mucho".

Daniel Rayborn sentó a nuestro Bienamado Saint Germain en la cabecera de la mesa, Nada a su derecha y después a Bob, Perla, Rex y yo mismo a la izquierda, tomando él el otro extremo de la mesa. Todos inclinaron sus cabezas en silencio, según el Maestro alababa y daba Gracias por la abundancia de todo cuanto ellos necesitaban.

Cuando levantamos nuestras cabezas, el más exquisito mantel blanco cubría la mesa, con servilletas para cada uno. En el centro había un hermoso vaso de jade tallado, lleno de rosas, alguna de ellas capullos a punto de abrir, y su fragancia maravillosa llenaba la sala entera. Un vaso de cristal conteniendo Líquido Dorado apareció en cada lugar. Saint Germain elevó su vaso e hizo un brindis al que nos unimos todos:

"Por la Iluminación, Gloria, y Perfección de cada uno de ustedes, y de toda la humanidad". Bob vació rápidamente su vaso y cuando la Esencia recorrió su cuerpo como un relámpago, la expresión de su cara reveló su sorpresa.

A continuación vinieron los platos, tazas, fuentes, y otras piezas chinas exquisitas. Era similar a la sustancia de las perlas, con hojas doradas en relieve, de maravilloso diseño. Los cuchillos, tenedores y cucharas, estaban hechos de un raro metal blanco, con el mango de cristal tallado. En el lugar de cada uno apareció lo que parecía una loncha de carne, pero cuando la probamos no había carne en ella. "Esta loncha", -explicó Saint Germain-, "contiene una combinación de sustancias todavía desconocidas en la Tierra. Comprendan, Nosotros nunca comemos carne, y los seres humanos nunca deberían comerla tampoco. Esto tiene su fundamento en que los átomos de los que está compuesta, son la condensación, en la sustancia de este mundo, de los propios pensamientos y sentimientos viciosos del pasado.

"Los animales no existían sobre este planeta durante las dos primeras Eras Doradas. Ellos solamente comenzaron a aparecer después de que la humanidad generó la discordia que siguió a estos dos periodos iniciales. La Primera Creación descrita en el Génesis, se refiere a estas dos Eras Doradas, y se describen como 'muy buenas'. Después surgió la niebla, y se produjo la así llamada 'caída del hombre', cuando la atención del intelecto se enfocó sobre los apetitos del cuerpo, a través del sentimiento.

"De este modo, la mente se sumergió cada vez más en el mundo material; y de aquí que se olvidó de la Fuente y Morada de Poder de su Ser, que es la 'Poderosa Presencia YO SOY'. El Plan Completo, o Modo Divino de la Vida, se perdió de vista, y se introdujo cada vez más discordia en el sentimiento de la humanidad, desde entonces.

"En tanto insista la humanidad en matar animales, nunca será capaz de romper los hábitos viciosos dentro de su propio sentimiento, por los cuales se ha atado a sí misma; porque los seres humanos están destruyendo constantemente sus propios cuerpos, y repeliendo los impulsos mentales más delicados. El Amor de la humanidad por los animales domésticos eleva y purifica algo de esa pasada creación, y libera esa corriente de Vida hacia una fase más armoniosa de existencia. Cuando la humanidad se vuelva más armoniosa y pura, todos los animales desaparecerán de la Tierra. Incluso las hierbas malas y el marchitamiento de la Vida de las plantas, serán removidos; y la Tierra, una vez más, retornará a su Prístina Pureza, descrita como el Jardín del Edén, que significa obediencia a la Sabiduría Divina.

"El gran daño de comer carne es que la carne del animal graba el sentimiento de miedo que experimenta cuando se le va a matar. El animal tiene un cuerpo emocional, y la vibración del miedo se registra antes y en el momento de la muerte; y esa cualidad es absorbida por el cuerpo emocional del ser humano que la come. Además hace que cierta sustancia se condense en el cerebro, que embota el intelecto, impidiendo que los impulsos más delicados fluyan hacia él desde la 'Poderosa Presencia YO SOY'.

"Con esta sustancia ni siquiera interfieren los Maestros Ascendidos, porque el individuo hace estas cosas mediante su libre albedrío. El miedo, en sus muchas y sutiles fases, es el sentimiento predominante en la humanidad de hoy día; y es la amplia puerta abierta a través de la cual mantiene su control de la personalidad la fuerza siniestra, y hace su trabajo destructivo. La teoría de que es necesario comer carne para obtener fortaleza, es viciosa y enteramente falsa; porque el elefante, una de las más fuertes criaturas de la Tierra, es un animal que no come carne.

"La idea de que las vacunas, hechas de animales pueden producir salud y perfección o protección contra la enfermedad, en el cuerpo limpio de un niño, o el de los adultos, es otra actividad dirigida conscientemente por la fuerza siniestra de este mundo. Esta práctica quebranta la salud y la resistencia de la raza, para que el sentimiento destructivo pueda tomar el control y destruir los ideales de la humanidad. La profesión médica ha sido, sin saberlo, punto de apoyo para esta destrucción, bajo la apariencia científica. Es solamente a causa de la persistente terquedad de los apetitos de los sentidos, que son sentimientos del cuerpo humano, por lo que la raza continúa usando su maravillosa capacidad mental, y la Energía Pura de su 'Poderosa Presencia YO SOY', para crear más discordia y más destrucción.

"Cuando los seres humanos quieran dedicar la misma cantidad de tiempo y energía a estudiar la Perfección y los Maravillosos Milagros de la Creación, que vemos por doquier, como la que dedican a gratificar los apetitos físicos y los caprichos del ser personal, ellos, también, producirán los mismos milagros que los Maestros Ascendidos son capaces de hacer. No obstante, antes de que pasen cincuenta años, la humanidad, verá el actual hábito de comer carne, como se ve ahora el canibalismo.

"Hay diversas cosas que dejan una sustancia en el cerebro que debe ser erradicada, si se desea liberar la plena Perfección desde la 'Poderosa Presencia YO SOY' a través de la conciencia personal. En orden de importancia son éstas: narcóticos, alcohol, carne, tabaco, exceso de azúcar, sal y café fuerte. "Ahora llega el remedio para estas cosas, porque nunca llevo su atención a ninguna consideración de imperfección, sin mostrar el Modo de superarla, y reemplazarla con la Perfección, conseguida de forma armoniosa. Quiero que comprendan siempre, que cualquier necesidad que deba ser cambiada en la experiencia física, se producirá sin sufrimiento o discordia de cualquier clase, si invocan a su 'Poderosa Presencia YO SOY' en acción, a través de la mente y cuerpo.

"El Camino de Perfección que es la Actividad de la 'Presencia YO SOY' nunca demanda del ser personal ninguna cosa excepto que se libere de sus cadenas, sus discordias, sus limitaciones, y sus sufrimientos; y este cambio se produce armoniosamente y a través del Amor Divino.

"El modo de purificar el cerebro y la estructura del cuerpo, si es que la personalidad las introdujo en el cuerpo físico en el pasado, es invocar a su 'Poderosa Presencia YO SOY' para que derrame en su mente y cuerpo su Llama Violeta Consumidora, usando la afirmación siguiente:

"¡Poderosa Presencia YO SOY!", haz arder a través de mí Tu Llama Consumidora de Amor Divino. ¡Retira este deseo de mí, aniquila su causa y efecto, pasado, presente y futuro, y reemplázalo con Tu Plenitud, Tu Perfecta satisfacción, y mantén Tu Completo Dominio aquí por siempre!

"Esta misma afirmación se puede usar para otro, con el mismo milagroso y permanente logro. A continuación dediquen unos momentos, por lo menos tres veces al día, visualizándose a ustedes mismos de pie, dentro de una columna de Llama Violeta, subiendo con fuerza desde los pies hasta una cierta distancia por encima de la cabeza, y extendiéndose por lo menos 90 cm. a cada lado alrededor del cuerpo. Mantengan esta imagen tanto tiempo como sea confortable hacerlo; y sientan la Llama, que es el Poder Purificador del Amor Divino, penetrar en cada célula de sus cuerpos. Esto disuelve toda impura e innecesaria sustancia de las células del cuerpo, limpiando e iluminando de este modo la conciencia. Este es Parte del Conocimiento del Fuego Sagrado, que sólo ha sido enseñado en los Retiros de la Gran Fraternidad Blanca, a través de los siglos. Es el Modo en el que los Maestros Ascendidos purifican, sanan, y armonizan a la humanidad y a la misma Tierra. Es el Poder por el cual se realizan los así llamados milagros. Nunca jamás puede tener otro efecto, tanto en el cerebro como en el cuerpo o negocios, que el de una gran calma, confort, paz y bien eterno.

"En mi referencia a la creación de los animales de este mundo, deseo que sepan que los pájaros fueron creados originalmente por los Maestros Ascendidos, como mensajeros, para uso de la humanidad. Las cualidades destructivas que expresan algunas veces se deben a la radiación de la discordia procedente de los seres humanos. Cuando entre la Nueva Era, desaparecerán estas cualidades negativas. La Naturaleza, y con esto me refiero a la vida de las plantas y a los minerales de esta Tierra, están creadas y manifestadas por los Grandes Maestros Cósmicos que diseñan y dirigen la Creación de un planeta en los Niveles Cósmicos.

"La Naturaleza, dentro de ella misma, es por siempre pura, y si la humanidad no impone su propia discordia e impureza sobre la misma atmósfera en la que crece la vida de las plantas, no podría haber hierbas ni plantas venenosas en existencia. Hubo un tiempo sobre esta Tierra cuando todo en la Naturaleza afectaba armoniosamente a las mentes y cuerpos del ser humano.

"Dentro de la Naturaleza hay una Actividad Inmortal Auto-purificadora y Auto-protectora que tolera solamente por un tiempo el vicioso genio destructivo del hombre. Los cataclismos son su método de auto-defensa retornando sobre el hombre eso que él ha impuesto sobre ella en los siglos pasados. De este modo, a través de una Vida tras otra, el hombre encuentra que su propia creación se vuelve en contra suya, hasta que construya su Universo de acuerdo al Patrón de Perfección Divina que es la Verdadera Expresión de Su propia Divinidad.

"Era tras era, la Naturaleza está continuamente devolviendo sobre el hombre, a través de la acción de los cataclismos, su propia iniquidad, y ella es más fuerte que ningún oponente; porque ella es la Creación Directa y la Manifestación de los Maestros Ascendidos. De este modo, la propia discordia de los hombres se destruye y entierra a sí misma; y la Naturaleza prosigue serenamente, en su Prístina Pureza, expresando Su Inmortalidad. Dense cuenta de las muchas civilizaciones que se han construido sobre esta Tierra, y el hecho de que la Naturaleza ha borrado tan completamente todas las trazas del trabajo del hombre, que sólo hay ligeros recuerdos de estas actividades en algunas tradiciones y mitos.

"El hombre, si obtiene Sabiduría, que es el uso constructivo del Conocimiento, puede obtener la cooperación perfecta de las Fuerzas Gigantes de la Naturaleza; y a través de ellas, puede hacer también inmortales sus logros. Debe acabar con la cruel matanza de animales para alimento, y con el negocio de criarlos para ese fin.

Unos momentos después de que comenzara nuestra cena, apareció una diminuta rebanada de pan delante de cada uno; las de Nada y Bob, llegaron juntas y las de Perla y Rex también. Esto fue seguido por una deliciosa ensalada vegetal, enteramente diferente de cualquier cosa que hubiésemos probado jamás. Para postre hubo un muy delicioso batido de fruta, hecho de una combinación de frutas desconocidas para nosotros. Mezclado con éste había algo que se asemejaba a una crema batida, pero chispeante, como escarchada, suavemente fresca, otra delicadeza desconocida.

"Ahora". -dijo Saint Germain-, "tomarán algo que estoy seguro que lo preferirán al café". Según habló, apareció un exquisito recipiente delante de Él, lleno de un líquido ámbar, humeante de calor. Taza tras taza se elevaron de la mesa, pasando hasta Él, llenándose y retornando después, como sostenidas por manos invisibles. "Esto", -dijo-, "no requiere crema, y por favor, no se alarmen por la sensación del primer sorbo. No es intoxicante, sino uno de los más nutritivos brebajes". Lo sorbimos muy despacio, y sentimos un estremecimiento que como una Corriente Eléctrica recorrió nuestros cuerpos, como una Luz Viviente. Fue muy delicioso.

El servicio para cada plato desaparecía tan pronto como lo acabábamos, y antes de que llegase el siguiente. Al finalizar la cena Bob no se pudo contener por más tiempo, y estalló: "Nunca he estado tan sorprendido ni feliz en toda mi Vida. Pensar que estamos viviendo en medio de estas Maravillas en todo momento; y no obstante estar tan inconscientes de ello, es casi increíble.

La posibilidad de que uno puede obtener Este Conocimiento y tener tal uso ilimitado de la energía y sustancia de Dios para producir todo lo que se precise, como se ha hecho esta noche aquí, me estremece más y más. Yo quiero entender el uso de esta Gran Ley, más que nada en el mundo. Estoy dispuesto a hacer todo lo que sea necesario para conseguirlo. ¿Querrá usted, Bienamado Maestro, ayudarme?" -Dijo volviéndose hacia Saint Germain-.

"Mi Bienamado Hermano", -replicó Él-, "Ha hablado justamente desde el Gran Ser Interno. Es el 'YO SOY' dentro de usted, y aprenderá a usar Su Gran Sabiduría y Poder, cuando acepte esta 'Presencia Mágica' en Su Plenitud. Entonces hará estas mismas cosas tan fácilmente como me ha visto hacerlas a Mí aquí, esta noche.

"Recuerde en relación con esto, que el Maestro Ascendido nunca usa salas oscuras en las cuales producir eso que ellos crean directamente de la Sustancia Universal. ¡Todo cuanto no pueda soportar la Luz no es del Cristo, y debería ser instantáneamente desechado! Que nadie que sirva a la Luz se siente jamás en salas oscuras, intentando producir fenómenos. Lo que es de la Luz trabaja siempre en la Luz, y todo cuanto no pueda soportarla, ciertamente no sirve al Sendero Constructivo, o Camino de Perfección. Todo lo que requiere lugares oscuros para producir sus fenómenos, es del plano psíquico; y tarde o temprano atrapará a quienes lo prueben, en la red de la miseria y destrucción que existe allí. Si ustedes siguen la Instrucción que será impartida de tiempo en tiempo, tendrán razones para regocijarse por toda la eternidad.

"Ahora mantendré mi promesa a ustedes", -continuó Él-, dirigiéndose a Rex y Perla, y justo en unos momentos reapareció sobre la mesa todo el servicio que se había usado durante la cena, como si hubiese sido puesto allí por manos invisibles. "Nosotros hacemos toda nuestra limpieza mediante el uso de corrientes de energía, un medio que usarán muchos en la Nueva Era en la que hemos entrado. Este delicado servicio, como de porcelana china y cristal, que les ofrezco, es irrompible". Con esta advertencia, cayó al suelo un vaso y un plato sin ser dañados en lo más mínimo.

"El mantel y las servilletas nunca se mancharán ni envejecerán", -prosiguió Él-, "pero nunca permitan que nadie las cuide, excepto ustedes mismos. Ahora deseo que me presten su atención un poco más. Debido solamente a que ésta es una doble unión de Rayos Gemelos de Dios, puedo producir para su instrucción lo que seguirá a continuación". Extendiendo Sus Manos, apareció en unos segundos, en cada una de ellas, un disco de oro del tamaño de una pieza de oro de veinte dólares.

"El oro siempre responderá a su llamada", -señaló Él-, "si ustedes entienden la Gran Ley que gobierna su producción. Deseo que examinen esto cuidadosamente". Comentó según nos pasó las piezas alrededor de la mesa, para que las observásemos de cerca. Se las devolvimos, y entonces prosiguió. "¡Observen de nuevo!, inmediatamente, se formó en cada palma un perfecto diamante blanco-azulado, que nos ofreció para que lo examinásemos; y entonces, tomando una pieza de oro y un diamante en cada mano, cerró Sus Dedos, y esperó un momento.

Cuando abrió las manos, yacía en cada una un bello anillo de diamantes. Entregó uno a Bob y otro a Rex, diciendo:

"Mi amor les acompaña. Lleven estos anillos siempre. Por favor, observen de nuevo". Aquí, Él extendió Sus Manos, y en unos momentos aparecieron allí, como suspendidos en el aire, un collar de perlas sobre su Mano izquierda y otro de diamantes sobre la derecha. Suavemente, se posaron en Sus Palmas, y Él continuó: "Ambos son de igual valor, y en el mundo comercial valdrían una fortuna. Yo se los ofrezco a mis Bienamadas Estudiantes Perla y Nada, con un Propósito de Mayor alcance que el de su valor monetario". Él entregó el collar de perlas a Perla y el de diamantes a Nada, con Sus Bendiciones: "Con Mi Amor para ustedes. Llévenlos puestos siempre.

"Ahora sus conciencias están ancladas de modo que pueda darles el 'Gran Mandato'. Con él, ustedes pueden ordenarle al cuerpo que manifieste Perfección, teniendo el Dominio y uso de ciertos elementos, corrientes de Fuerza Electrónica, y Rayos de Luz. De este modo, ustedes pueden gobernar su Vida y asuntos en Orden Perfecto. Esta es estrictamente Instrucción Privada para ustedes, mientras permanezcan en este Retiro, y nunca deberá ser dada a nadie, excepto por Mí".

Él prosiguió explicando el Formidable Uso del "Gran Mandato" con su Simplicidad tan maravillosa, y su poder tan estupendo. Él, entonces, nos tomó a cada uno por separado, y nos pidió que emitiésemos el "Mandato", y que viéramos cuán imposible era que resultase otra cosa de ello, excepto la más Grande y Posible Armonía, y Bendición para todos.

Cada uno de nosotros obtuvo resultados instantáneos, y quedamos casi sin habla delante de la Enormidad de Su Poder. Hicimos votos delante del Poderoso Ser Divino de cada uno, de que nunca lo usaríamos excepto en el Servicio del Amor Divino.

"Ustedes habrán oído a menudo la frase: 'Con Dios todas las cosas son posibles'. Yo les digo a ustedes que pueden perfeccionarse de tal modo, y elevar su conciencia hasta la Esencia Pura de Dios; ¡que todas las cosas son posibles con USTEDES!, tan pronto como aprendan a dirigir este Poder Gigantesco, con el Amor y la Sabiduría de su propia 'Poderosa

Presencia YO SOY". La 'Poderosa Presencia YO SOY' dentro de ustedes es Suprema y Victoriosa, sobre todas las cosas en los Cielos y en la Tierra. Pónganla en primer lugar siempre, y mediten esta Poderosa Verdad, dondequiera que tengan un momento de quietud".

Eran ahora las nueve, y había oscurecido en el exterior; y sin embargo nadie fue consciente de que la Luz dentro se había incrementado de forma continua, mientras disminuía afuera. Nadie pensó en encender las luces, ya que Saint Germain había iluminado la sala por medio de Su Control de la fuerza electrónica.

"Deseo que cada uno de ustedes", -continuó Él-, "se entrene de tal manera que nunca se sorprendan con Mi Aparición. Yo puedo venir en cualquier momento, -en todo lugar-, cuando sea necesario prestar Ayuda". Aquí, Él miró directamente a Bob.

"No Bob", -dijo-, "a un estudiante no le damos nada que no esté preparado para recibir. Un Maestro Ascendido no comete errores, ¡lo puedo asegurar! Con relación a aquellos que se les llama a veces Maestros, deseo dar una explicación de seria importancia para los Estudiantes de la Verdad.

"En primer lugar hay algunos llamados Maestros que han obtenido un muy alto grado de sabiduría; y han mantenido la Vida del cuerpo físico por cerca de dos siglos, aunque no han elevado el cuerpo, como lo hizo Jesús. Hay también otros muchos que se llaman maestros a sí mismos, pero que no tienen la más ligera idea de lo que es un Maestro Auténtico.

"De una cosa pueden estar absolutamente y eternamente seguros, y es que nadie que sea un Verdadero Maestro lo dirá nunca, ni aceptará pagos por ninguna clase de Ayuda que Él proporcione; porque la Primera Calificación de la Verdadera Maestría es hacer todo como un Gozoso y Libre Don de Su Servicio de Amor al mundo.

"El Maestro Ascendido es absolutamente Infalible en todo momento; porque ha superado la octava de acción vibratoria en la cual ocurren los errores, porque ha llegado a ser Totalmente Divino. Mediante la elevación de Su Cuerpo, ha transmutado toda la estructura atómica en la

Electrónica. Él ve con Visión Ilimitada, y conoce todo, porque usa solamente la Omnisapiente Mente de Dios.

"Esos Maestros, que han obtenido incluso un muy alto grado de sabiduría, pero que no han elevado todavía el cuerpo atómico, pueden, y a veces lo hacen, colorear lo que enseñan o emiten, con sus propios conceptos personales; porque nadie se hace Infalible, hasta que funciona en su Cuerpo Electrónico, o el Cuerpo de Luz Pura, donde no puede existir contaminación o conceptos personales.

"Bob, usted es digno de todo lo que ha experimentado. Esfuércese siempre en hacerse más digno de la 'Poderosa Presencia YO SOY' que hace palpitar su corazón, y le proporciona el uso de toda cosa buena.

"Deseo sugerir que Nada, Perla, y Rex retornen a la Universidad, y este Buen Hermano", -indicándome a mí-, "permanezca en el rancho con su padre, hasta la graduación de los muchachos y la Ascensión de Rayborn. Después de esto, ustedes cinco pueden considerar su hogar el rancho Diamante K. Su actividad, pasados tres años más, será tal que el mundo será su hogar, porque serán requeridos para servir dondequiera que se necesite su ayuda. Dentro de un año, a partir del diez del entrante septiembre, deseo que Nada, Perla, Rex, y Bob, me acompañen al Lejano Oriente, la India y Arabia, y que permanezcan allí durante dos años.

"Bob, será bueno que prepare a Dave Southerland mientras tanto, para que se haga cargo completamente de la mina durante su ausencia. Respeto a nuestros planes, por favor, mantengan absoluto silencio. Me encontraré con todos ustedes una vez más antes de que los jóvenes partan para la Universidad; y deseo que usted Bob, arregle las cosas para estar allí también. Les haré saber más tarde la fecha exacta.

"Su Gran Amor y sinceridad natural, ha abierto de par en par la Puerta de la Iluminación. Sea siempre fiel a la Gran Luz Interna, la 'Gloriosa Presencia YO SOY'. Pida siempre, y después escuche a su Guía Interna. Ella llegará clara, definitiva y correctamente. Me alegra haber sido el invitado de tan nobles y fieles amigos. Mi Amor y Bendiciones estarán siempre con ustedes. Buenas noches".

Según terminó de decir Estas palabras, la Deslumbrante Iluminación del bungalow se disipó. Rex cruzó la sala, y encendió las luces. Saint Germain se había ido. Nosotros retornamos al comedor y delante nuestro se encontraba sobre la mesa toda la maravillosa vajilla y mantelería. Estas gentes, que todavía son mis Bienamados Amigos, conservan estos Bellos Dones en su posesión hoy día.

"¡Oh, la Gloria de esta noche! Permanecerá conmigo por siempre", - exclamó Bob con su entusiasmo natural-, ¡Trasciende toda cosa de la cual he oído o soñado jamás, y es Real, Verdadera y Obtenible! Estoy tan agradecido porque estas dos grandes corrientes de felicidad me llegaran juntas, Nada y Esta Gran Revelación de Perfección y Poder. ¡Recibir el don del Más Alto Amor posible y la Gloria de mi Rayo Gemelo, de uno que tiene Este Maravilloso y Verdadero Conocimiento, es un milagro para mí, y una cosa por la que he estado suspirando toda mi vida!

"La felicidad de haber encontrado la 'Poderosa Presencia YO SOY' dentro de mí mismo, está más allá de las palabras; y cuando pienso en la Asistencia de nuestro Bienamado Saint Germain, y en mi libertad económica a través de ustedes, mis benditos amigos, mi gratitud no tiene límites. Mi copa de felicidad está seguramente llena a rebosar. Siento como si pudiese inundar el mundo con ese 'Poderoso Amor Interno' que, veo tan claro, es el Gran Disolvente para todas las cosas".

La primera cosa que oímos en la mañana siguiente fue decir a Bob: "¡Oh, que alegría!, ¡todavía lo tengo!"

Yo pregunté, "¿qué?"

"Mi anillo", -respondió él-, y esto inició el día gozosamente para todos.

Rex empaquetó el Maravilloso Don de Saint Germain, y lo colocó en el coche, cuando estuvimos listos para retornar al rancho, en la mañana del quince. Grandes lágrimas llenaron los ojos de Bob, cuando nos estrechó contra su Corazón con maravillosa gratitud, por toda su felicidad. Cuando llegó a Nada casi flaqueó su fortaleza; pero según levantó la mirada, vio el rostro de nuestro Bienamado Maestro, e instantáneamente se recuperó. Con una maravillosa sonrisa ayudó a cada uno a entrar en el coche, y nos despidió ondeando la mano.

Alcanzamos el rancho al día siguiente. Cuando Rayborn despertó la mañana del sábado, encontró un mensaje de Saint Germain, pidiendo que todos nosotros nos reuniéramos con Él a las ocho de esa noche, en la sala de la torre, informando además que había invitado a Bob para que viniera también.

A las ocho menos veinte, fuimos a la sala de la torre, y según nos aproximamos a ella, la puerta se abrió repentinamente. Allí estaba nuestro Bienamado Maestro en Su Túnica Blanca sin Costuras, expresando cada línea de Su Ser la Majestad y Dominio del Amor. El resto de nosotros llevaba las Túnicas que nos habían sido proporcionadas en la Cueva de los Símbolos, excepto Bob, que todavía no había recibido la suya. El Resplandor de Saint Germain nos envolvió a cada uno según nos saludó. "Veo que son puntuales y fieles en todas las cosas", -dijo Él- extendiéndole a Bob su Túnica, mientras avanzaba hacia él, y entonces continuó: "Acepte esto con Mis Bendiciones". Bob retornó en un momento pareciendo un Ser de otro mundo, de tal gracia y poder que irradiaba, y entonces tomamos nuestros lugares acostumbrados.

"Que cada uno enfoque su conciencia sobre la Luz dentro del Corazón, procedente de la 'Poderosa Presencia YO SOY'". En pocos instantes abrimos nuestros ojos y pudimos ver y oír dentro del mundo o nivel del Maestro Ascendido, debido a la elevación de nuestra conciencia durante la meditación.

Cada uno pudo ver claramente a su propia "Poderosa Presencia YO SOY" sonriéndole serenamente desde lo alto. Esto nos hizo comprender profundamente lo que podríamos llegar a ser, según nos adhiriéramos firmemente al reconocimiento y aceptación de la "Presencia Mágica" y al uso de Su Poder y Sabiduría Ilimitados. Esta es la Única Presencia en el Universo que puede elevar nuestro lado humano, y atraernos a Sí Misma. De este modo, mediante Su Amor, Luz, y Poder, nos volvemos totalmente Perfectos. Con toda seguridad, no puede haber mayor incentivo para la humanidad que llegar con toda su fuerza, determinación, y devoción, a esta "Poderosa Presencia YO SOY" para que podamos ser elevados sobre la limitación de toda clase. Entonces, seremos capaces de vivir como se planeó originalmente, y seremos capaces de rendir un Servicio que sea verdaderamente Divino.

La oportunidad de ver, incluso durante unos pocos segundos, nuestro propio Cuerpo Electrónico, es una Bendición y Privilegio que no puede subestimarse; porque nos da fortaleza y coraje, atrayéndonos como un imán; hasta que al fin entramos en el Santa Santorum y llegamos a ser Uno con la Fuente de la que procedemos.

Después de pasados unos momentos de contemplar esa "Poderosa Presencia YO SOY", Saint Germain redujo la acción vibratoria; hasta que mucha de esa Conciencia Superior se desvaneció de nuestra vista.

"¿Ven ustedes, Queridos Míos", -explicó Él-, "lo fácil que es elevar sus conciencias conscientemente, hasta que se expandan e incluyan toda cosa que puedan desear conocer?"

"Este es el método que Yo deseo que usen, y haciéndolo así eleven su percepción hasta donde comprendan actualmente la Gran Ley. ¿No ven cómo pueden utilizar y dirigir esta Poderosa Energía sin límite? Pronto harán esto por sí mismos y muy fácilmente. 'Yo les he mostrado la Presencia YO SOY Individualizada' de cada uno, para que puedan comprender cuán pequeño fragmento de su Dominio Dado por Dios están usando en su experiencia física. Esta Presencia Gloriosa les está siempre apremiando a que se eleven; que reciban su Corona de Gloria y manejen su cetro de Dominio Completo sobre Sus Vastos Dominios, y sean Libres -por siempre-, de toda limitación.

Esta 'Trascendente Presencia YO SOY' que acaban justamente de ver, es su propio Maestro Real, el Puro Ser Crístico. Es todo Majestad y Maestría, con Total y Eterno Dominio sobre todos los mundos, sobre todas las cosas creadas.

"Tengo unas cuantas Directrices que darles, antes de dejarles esta noche. Es mi deseo que Nada, Perla, Bob, y Rex se reúnan con el resto de nosotros en Washington, entre las fiestas de Navidad y Año Nuevo. Su padre y este buen hermano," - indicándome a mí-, "estarán allí unas cuantas semanas antes que ustedes, para un trabajo que Nosotros tenemos que hacer.

"Alexander Gaylord, el amigo de su padre, les visitará aquí mañana. Recuerden, cuando retornen al mundo externo, que el Único y Verdadero Servicio es comprender y usar, en perfecto Orden Divino, la Poderosa Energía de Dios, dentro y alrededor de ustedes. Dirigir conscientemente esta Perfección es la única actividad importante de sus vidas. Todo lo demás es secundario. De nuevo les envuelvo en la Luz Eterna del Amor, Paz, y Completa Iluminación, con Mis Sinceras Bendiciones". Con estas Palabras de Despedida, el Cuerpo de nuestro Bienamado Saint Germain entró de forma progresiva en esa Octava vibratoria Superior, y desapareció.

CAPÍTULO 6

EL MENSAJERO DE LA GRAN FRATERNIDAD BLANCA

La posibilidad de ver a nuestro viejo amigo Gaylord nos encantó, porque su amistad con ambos era de mucho tiempo atrás, y formaba una suerte de lazo Interno.

Rayborn y yo sentimos que su visita iba a ser de gran importancia. El Sr. Gaylord llegó a las once de la mañana siguiente, nos saludó cordialmente; y cuando estaba a punto de agradecerle que me hubiese traído en contacto con los Rayborn, me miró fijamente a los ojos y señaló: "Debe agradecérselo a nuestro Bienamado Maestro". "¿Conoce entonces a Saint Germain?", -pregunté-.

"Sí", -contestó él-, "le conozco y he estado bajo Su Dirección en temas específicos durante unos diez años. Él está reuniendo a ciertos estudiantes para un Importante Trabajo que debe comenzar este año. Este concierne a una crisis muy seria, que afecta al mundo entero y especialmente a Norteamérica. Sin embargo es posible que ciertas cosas puedan ser evitadas, y si lo son, el mundo nunca sabrá el vicioso peligro que la amenaza, y el sobrecogedor desastre del que habrá escapado.

"Hay una cierta fuerza siniestra trabajando dentro de la atmósfera de la Tierra, que está intentando destruir la bella Luz Crística que está creciendo como una flor en los Corazones de más del sesenta por ciento de la humanidad. La mayor porción está en América, aunque hay muchos en otras naciones".

Entramos en la casa donde Gaylord saludó a Rex y a Nada, como si fuesen sus propios hijos, y fue entonces presentado a Perla.

"¿Pueden excusarme un momento?", -preguntó inmediatamente-. "Tengo asuntos de naturaleza privada que debo tratar con su padre, y ¿querrá usted", -indicándome a mí-, "mantenerse a mano?"

Una hora después, me reuní con ellos, y comprendí entonces lo importante que era su visita. Cuando estuvimos sentados, el Sr. Gaylord reveló algunas de sus actividades como Mensajero Secreto de la Gran Fraternidad Blanca, y mostró sus credenciales. Su trabajo en esta modalidad se había extendido por un periodo de siete años. Él tenía sus propios conductos de contacto personal con algunos oficiales del gobierno, y círculos diplomáticos de Washington, como también con muchos otros lugares de importancia. Debido a su influencia personal en estos canales, era capaz de prestar una gran ayuda a la Fraternidad, cuando surgía la necesidad.

"Saint Germain", -comenzó diciendo el Sr. Gaylord-, "está interesado en ciertas actividades en Washington en el momento presente. Solicita que nosotros tres nos encontremos allí el dos de octubre, y Él se reunirá con nosotros cuando lleguemos. Él dice que es posible que usted,", -dijo dirigiéndose a mí-, "sea de utilidad en ciertos cometidos en los que no puede utilizar a otros estudiantes, tal como ocurrió con ustedes dos, cuando se llevó a cabo el atentado contra la vida del Sr. Rayborn.

"Recuerde siempre", -prosiguió dirigiendo su conversación enteramente hacia mí-, "que nuestro Lema Eterno y regla de conducta es 'conocer, osar, hacer, y guardar silencio'. Su confianza en su propia 'Poderosa Presencia YO SOY' puede verse severamente puesta a prueba dentro de los próximos meses; pero debe comprender que los Mensajeros de los Grandes Maestros Ascendidos sólo pueden darse a conocer en el momento apropiado, y ese momento lo decretan los que están a cargo de la actividad".

Con algunas otras indicaciones más para mí, finalizó el encuentro. Después de la cena, Rayborn y Gaylord fueron a la sala de la torre. Nos reunimos de nuevo en el desayuno, a la mañana siguiente, y supe que habían estado presentes, ambos, en un importante Consejo de los Maestros Ascendidos, en Arabia. Rayborn, con la ayuda del Sr. Gaylord, pudo salir en su Cuerpo más Sutil, mientras sus cuerpos físicos permanecieron tranquilos y protegidos en la sala Sagrada de la torre. Cuando el Sr. Gaylord se iba, señaló:

"Estoy contento de que hayan entrado todos en el Sendero de la Luz, porque solamente allí encontrarán Felicidad Permanente. De aquí en adelante nos reuniremos a menudo en los más inesperados lugares, y de ahora en adelante, la distancia no será una barrera para ninguno de nosotros". Dijo adiós entonces, entró en el coche, y ondeando su mano se marchó. "¿Cuánto tiempo hace que es conocedor de que el Sr. Gaylord conocía y estaba bajo la dirección del Bienamado Saint Germain?", -pregunté a Rayborn-. "Alrededor de unos cuatro años". -Replicó él-. "Aunque hace mucho tiempo que conozco a Gaylord, fue solamente ahora cuando comencé a darme cuenta de la verdadera grandeza y carácter Interno de este hombre. Al comentar posteriormente esto con Saint Germain, Él dijo:

"La gente rara vez se da cuenta de lo muy a menudo que está en estrecho contacto con grandes almas iluminadas, que muchas veces son Mensajeros de los Maestros Ascendidos; aunque estas almas no son totalmente conscientes de ello, hasta que algún hecho inusual abre la puerta, o muestra la necesidad, y les fuerza a revelar la Gran Luz Interna que poseen. Uno puede vivir durante meses o años bajo el mismo tejado con un Mensajero, y no conocerlo; hasta que se origina una crisis que le obliga a revelar su poder".

La gente joven partió para la universidad al día siguiente, y Bob retornó al rancho con nosotros, para recibir instrucciones del Sr. Rayborn acerca del trabajo en la mina, y también órdenes de estar listo para retornar tempranamente la mañana siguiente. Esa noche, nosotros tres, tuvimos una tranquila charla confidencial que reveló todavía más la nobleza del carácter de Bob. Se hicieron los arreglos precisos para que él pudiera ir a Washington por la Navidad, para el encuentro con Saint Germain.

Rayborn y yo pasamos muchas noches agradables hablando de las Instrucciones que nos había dado Saint Germain. Una noche, después de una semana de la partida de Bob, estábamos profundamente inmersos en el estudio de la reencarnación, cuando Rayborn me leyó algo del material sobre este tema, que le había dado a él Saint Germain. Lo transcribo exactamente:

"Si los seres humanos pudieran comprender que la encarnación humana sobre esta Tierra, es una oportunidad dada al ser personal por la Gran Ley del Equilibrio, para corregir los errores cometidos en vidas previas, usarían correctamente toda experiencia; y extraerían la correspondiente lección de ella, en lugar de revelarse contra las circunstancias, y de ser usados por ellas.

"Este constante retorno a la encarnación física, o vestidura de carne, sería un círculo interminable de causa y efecto, si no fuera porque el hombre tiene la 'Presencia' de Dios dentro de él.

"Esta parte de ustedes que dice, 'YO SOY' es la Vida, la Inteligencia, y el Poder que se mueve a través de su cuerpo físico. Cuando los hábitos discordantes de la conciencia atómica de su cuerpo físico llegan a una situación tal, que la 'Poderosa Presencia YO SOY' no es capaz por más tiempo de expandirse, y a través de esto, no es capaz de mantener o alcanzar el Cumplimiento del Plan Constructivo de la Vida, esa Presencia Maestra comienza a disminuir su abastecimiento de energía, y eventualmente se retira del cuerpo.

"Hay solamente una cosa que lleva a lo que el mundo llama muerte, y eso es la falta de suficiente Luz-Líquida dentro de los canales nerviosos. Ella irradia el Poder Cohesivo que mantiene unidos los átomos en el cuerpo de carne. Esta Luz-Líquida le pertenece a, y proviene solamente de, la 'Poderosa Presencia YO SOY' del Universo. La vestidura externa es el receptáculo en el cual esta 'Presencia' derrama Su Luz para usos y propósitos constructivos solamente. Cuando ese propósito es interferido continuamente, la Luz se retira, y el cuerpo de carne, que debería ser el Templo del Altísimo Dios Viviente, se desintegra.

"La experiencia llamada muerte es una constante reprimenda para la humanidad y un recordatorio para el ser personal de su desobediencia al Plan original de Dios, el Camino Divino de la Vida.

"Si el estudiante quiere realmente conocer la Verdad de la reencarnación y de la Vida, debe ir a la Fuente de la Vida, la 'Poderosa Presencia YO SOY', y estudiar allí; ya que sólo si recibe Sabiduría de Su Mente Omnisapiente, llegará a ser Su Luz.

"Nosotros podemos tener conceptos mentales e ideas a miles, pero a no ser que lleguemos a ser Uno con una cosa, sintiéndola, nunca la reconoceremos realmente. Reunir hechos del mundo de los sentidos y la forma, o de la actividad externa de la mente, es tan sólo acreencia o acumulación. La Verdad Eterna, la Ley, y la Inteligencia, provienen solamente de la 'Poderosa Presencia YO SOY', la 'Luz del Universo'.

"Si uno desea probar a sí mismo la Verdad de la reencarnación, esa prueba puede llegar solamente de sus propias experiencias actuales, reveladas a él por su propio ser Divino. Ninguna cantidad de argumentos ni fenómenos serán la prueba para nadie. A quien desee tener Esta Prueba, les doy lo siguiente, que es infalible; porque los Maestros Ascendidos han obtenido la Perfección del Estado Ascendido por su uso, y otros pueden hacerlo de igual modo, si así lo eligen.

"Si el estudiante con firme determinación, quiere reconocer y aceptar su 'Poderosa Presencia YO SOY'; si quiere invocarla constantemente, y quiere sinceramente elevarse hasta Ella, Amarla y estar agradecido por Su Vida maravillosa, que está usando en cada momento despierto y dormido, él hará que su conciencia externa se vea elevada; para que pueda conocer, ver, y experimentar de primera mano, la respuesta a cada pregunta y a cada problema que confronte.

"La más grande e importante Actividad de la Vida es Amor, Devoción, y Gratitud a la misma Vida, por todo lo que la Ella nos da. Cuando nuestra conciencia externa llega a estar elevada, por mantenerse en constante adoración a la 'Poderosa Presencia YO SOY', y por el continuo reconocimiento dado solamente a la Perfección de la Vida; todos los hábitos humanos, y creaciones discordantes, desaparecen, y nosotros expresamos solamente Luz. Esta es la Conciencia de los Maestros Ascendidos.

"La actividad externa de la mente y el cuerpo físico, llega a ser la forma visible y tangible de cualquier cosa que nosotros pensamos y sentimos. El hombre deviene eso sobre lo que descansa su atención. Si él medita sobre la 'Poderosa Presencia YO SOY', llegará a ser la Completa Emanación de esa Perfección. Si él gasta su tiempo y energía, a través de su atención, sobre los apetitos del cuerpo físico, intentando satisfacer sus demandas insaciables, entonces destruye su templo. Nadie puede decirle nada, no importando lo que escoja. La responsabilidad de su elección es ineludible, porque es inherente al Libre Albedrío.

"El Supremo Mandato del Eterno es: 'Sed Perfectos como es vuestro Padre en los Cielos', porque la Vida hará retornar, la conciencia individual, de nuevo, de nuevo, y de nuevo, a la encarnación humana, hasta que cumpla el Edicto Supremo de la Vida. Cuando sea obedecido ese Decreto, encontrará que las manifestaciones del Camino Constructivo de la Vida se han convertido en Inmortales.

"La Actividad Cósmica, y la Luz de nuestra Tierra, se están expandiendo en estos tiempos. Muchos sienten este gran incremento de energía, y a no ser que sea usada en un modo constructivo, el individuo la cualifica con sus propios sentimientos de irritación y resentimiento contra las personas, lugares y condiciones. Esto sólo crea mayor turbulencia en su propia mente y cuerpo, perturbándole a sí mismo y a otros.

"Durante la Presente Expansión de la Luz a través de la Tierra, es absolutamente imperativo para el individuo mantener un control férreo sobre su propio pensamiento, sentimiento, y palabra hablada; obligándolos a ser constructivos, y a no dar reconocimiento a lo demás; si quiere evitar continuos desastres e incontables pérdidas, para él mismo y su mundo. En ningún momento de la historia del planeta, ha sido tan importante eso, como lo es en el momento presente.

"La Tierra está atravesando las angustias de un importante y nuevo nacimiento, y en unos pocos años, entrará en un periodo de transición. Está cambiando ahora a un Camino Cósmico, desde la actitud de guerra a la de Paz; desde el odio al Amor, desde el egoísmo a la generosidad; y está entrando en el pleno reconocimiento de que, en el futuro, debe ejercer suficiente fortaleza para vivir de acuerdo a la Ley del Amor.

"Suena la hora en la evolución de cada planeta y su humanidad, cuando deben expresar Completa Paz, Armonía, Perfección, y el Plan Divino del Sistema al cual pertenecen. Cuando suene esta hora, la humanidad o bien avanza y cumplimenta el Plan de Dios; o la parte que no se alinee con la nueva actividad, se retira ella misma a otra sala de aprendizaje del Universo; hasta que esas personalidades aprendan a obedecer a la Vida.

"La Ley de la Vida es Cielo, Paz, Armonía, y Amor a cada cosa creada. Incluso los éteres del espacio Infinito expresan Esta Armonía en todo lugar. Los seres humanos son los únicos creadores del 'infierno'. Ellos pueden aceptar y obedecer la 'Ley de la Vida' y disfrutar de toda cosa buena del 'Reino'; o ellos pueden desobedecer esa Ley y verse rotos, como una caña ante la tormenta, por su propia auto-generada discordia. Cada individuo lleva en sí mismo su propio cielo o infierno con él, en cada momento; porque estos son tan sólo el resultado de los estados mentales y emocionales que ha creado el individuo con su actitud. No existe otra causa para ellos.

"Sobre el caos del pasado, generado humanamente, los Maestros Ascendidos y Grandes Seres Cósmicos, han derramado, Grandes Corrientes de Amor y Armonía, sobre las que depende la Paz. La humanidad, habiéndose rebelado por tanto tiempo contra la Gran Corriente Cósmica de Amor, que siempre busca bendecir, es obligada ahora a dar un giro, y a buscar la Luz, con objeto de sobrevivir, en medio de su propia emanación destructiva del pasado. El Mandato Constante de los Maestros Ascendidos es: 'Que la Gran Luz de la 'Poderosa Presencia YO SOY' envuelva la humanidad de la Tierra, rápidamente, para que puedan cesar sus sufrimientos'. Miseria, oscuridad, e ignorancia existen solamente por falta de Amor".

El Sr. Rayborn y yo fuimos los únicos que quedamos en el rancho durante unas pocas semanas. Recibimos espléndidas cartas de Nada y Rex, y ocasionalmente una de Perla. Ellos estaban profundamente agradecidos al Bienamado Saint Germain por el bello apartamento que Él, en Su Amor, les había proporcionado; y entre sus muchas bendiciones hubo dos de Sus otros estudiantes, que actuaron como cocinero y sirvienta. Habían venido de Arabia, y aún en su actividad como sirvientes, eran la misma esencia de la ayuda amable.

Cuando llegó el veinticuatro de septiembre, Rayborn y yo hicimos una visita a la mina, por última vez antes de partir para Washington. El viaje fue placentero, y sentimos tangiblemente el Poder envolvente y arropador de la "Presencia Mágica", que nos llenó con indecible gozo y felicidad. Encontramos a Bob esperándonos, ya que Saint Germain le había dejado un mensaje diciendo que íbamos a llegar esa noche.

El propósito del Sr. Rayborn, para venir en este momento, fue contactar con los mineros más estrechamente, y dar una radiación que les bendijese a todos. Habló con los tres turnos, cuando estaban libres, haciéndoles conocedores del nuevo superintendente, Dave Southerland. Ellos apreciaron profundamente la amabilidad y generosidad de Rayborn con ellos; y cuando les daba gracias y los animaba en su trabajo, parecía un hermano más que un patrono. Nunca cesaré de maravillarme del Poder del Amor para bendecir a los hombres y a sus negocios, cuando lo aceptan realmente y lo viven. Rayborn era una prueba viviente de su eficiencia y sabiduría, en la experiencia práctica diaria del mundo mercantil.

Esa noche, Rayborn pasó mucho tiempo explicándole a Bob muchas cosas que Saint Germain le había revelado para él, durante sus horas de Instrucción. Bob estaba tan feliz como un escolar, profundamente agradecido por todo lo que recibía. La mañana siguiente dijimos adiós los tres con los Corazones llenos de Amor, y Rayborn y yo alcanzamos el rancho después de un viaje sin incidentes, y nos retiramos temprano.

A la mañana siguiente él sugirió que sacásemos de paseo al bello caballo árabe, para que yo pudiera ver la parte del rancho que se extendía al pie de las colinas. Me pidió que montase a Pegaso, y cuando el mozo sacó del establo el caballo, éste se soltó y se acercó a mí a toda velocidad, restregando su nariz contra mí, como para expresar su gozo de no ser olvidado. Rayborn montó el caballo negro que pertenecía a Rex, y salimos a medio galope. Estábamos retornando a lo largo del pie de las colinas, cuando repentinamente Pegaso se plantó en sus patas y no quiso moverse.

"Déjele que haga lo que quiera", -explicó Rayborn-, "él sabe que hay cerca una serpiente. Suelte las riendas, y observe". Él avanzó una cierta distancia muy despacio, y entonces paró. Nosotros oíamos a la serpiente, y viendo un poco más adelante distinguimos una gigantesca serpiente de cascabel.

"No toque las riendas", -advirtió Rayborn-, "Verá una cosa muy inusual". Elevando su pata derecha, Pegaso comenzó a golpear a la serpiente lentamente, observando atentamente al mismo tiempo. Repentinamente la serpiente atacó, y rápida como un relámpago la pata de Pegaso bajó contra su cabeza, segándola del cuerpo completamente. Yo lo abracé; no pude evitarlo, pero estaba bastante calmado. Desmonté para coger la serpiente, y encontré que eran doce. "Será mejor que me las dé a mí", -dijo Rayborn-, "Pegaso nunca permitirá que las lleve encima de él; tiene una violenta antipatía hacia ellas".

A la mañana siguiente partimos para Denver. Fuimos directamente al Brown Palace Hotel, donde Gaylord había dejado recado para que fuésemos directamente a su suite. Obedecimos sus indicaciones, y fuimos recibidos amablemente por nuestro anfitrión.

Él llamo a un mozo para que registrase nuestro equipaje, y cuando retornó el hombre, Gaylord, antes de coger los resguardos, supo que se había perdido uno.

"Mi buen hombre, usted ha dejado sin registrar una de las maletas", explicó él. El mozo vio su error y retornó más tarde con la maleta perdida. Subimos al tren a las nueve, y encontramos que había conseguido tres compartimentos adjuntos. Gaylord se excusó casi inmediatamente. "Deseo retirarme de inmediato", -explicó él-, "y dejar mi cuerpo, ya que debo ir a Arabia para recoger ciertas instrucciones, aunque estaré con ustedes al desayuno".

A la mañana siguiente, a la primera llamada, Gaylord, Rayborn y yo fuimos al coche-comedor. Mientras nos sentábamos a desayunar, una suerte de hombre tieso, moreno, y bien parecido, pasó ante nuestra mesa, acompañado por una bella mujer muy llamativa.

Finalizamos nuestro desayuno, y Gaylord nos pidió volver de nuevo a su compartimento. "Ese hombre y esa mujer", -explicó él, tan pronto como nos sentamos-, "son dos de los representantes comunistas con quienes tenemos que contender. Estamos perfectamente a salvo porque ellos no saben cómo protegerse a sí mismos ni a sus secretos, mediante el Poder de la Luz Interna. Ellos no sirven a la 'Luz' y por tanto, son incapaces de usarla, como lo hacemos nosotros, y de liberar Su Poder. No obstante, debemos estar en guardia desde el principio, de modo que no puedan detectar ninguna de nuestras actividades. La compañera del hombre es una de las más listas, peligrosas, y notorias personas conocidas en Europa.

"Póngase su Armadura", -dijo, hablándome a mí-, "porque para tratar con esta mujer, cuando llegue el momento, necesitará usar todos sus poderes de diplomacia.

Usted tiene una parte que llevar a cabo, más importante de lo que sueña; pero conozco su coraje, calma, y la seguridad en su 'Poderosa Presencia YO SOY' interna. Eso le llevará Victoriosamente hasta el final.

"Por mi visita al Lejano Oriente anoche, es evidente que entraremos en acción dentro de muy poco. Esos que son esbirros de la fuerza siniestra, están polucionando y corrompiendo todo lugar posible, con su engaño y traición. Ahora, podrán comprender, cuán grande fue la Sabiduría del Bienamado Saint Germain en Sus tres días de Preparación y Armonización de ustedes, mientras se hallaban en la Cueva de los Símbolos. Conozco el lugar; he estado allí muchas veces".

"¿Querrá usted", -pregunté yo-, "revelarnos alguna de sus experiencias que le esté permitida?"

"Tendré mucho gusto", -replicó él amablemente-, "de relatar todo lo que se me permita revelar, para su instrucción e iluminación, aunque no para entretenimiento. Cambiaremos de tren en Chicago, y después de partir de allí, que será sobre las nueve de la noche, tendré mucho gusto en visitarlos de nuevo. Cuando lleguemos a Chicago, cojan consigo todo el equipaje y métanlo en su compartimento, y esperen por mí; espero disponer de importantes comunicaciones para ustedes dos". Cuando el tren entró en la estación, el Sr. Gaylord bajó del vagón y desapareció inmediatamente entre la muchedumbre.

"Debe haberse envuelto en la Capa de Invisibilidad, -dije a Rayborn-, "de tan rápido que se ha ido". Cambiamos de tren y fuimos inmediatamente a nuestro compartimento. Cuando el tren inició su salida de la estación, oímos a Gaylord entrar en su compartimento. Pasados unos diez minutos llamó en nuestra puerta, y pidió que nos uniésemos a él.

"Fue justo como pensé", -exclamó él-, "nuestro adversario tiene un arma poderosa en esta ciudad, un alto político gubernamental; que está recibiendo largas sumas de dinero por la ayuda que da a sus actividades destructivas. No obstante, él está bajo vigilancia, y será detenido por la mañana. Nadie osará anunciarlo públicamente, por causa de los demás que están conectados con él; y cuya prominencia hace demasiado peligroso permitir que sea revelado su nombre. Es la misma vieja historia, cuando la batalla se vuelve más fiera en el campo del vicio, es cada hombre por sí mismo, y los hechos de cada uno, los que lo atrapan en su propia red.

"El hombre y su compañera, a quienes vimos en el desayuno la otra mañana, han tomado el compartimento próximo al suyo", -continuó indicándome a mí-. "No obstante usted sabrá exactamente la cosa correcta a hacer, en el momento correcto, y sé que lo hará. Ahora explicaré para su instrucción, una de mis experiencias que comenzó en la India, llegó a su cima en Arabia, y finalizó en América:

"Hace algunos años, cuando la cosecha de la guerra estaba gastando su furia, fui seleccionado por el Consejo de la Gran Fraternidad Blanca de la India, para actuar como Mensajero. Este trabajo hizo necesario que tomase mi cuerpo físico conmigo, porque en ese tiempo yo no era capaz de levitar y transportarlo a través de la atmósfera, como hacen los Maestros Ascendidos. No obstante ahora puedo dejar mi cuerpo conscientemente en cualquier momento, como ustedes dos son plenamente conscientes, y este buen hermano ha observado físicamente", -indicando a Rayborn-.

"Obedeciendo la Llamada del Consejo de la India, navegué a Francia, la primera parte de mi viaje. En ese tiempo yo no era claramente sensible a la Acción Vibratoria más Sutil, como lo soy ahora, y tuve que ser conducido más o menos intuitivamente. Poco soñé en aquellos días que yo estaba simplemente obedeciendo. La primera mañana en el mar, encontré a un caballero muy distinguido sentado en mi mesa, cuando bajé a desayunar. Él se levantó, cuando me aproximaba, y se presentó a sí mismo. 'Me tomo la libertad de presentarme a mí mismo', dijo, '¡confío en no molestar!'. Me agradó mucho en el momento de estrechar las manos; y charlamos sobre generalidades durante unos momentos, cuando él señaló: ¿Presumo que está viajando por placer, posiblemente en una misión?, y según pronunció la palabra 'misión' me miró muy agudamente. Instantáneamente sentí que algo se tensaba dentro de mí, y me puse en guardia de inmediato.

"'Gozo mucho con los viajes por mar' -repliqué-, 'especialmente en el mes de mayo'. Una ligera sonrisa pasó por su cara, y una mirada peculiar apareció en sus ojos. El sentimiento de agrado por él creció con más fuerza, y también algo que no podía evitar ni explicar la causa. Repentinamente cambió la conversación, y comenzó a hablar de un cierto joven príncipe, y preguntó si le conocía.

"'Sólo como un niño' -repliqué-, 'pero siempre he sentido que es una gran alma'. '¿Qué quiere decir con eso?', -preguntó-.

"Quiero decir que es uno que ha vivido muchas vidas, y ha obtenido cierto Conocimiento Interno, a través de la experiencia', -repliqué yo-.

"'¿Entonces cree en la reencarnación?', -volvió a preguntar él-.

"'No sólo creo en ella, sino que sé que es Verdad, y una cierta fase de la Única Actividad de la Gran Ley Cósmica', -contesté-.

"'Habla usted con gran seguridad', -continuó él-.

"'En este respeto hablo con conocimiento actualizado', -repliqué yo-.

"'¿Oh, lo sabe usted? Ahora, por ejemplo, ¿piensa que usted y yo nos hemos conocido antes?, -continuó él-, y hubo una suerte de timbre en su voz que sonaba medio divertida; aunque conservaba una amabilidad en su cualidad que denegaba una verdadera oposición a mi pensamiento.

"'Sí', -continué yo-, 'nos conocimos uno a otro antes del cataclismo de la Atlántida, y también en Egipto. Ahora nos hemos encontrado de nuevo y trabajaremos juntos muchas veces para nuestro bien mutuo'. Hablé yo con un Poder Impulsor Interno, y un Sentimiento de Autoridad que me sorprendió. Yo estaba sorprendido de mis propias palabras.

"'Él extendió su mano, me miró con una sonrisa que hubiese derretido a cualquiera, y me dio una seña que supe venía solamente de una autoridad muy alta en la Gran Fraternidad Blanca. Yo estaba profundamente agradecido y muy feliz'. 'Usted pasó la prueba espléndidamente, Hermano Mío', -explicó él-, 'y es bueno que se mantenga en guardia de forma tan natural. Esto hace posible que la Presencia Interna actúe en todo momento. Recuerde, la 'Poderosa Presencia YO SOY', es el Único Poder, que puede guardarle en la actividad externa, porque esto no se puede lograr con la voluntad personal'.

"'Nunca deje de mantener esta Guardia Continua, porque es imperativa en el trabajo que debe hacer. La Gran Corriente de Vida y el plan de su trabajo nos han reunido para los próximos meses. Su 'Presencia YO SOY' dijo la Verdad acerca de haber estado juntos en vidas anteriores. Me regocija, como veo que le pasa a usted, que nuestra actividad externa nos una de nuevo, en el presente momento. Vayamos a mi camarote y le daré una idea de Nuestro Trabajo. Usted recibirá posteriores instrucciones detalladas desde el Consejo de la India'.

"Cuando entramos en su camarote sentí una sensación de exquisita belleza envolviéndolo todo alrededor de él. No supe entonces, como lo aprendí después, que no fue tanto efecto del entorno, sino de la Maravillosa Radiación que él esparcía sobre ese entorno. Su Deslumbrante Aura penetraba, cargaba, e iluminaba todo en la cabina.

"'La primera cosa importante que tengo que decirle', -explicó él-, es que estoy encargado con su ayuda, de evitar el asesinato de su joven príncipe, a quien acabamos de mencionar hace poco, y a quien ambos amamos a causa de su Luz Interna. La segunda obligación es evitar un gran golpe a Arabia, por ciertos poderes Europeos. La tercera cosa es la actividad de la fuerza siniestra, con la que estamos contendiendo ahora. Pararemos dos días en París, según atravesemos Francia; y haremos contactos importantes para ayudarnos a realizar Nuestro Trabajo'.

"'Los días pasaron todos muy rápidamente, mientras estuve en asociación con este Notable Hombre; y la única promesa que exigió de mí, en todo momento, desde Su presentación, fue que no revelase su Nombre a nadie. Nunca lo hice así hasta este día, excepto con Su Permiso.

"'Yo pensé, en el momento en que le ví realizar lo que el mundo llama milagros, que Él era la persona más maravillosa del mundo; pero Él reveló solamente una parte fragmentaria de Su Conocimiento y Poder en ese tiempo. Cuando le comenté estas cosas a Él, replicó: 'Este tipo de actividad es el trabajo menos importante que los Miembros de la Fraternidad Blanca son capaces de hacer; de hecho no hay nada que Ellos no puedan hacer, cuando la necesidad y la Ley Divina lo permiten.

"El barco arribó en Cherburgo, y según desembarcamos, vi a un hombre, que parecía árabe, dar la Señal a mi amigo de la Fraternidad Blanca, a la que Él contestó. El árabe nos condujo a un magnífico auto, en el que entramos de inmediato, tomando él el volante.

"'Dentro del coche estaba sentada un dama velada a quien fui presentado no por el nombre, sino como el 'Hermano del Oeste, de América', y Ella meramente como 'Hermana de la Fraternidad Blanca'. Hasta donde pude ver y sentir, Ella parecía muy joven, no más de diecisiete años de edad. Apenas nos habíamos sentado cuando Ella dijo:

"'Podemos llegar a París mucho más rápidamente por esta ruta', indicando una carretera hacia la que giramos inmediatamente.

"'Estamos siendo seguidos', -advirtió Ella un momento más tarde- ,' y observando en toda dirección, vimos a otro coche siguiéndonos a toda velocidad. De pronto, se elevó desde el suelo una Cortina de Vapor entre ambos coches.

"'No atravesarán esta barrera, hasta que estemos perfectamente fuera de su alcance', -nos aseguró Ella-.

"Llegamos a París unas horas más tarde, y paramos en una residencia similar a un viejo castillo, desde la cual podíamos ver débilmente la Torre Eiffel. Estaba situada en una zona elevada, y desde sus muchas ventanas uno podía tener una completa vista de pájaro de la ciudad. Parecía como si hubiese sido construida con ese propósito, en primer lugar.

"La Dama Velada atravesó la entrada y ascendimos por una gran escalera. Entramos en lo que parecía una cámara de audiencias, y atravesando una puerta lateral llegamos a una gran biblioteca.

"Un hombre alto, bien parecido, volviendo desde una de las estanterías, se adelantó y nos saludó con una gracia cortesana que ya no se estila en nuestro tiempo. Más tarde comprendí por qué. Él era uno de los Grandes Maestros Ascendidos, que habían hecho Su Ascensión hacía más de quinientos años. Sus ojos chispeaban con Amabilidad y una Sabiduría que parecía tan vieja como la eternidad.

"La Dama Velada que nos había acompañado, -explicó Él-, fue su hija en una vida anterior. Ella llevaba más de trescientos años en el estado Ascendido, aunque parecía no tener más de diecisiete. Nunca podré expresar el efecto que estas experiencias tuvieron sobre mí. Cada Nueva Revelación removía un sentimiento interno que nunca supe que existiese.

"'Mis queridos amigos', -dijo nuestro anfitrión- 'tan pronto como fuimos presentados y se intercambiaron los saludos, 'por favor siéntense. El almuerzo será servido inmediatamente, y después les transmitiré la instrucción que debo darles'.

"Unos momentos después, dos jóvenes vestidos con una túnica color crema, aparecieron y sirvieron nuestra comida. Era muy deliciosa y de la misma clase de alimento precipitado que todos habíamos tenido el privilegio de comer en el Retiro de Saint Germain, en la Cueva de los Símbolos.

"'Esta noche', -dijo nuestro anfitrión-, 'ustedes van a ser mis invitados junto con otros ocho de los Hermanos que estarán aquí para conocer a nuestro Hermano Americano. Ellos le conocen a Él, pero él todavía no retiene la memoria de conocerlos a Ellos'.

"Puntualmente a las ocho nuestro anfitrión abrió camino hacia el piso superior, y entró en una sala circular donde todo estaba decorado con un suave color blanco-leche. En el centro, se hallaba una mesa de ónice blanco y alrededor de ella se habían colocado doce sillas. Permanecimos por un momento en cada extremo de la mesa, con las cabezas inclinadas, y cuando las levantamos, vimos a los Ocho Hermanos allí, en sus Cuerpos vivientes y tangibles. Fui presentado a cada uno por turno, y entonces el grupo se sentó.

"Todos ellos conocían muy bien a mi amigo del barco. Se habló de muchos problemas de importancia nacional e internacional, en busca de soluciones; y en cada caso se encontró un auténtico remedio, digno de su tiempo y atención, para enfrentar la situación.

"Fue durante esta ocasión que supe que nuestro Anfitrión era el Jefe del Consejo de Francia, aunque no era francés. A cada Hermano se le dio una instrucción específica que era su obligación llevar a cabo. Cuando se clausuró el Consejo, todo el mundo dijo adiós, con la bendición: 'Le envuelvo en el Magno Poder de la "Presencia Mágica" a quien todos los Hermanos de la Gran Fraternidad Blanca miran, y de quien reciben sin límite'. Inclinamos nuestras cabezas, y los Hermanos desaparecieron, tan silenciosamente como habían llegado. Nosotros dimos las buenas noches y fuimos conducidos a nuestras habitaciones.

"Desayunamos temprano la mañana siguiente, y estábamos listos para partir a las nueve, acompañándonos la Dama Velada como anteriormente. Arribamos a los muelles de Marsella justo a tiempo de pedir a Dios Sus Bendiciones para nuestra gentil Hermana y marcharnos.

"Subimos a bordo, y pregunté a mi amigo por qué sentía tal atracción hacia la Dama Velada, y cuál era el significado; porque Ella siempre parecía estar delante de mi visión y alrededor mío, desde que habíamos entrado en el automóvil en París".

"'Ten paciencia', -contestó Él-, 'pronto lo sabrás'.

"Nuestros camarotes eran contiguos, y nos acomodamos para disfrutar de nuestro viaje por el mediterráneo en su plenitud. Habíamos embarcado para Bombay vía Canal de Suez y el Mar Rojo, con visitas a Alejandría y el Cairo. Fue un viaje que uno no podría olvidar en mil años. No ocurrió ni una simple cosa que manchara su belleza y nuestro gozo, y siendo un amante extremado del viaje por agua, lo dejé patente en mi felicidad nuevamente encontrada.

"Cuando nuestro barco se acercó al muelle de Bombay, sentí un gran interés, ya que era mi primer viaje a esa parte del mundo. Desde aquellos años, Oriente me resulta bastante familiar.

"Pensé que haríamos la última porción de nuestro viaje por tren, pero para mi sorpresa, apenas habíamos abandonado la pasarela, cuando un joven hindú bien parecido, vestido de blanco, se aproximó. Nos dio la señal que conocíamos muy bien, y nos condujo a un grande y bello automóvil. Abrió la puerta con sosegada dignidad, y esperó hasta que entramos. Para mi asombro, dentro del coche se sentaba otra Dama Velada, que se parecía a la que dejé en Francia. Para mi intelecto eso parecía imposible, de modo que lo descarté. Fui presentado a ella de modo similar al de la otra dama. No pasó mucho tiempo hasta que nuestra Amable Compañera contestase a mi pensamiento con la pregunta: "'¿Por qué mi Buen Hermano, hemos de pensar que algo es imposible donde el Conocimiento del individuo es completo?'.

"'Mi Buena Hermana', -repliqué yo-, 'se parece usted tanto a una Encantadora Dama que conocí en París, que difícilmente puedo creer que no sean la misma persona. No obstante la dejamos allí, de modo que no puede ser Ella'.

"'¿Piensa usted qué no?', -cuestionó de nuevo-, y mi amigo sugirió:

"'Mejor es que observemos el bello escenario, porque no volveremos a pasar por este lugar de nuevo'. La vista era poderosa y majestuosa y una muy deliciosa fuente de inspiración y placer. Eran entonces las diez de la mañana, cuando partimos de Bombay. Viajamos hasta las seis de la tarde, y por entonces habíamos llegado a una pequeña y tranquila ciudad. Condujimos hasta una gran residencia nativa. El hombre de blanco, conductor del auto, esperó que bajásemos, y entonces partió inmediatamente.

"Nuevamente fue nuestra Dama Velada la que encabezó el camino a la residencia. Una señorial Dama Inglesa de cabello blanco, y cara y figura juvenil, abrió la puerta.

"'Bienvenidos, mi Buena Hermana y Hermanos'. -Dijo saludándonos cordialmente-. 'Contaba con su llegada. Sus habitaciones están a punto, y los sirvientes se las mostrarán, si desean refrescarse después de un viaje tan largo. La cena será servida dentro de veinte minutos'.

Instantáneamente, los suaves tonos de una campanilla anunciaron la comida, y entramos al comedor. Imaginen mis sentimientos, cuando al reunirnos para cenar, encontré que la Dama Velada, que había viajado con nosotros desde Bombay, era la misma Dama que había conocido en París. Tan pronto como vi que era Ella, la saludé con:

"'¡Mi Bienamada!' No tuve intención de decir una cosa tal, y me sentí grandemente confuso y desilusionado. Me disculpé profusamente, e intenté sujetar el impulso casi irresistible de hablar. Ella pareció no prestar atención lo más mínimo a la familiaridad, pero replicó: 'Aprecio profundamente sus saludos sinceros'. Yo intenté manejar y reunir mis pensamientos lo suficiente para preguntar: '¿Querrá por favor decirme cómo fue capaz de llegar a la India antes que nosotros?'

"'Tengo mis propios medios de transporte', -explicó ella-, 'con los cuales no está usted familiarizado. No obstante, se le enseñará a viajar como lo hago yo. Nosotros somos capaces de transportar nuestros Cuerpos a cualquier distancia que deseemos, sin usar ningún vehículo físico'.

"A la mañana siguiente estábamos en camino al romper el día. El día era muy cálido en el exterior, pero dentro del auto era confortablemente fresco y placentero; y había deliciosas bebidas frescas disponibles siempre para nosotros. Habíamos estado conduciendo por las montañas durante algún tiempo y ascendimos continuamente, cuando entramos en una garganta profunda, cuyas paredes se elevaban por lo menos seiscientos metros a cada lado. Parecía como si una fisura gigante, de más de kilómetro y medio, se hubiese cortado a través de las montañas.

"Condujimos a través de esta hendidura y salimos a una base de unos seis kilómetros y medio de circunferencia, rodeada de enormes picos. Nunca antes o después he visto jamás un lugar más bello en la Tierra. Era un Perfecto Paraíso.

"En el lado oeste de esta base, dando cara al este, se erguía un Magnífico palacio de mármol blanco, diferente a cualquier edificio que jamás he visto en el mundo externo. Saint Germain no lo ha dicho así, pero yo siempre he pensado que era de Sustancia Precipitada. Una gran cúpula dorada cubría la porción central del tejado, y había cuatro cúpulas más pequeñas, una en cada esquina. Cuando el sol de la mañana iluminaba esas cúpulas, la escena entera llegaba a ser un indescriptible deslumbramiento de gloria, un diario, silencioso símbolo, y reconocimiento de la Naturaleza, por la 'Gran Luz' y Sabiduría, que se derrama constantemente sobre la Tierra desde este Templo de belleza.

"Condujimos el coche hasta la entrada este de este magnífico palacio, y dos jóvenes vestidos de blanco salieron a encontrarnos. Eran la imagen de perfecta salud, juventud y belleza. Su cabello era especialmente atractivo, siendo uno ondulante castaño claro y el otro un maravilloso color dorado. El último nos dio la bienvenida:

"Bienamados Hermana y Hermanos, les esperábamos y son muy bienvenidos. ¿Querrán seguirme por favor?' Entramos, y fuimos saludados de nuevo por uno de los Maestros Ascendidos que es muy amado en el mundo externo; y que ha trabajado incesantemente durante muchos siglos para traer iluminación a la raza humana. Él tiene una cara muy amable, una sonrisa que derretiría una piedra, y que le hace sentir a uno de nuevo, que Él maneja un Poder que disuelve todas las cosas. "Otros ayudantes se adelantaron con gracioso y rítmico movimiento y nos condujeron a nuestras habitaciones. El diseño interior y amueblado de este palacio era exquisitamente bello. Desde mi primera visita a ese maravilloso lugar, ha sido mi obligación como también mi placer, contactar muchos lugares importantes a través del mundo; a causa del trabajo de la Gran Fraternidad Blanca, con la cual he estado asociado; pero incluso los más elaborados nunca se han aproximado a la Exquisita Perfección de Este Palacio de Mármol Blanco de los Maestros Ascendidos.

"Todo el interior de este magnífico edificio estaba hecho de un material imperecedero, de color blanco-leche, con toques aquí y allí de un muy delicado dorado, violeta, verde e intenso azul eléctrico. Esto producía el efecto más artístico imaginable. Todo permanecía inmaculadamente limpio, a causa de que dentro y alrededor del edificio todo estaba poderosamente cargado con Fuerza Electrónica; y la tasa vibratoria era tan alta que el Poder de la 'Luz' repelía toda cosa imperfecta; y mantenía todo en un estado auto-sostenido de Belleza y Perfección.

"'La cena será servida en sus habitaciones', -explicó el joven del cabello dorado-, 'y se requiere que lleven las Túnicas de seda y sandalias que se les proporcionarán'.

"Cuando fue traída la cena, ésta consistió de varias clases de fruta fresca, entre ellas bayas, servidas con una sustancia como crema batida, similar a la que habíamos tomado en la Cueva de los Símbolos, y una bebida deliciosa de líquido dorado, algo más ligero que la miel.

"Tan pronto como finalizamos nuestro refrigerio, fuimos llamados a la Cámara de Consejos, bajo la cúpula central. Al entrar, la gran mesa en medio de la sala, cautivaba el ojo de inmediato, a causa de su enorme tamaño. Estaba hecha enteramente de jade, era exquisitamente bella en incluso el más mínimo detalle, y alrededor de ella habían sido colocadas sesenta sillas, hechas de oro sólido, y tapizadas en un material de suave color violeta, que parecía terciopelo de seda.

"Permanecimos un momento admirando la Belleza y Perfección de todo ello, y cuando vimos alrededor, observamos al Bienamado Saint Germain. El entero Consejo entró en pequeños grupos de tres a doce. Cuando todos excepto uno habían llegado y tomado sus lugares alrededor de la mesa, habló nuestro Bienamado Maestro.

"'Inclinemos nuestras cabezas en silenciosa plegaria y gratitud a la 'Poderosa Presencia YO SOY' que eleva los Corazones e ilumina las mentes de la humanidad'. Cuando elevamos las cabezas, un Ser Muy Maravilloso ocupaba el lugar que había quedado vacante en la cabeza de la mesa. Él era Uno de los Grandes Maestros Ascendidos a quien es imposible hacer plena justicia; ya que la Gran Majestad y Autoridad que ostentaba, sobrepasa todo poder humano de descripción. Sus Vestiduras parecían como una masa de joyas destellantes, aunque cuando llegué a estar más acostumbrado a la Brillantez de 'Su Luz', vi que lo que parecían joyas a primera vista, eran puntos de Deslumbrante Resplandor que emanaban de Su Cuerpo y Vestiduras. El Amor que Él derramaba lo envolvía todo de tal manera que parecía inundar el Universo, por el largo alcance de Su Radio de Acción.

"'Bienamados Hermanas y Hermanos de la Gran Fraternidad Blanca, los saludo', -dijo-, 'dando la Señal de la Orden, que reconoce solamente la Omnisciencia de la 'Poderosa Presencia YO SOY', la Omnipresencia de la 'Sempiterna Llama de la Vida', y la Omnipotencia de la 'Luz sin Sombras.

"'Mi Hermano de América, le doy la bienvenida, por favor, acepte mi amor y Gratitud por el servicio que ha realizado. Hablaré con usted largamente al cierre de este encuentro'.

"Este Poderoso Hermano de la Luz, prosiguió dando una Definida Instrucción concerniente a las más importantes actividades de la Tierra, principalmente los cambios Internos y externos que era necesario llevar a cabo para el avance de la humanidad. Muchos de los Consejos del mundo entero, estaban representados por los presentes en éste. El Jefe de Cada Consejo recibió órdenes directas del Maestro Presidente, y dio Sus directrices a los que estaban bajo Él. Cuando terminaron de perfilarse sus actividades, Él pidió a cada uno que girase su silla y diese cara al oeste.

"En la atmósfera delante de nosotros, comenzaron a pasar imágenes vivientes de los problemas que la Gran Fraternidad Blanca mantenía bajo consideración, o sobre las que estaba trabajando en ese momento. Estas imágenes mostraron a los Hermanos individuales que estaban concernidos con esos problemas o condiciones, y continuarían trabajando en asignaciones especiales, dando los principales detalles y medios de solución. El trabajo de proteger al joven príncipe, al que se ha referido anteriormente, y a los Hermanos que estaban concernidos con él, fue una de las muchas escenas que pasaron delante de nuestra visión. El método para reajustar las condiciones relacionadas con Arabia también se mostró, y excitó mi admiración grandemente.

"Cuando fue revelado el grave problema de contender con la fuerza siniestra, que está intentando evitar que la humanidad reconozca y manifieste la Perfección y Bendiciones de la 'Poderosa Presencia YO SOY'; fue la más asombrosa cosa que nadie puede imaginar. Ella mostró realmente la Ilimitada Fuerza de la 'Luz Crística Cósmica' luchando con la oscuridad, ninguna palabra puede transcribir la Majestad, Poder y Victoria de la 'Presencia YO SOY del Infinito'.

"En el presente, no puedo dar más detalles, pero la Gloria y Supremacía en acción de la Poderosa Presencia del 'Infinito YO SOY' trasciende toda imaginación, justo como la Luz trasciende la oscuridad. Las imágenes llegaron al final, y el Maestro Presidente, el del Deslumbrante Resplandor, se volvió a la Hermana de Francia y a mí mismo:

"'Vengan, Mis Amados Hijos', -dijo-. Nos adelantamos, y Él extendió ambas Manos. Su mano izquierda a ella, y Su derecha a mí.

"'Mi Hermano de América', -prosiguió-, 'le bendigo sumamente. Todavía no ha comprendido, en la actividad externa, la Perfección Eterna que ahora es suya. Nuestra Bienamada Hermana es su Rayo Gemelo. Este es uno de los Misterios Más Grandes de Dios, y explica la atracción mutua entre ustedes, desde su primer encuentro en París. Si la humanidad de la Tierra pudiera tener la Comprensión Divina de esta parte del Plan Divino, haría más para la purificación del caos del mundo externo, que ninguna otra cosa que conocemos.

"'Se aproxima el tiempo cuando la Verdad concerniente a los Rayos Gemelos debe ser comprendida cabalmente; y su Magna Sabiduría y Poder utilizados. Ninguna individualización de Dios hace Trabajos Constructivos en los Niveles Cósmicos de la 'Poderosa Presencia YO SOY' hasta que el Rayo Gemelo de uno ha hecho la Ascensión. Las elecciones terrenales no tienen nada que ver con ello. Cada Rayo debe, mediante Consciente Comprensión y uso del 'Gran Mandato', purificar, perfeccionar, e iluminar toda la creación humana, con la cual se ha rodeado uno mismo. Entonces llega a ser Maestro Ascendido, que por siempre tiene Dominio Consciente sobre la Tierra, y todo lo que hay dentro de ella". 'Cuando ambos Rayos han hecho la Ascensión, ellos son del mismo estado de Pureza, Libertad, y Perfecto Dominio. Los Dos son capaces entonces de trabajar en Niveles Cósmicos. Ellos pueden proyectar grandes Rayos Cósmicos de Amor, Luz, y Sabiduría, enfocándolos con tal Poder que Ellos crean y controlan Actividades Cósmicas, y revelan la Gloria de la "Poderosa Presencia YO SOY".

"'Nuestra Bienamada Hermana ha visto y conocido esto desde hace tiempo, esperando pacientemente este momento divino. Después de la elevación del cuerpo de él, su trabajo juntos será muy trascendente'. Él elevó Sus Manos sobre nosotros para Bendecirnos, y Su Voz, bella como una campana con el tono de la Autoridad Eterna, emitió el Decreto Supremo del Amor Sempiterno sobre nuestra unión:

"'Por el mandato de la 'Poderosa Presencia YO SOY' uno a Estos Rayos Gemelos, de la Misma Llama Eterna de la Vida, en Supremo Amor, Luz, y Perfección'.

"Según el Maestro dijo Estas Palabras, una Deslumbrante Ráfaga de Luz nos envolvió, y con Esto, la 'Poderosa Llama de nuestros Rayos Gemelos' dejó impreso Su Sello Eterno sobre el Sendero Cósmico de la Vida. En ese momento, fuimos totalmente conscientes de nosotros mismos solamente como la 'Presencia Mágica' del 'YO SOY'.

"Esto cerró la sesión del Consejo, y en la hora que siguió, conocimos a los miembros de ese Retiro, y recibimos sus felicitaciones. Ellos nos aseguraron que nuestro Ilimitado Servicio Cósmico comenzaría ahora. El día siguiente, el Maestro que era nuestro anfitrión, explicó algo de Su Trabajo, y reveló la Perfección que se había mantenido allí durante siglos. Al explicar el origen de Su Trabajo dijo:

"'Este Consejo de la Gran Fraternidad Blanca, fue creado hace siglos por los Grandes Hermanos de la Luz, para que existiese un Foco Poderoso de Su Ayuda e Iluminación para la humanidad, y se perpetuase por un determinado periodo de tiempo. El maravilloso clima semi-tropical que encuentran aquí durará tanto como Nosotros deseemos retener este lugar como un Retiro'.

"Esa tarde se nos mostró en funcionamiento un instrumento perfeccionado para televisión. No me canso de señalar las glorias y maravillas que la humanidad podría y debería experimentar, si quisiera solamente elevarse en conciencia y sinceramente, hasta la 'Luz Interna'; y los individuos abriesen sus Corazones y sus sentimientos a la 'Poderosa Presencia Mágica del YO SOY'. "Tempranamente, a la mañana siguiente, retornamos a Bombay, desde donde íbamos a embarcar para Arabia. El viaje hasta la costa fue delicioso, la atmósfera en el coche permaneció siempre fresca y confortable, sin importar la cantidad de calor existente en el exterior. Supe que se debía enteramente a la profunda comprensión de mi Bienamada y de mi amigo. Retornamos a Bombay por un camino enteramente diferente del que habíamos ido. La mañana siguiente embarcamos en un pequeño barco para Egipto, parando en los puertos que deseásemos alcanzar a lo largo de la costa oeste de Arabia. Cuando el barco alcanzó el Mar Rojo, según comenzamos a navegar hacia el norte, sobre sus plácidas aguas, mi Amigo llegó a cargarse repentina y tan poderosamente, con la Fuerza Electrónica, que todos lo notamos.

"'Por alguna razón', -dijo-, 'he contactado el periodo en el cual Moisés conducía a los Hijos de Israel a través de este mar: porque las imágenes vivientes están apareciendo todas delante de Mí, aquí en los Registros Etéricos. Qué tiempo de maravillas fue ese, en medio de tan grande calamidad. Moisés verdaderamente hizo un contacto maravilloso con los Maestros Ascendidos, quienes le dieron asistencia, y manejaron Enorme Poder a través de él, para lograr esa misión.

"'Veo, por primera vez, al Gran Maestro Ascendido que dirigió a Moisés para aquél momento. La Majestad y Poder de ese Magno Ser puede apenas comprenderse con la mente humana; tan maravillosamente trasciende la experiencia ordinaria de la humanidad.

"'Cuán poco conoce, comprende, o da crédito, el mundo moderno a estas maravillas, realizadas actualmente por tal Maravillosos Sirvientes de Dios, para la iluminación y elevación de la humanidad. Estos llamados milagros son, después de todo, solamente la Actividad de una Ley, que la humanidad no ha intentado todavía estudiar o comprender.

"'Cuando uno habla en términos de Verdad Universal, no hay tal cosa en la Creación Infinita como un 'milagro' porque lo que el mundo llama milagros son solamente el funcionamiento de la Ley Divina, la cual, a causa de Su Misma Naturaleza de Perfección, pone a un lado todas las leyes humanas establecidas de limitación. Los Maestros Ascendidos han trabajado en el pasado para traer la Comprensión Plena del funcionamiento de la 'Ley Divina', a las mentes de los hijos de la Tierra; y por la cual todavía laboran sin cesar, con los habitantes de este planeta".

'Hoy día, se están haciendo todavía cosas más maravillosas que en esos tiempos lejanos, totalmente desconocidas para el mundo externo. Por lo que concierne con Este Vasto y Profundo Conocimiento y Poder, la mayoría de la humanidad tan sólo son unos bebés. No obstante, se aproxima rápidamente la hora en que la humanidad debe despertar a la Omniabarcante Presencia Interna de Dios, actuando a través del individuo'.

"Al fin el barco paró en nuestro puerto de la costa de la Provincia de Hejaz, una especie de península que sobresalía por el borde noreste del Mar Rojo. Desembarcamos en este extraño lugar, y de nuevo, nos fue dada la señal secreta por un esbelto árabe vestido de blanco inmaculado; quien permanecía al lado de un poderoso auto, abriendo la puerta para que entrásemos nosotros.

"Sin decir palabra, fuimos conducidos a una velocidad inusual sobre una autopista arenosa. Había agradables refrescos ya previstos dentro del auto.

Cayendo la tarde entramos en un pequeño pueblo de montaña, y llegamos a una casa de planta baja, de color blanco-nieve. Nuestro silencioso guía árabe abrió la puerta, y nos hizo señal de entrar. Él tocó sobre una puerta interior, que se abrió inmediatamente por un caballero mayor, de cabello blanco, con piel marrón y unos ojos muy amables.

"'Hermana y Hermanos', -fue su saludo-, 'los esperaba. Refrésquense, y se les servirá alimento tan pronto como estén listos. Al caer la noche un Hermano llamará y serán llevados a su destino. Confío que la Fraternidad no fallará en Su Asistencia a nuestro país'.

"Yo estuve a punto de hablar cuando Mi Bienamada sujetó mi brazo fuertemente. Comprendí su señal, y me mantuve silencioso.

"'La Luz de Dios nunca falla', contestó mi Amigo a nuestro anfitrión, con una Voz que hizo temblar al mismo aire; tan grande era el Poder y Verdad con que fueron cargadas Sus Palabras, y tan rotundamente emitió Él ese 'Todopoderoso Decreto'. El efecto fue mágico. El hombre mayor cayó sobre sus rodillas, e inclinó su cabeza hasta el suelo delante de mi Amigo. A las nueve en punto, un hombre joven bien parecido, vistiendo la nativa ropa blanca árabe, sobre la que llevaba echada una larga Capa color Índigo, apareció en la puerta.

"'Amigos de Occidente', -dijo-, 'vengan, el camino está abierto'. "Nosotros le seguimos de inmediato, sin decir palabra. Caminamos una corta distancia y encontramos camellos esperándonos. Montamos silenciosamente, y partimos a gran velocidad hacia una alta montaña. Más tarde supe que éstos eran los famosos camellos de carreras, y el que montaba Mi Bienamada era blanco como la nieve.

Corrimos en silencio por cerca de unas dos horas, y entonces llegamos a una cabaña hecha de grandes piedras, muy pegada a la montaña. Cuando desmontamos, salió un hombre de la oscuridad para encargarse de los camellos. Nuestro Guía entró en la cabaña, y nos hizo señas de seguirle.

"Alcanzamos el lado opuesto de la habitación y Él elevó Sus manos y las colocó contra la pared. Las manos, de inmediato, llegaron a ser Luz Deslumbrante, tan grande era el Poder que Él manejaba. Eran tan deslumbrantes como el filamento de una luz eléctrica, sólo que mucho más brillante. Presionó una cierta sección de la pared, y ésta giró sobre un eje, dejando al descubierto una entrada a un túnel de intensa Luz Blanca.

"Nos adentramos en él, y la entrada se cerró detrás de nosotros. Le seguimos durante varios centenares de pies (30 cm. cada pie), y llegamos hasta una puerta de metal. Nuestro Guía colocó Sus manos sobre cierto símbolo y la puerta, que pesaba muchas toneladas, y tenía unos 20 cm. de grosor, se abrió lentamente, permitiéndonos entrar en una larga y estrecha sala, cuyas paredes, techo, y piso, estaban hechas de acero inoxidable.

"En unos pocos instantes, se abrió una puerta en una pared, donde un instante antes no se podía ver nada, y entró un hombre haciendo señas de que le siguiéramos. Con nuestro Guía todavía conduciéndonos, caminamos alguna distancia, y finalmente llegamos a otra pared sólida. Se abrió al aproximarnos, y nos dio paso a una cámara maravillosa, como de unos 30x12 m.; amueblada de una manera muy extraordinaria, aunque artística, exquisita, y bella como un sueño.

"En el centro del piso había un gran círculo, incluyendo un maravilloso zodíaco, y alrededor de éste se habían colocado grandes y suaves cojines para veintiocho personas. Nuestro Guía se dirigió a una habitación en uno de los lados de la gran cámara, pidiéndonos que le siguiéramos. Dentro, había un baño chispeante, al lado del cual yacían Túnicas y Sandalias previstas para nuestro uso. 'Cuando estén listos envíenme su pensamiento', -dijo nuestro Guía-, y nos dejó. Finalizamos nuestra preparación y le enviamos el mensaje mental, como había requerido, e inmediatamente apareció un sirviente con deliciosos refrescos. Acabado nuestro refrigerio, reentramos al gran hall de consejos, donde ya se habían reunido veinticuatro de nuestros Hermanos y Hermanas. Nuestro Guía nos presentó a los miembros y todos tomaron sus lugares alrededor del círculo.

"Para mi sorpresa, descubrí que el Hermano que había actuado como nuestro Guía, no era otro sino el Jefe del Consejo de Arabia, un Gran Maestro Ascendido de quien había oído hablar muchas veces. Él se levantó, pronunció la invocación, y se dirigió a la asamblea:

"'A causa de una agitación inusual' -explicó-, 'en los círculos políticos de Arabia, en el momento presente, ha sido imperativo mantener un gran secreto para traer miembros externos a estos Consejos. Esa es la causa por la que ha habido una constante vigilancia de nuestra parte, mientras nuestros miembros visitantes han estado de camino'.

"Fueron planteadas para su consideración asuntos de grave importancia, especialmente el más cercano al Corazón de estas gentes. El Jefe dirigió su atención a mi amigo.

"'Este Hermano', —dijo-, 'tiene una solución para el problema concerniente con nuestra bienamada tierra de Arabia', y le pidió que la presentara.

"Mi amigo describió su plan brevemente, y cuando hubo finalizado todo el mundo en la sala, excepto nuestro Jefe, quedó sorprendido con su osadía e ingenuidad. El Jefe sonrió confiadamente y continuó:

"'El plan es factible, notable como es. Será llevado a cabo rápidamente y con éxito. La entera Gran Fraternidad Blanca de la Tierra vigilará el encuentro que va a tener lugar; y ustedes pueden estar seguros de que este plan será puesto en funcionamiento de inmediato.

"'La Hermana y Hermanos que han venido bajo guardia especial, deberán descansar aquí esta noche y mañana. Al tercer día, Yo iré con ellos al consulado Británico, donde tendrán lugar nuestras negociaciones'. Una oleada de gozo recorrió la entera asamblea, cuando finalizó esta descripción del trabajo. Se trataron otros asuntos concernientes a diversas actividades; y el encuentro finalizó, desapareciendo los miembros uno por uno. El jefe entonces se levantó y vino hasta donde estábamos sentados nosotros. "'Bienamados Hermanos', -dijo Él-, 'no Me di a conocer a ustedes inicialmente por razones que pronto conocerán. Les doy la bienvenida con Gran Gozo a este Retiro de la Gran Fraternidad Blanca. Todo está a su servicio. Hermano de Occidente, retírese a descansar, y duerma hasta que sea avisado'.

"Yo desperté doce horas más tarde a una señal recibida, sintiéndome como una persona nueva, tan cargado estaba con la Luz.

"'Pienso que estarán interesados en este Retiro'. -Dijo nuestro Anfitrión-, y de conocer algo de su historia, y el papel que juega como un Centro de Poder sobre esta Tierra. Es uno de los más antiguos Focos Espirituales de Poder sobre este planeta. Solamente han visto un fragmento de él, hasta ahora. De aquí a un año, será reunido aquí un Gran Consejo de la Fraternidad Blanca. En ese tiempo se le mostrará a cada miembro esta vasta y desconocida ciudadela'. Él pasó largo tiempo mostrándonos su formidable acumulación de Registros, que se habían preservado para iluminación de la humanidad. Fue verdaderamente un privilegio el que nos enseñaran estos Formidables Tesoros hora tras hora.

"'Partirán de aquí a las dos en punto', -explicó Él-, 'vayan ahora, y pónganse sus ropas del mundo externo, porque por entonces será hora de ir a la entrada donde están esperando los camellos'. Obedecimos, y cuando retornamos encontramos al Jefe vestido con un hermoso traje azul, y una larga capa azul Índigo sobre él. Excepto por la maravillosa textura de Su piel y la brillante, penetrante, amable Luz de Sus ojos, uno podría pensar que era un hombre que pertenecía al mundo externo de los negocios.

"'¿Por qué no parecerme a ustedes? -Señaló Él, según percibió mi pensamiento-. 'Soy un individuo como ustedes, sólo que con un poco más de Experiencia y Sabiduría, que llevo aplicadas desde hace más tiempo. Eso es todo. La Sabiduría no es de beneficio para nadie a no ser que se use; y a través de ese uso el individuo manifieste Perfección, de modo que pueda vivir por encima de toda limitación'.

"Por entonces habíamos llegado a la entrada, donde esperaban los camellos. Cuando estuvimos todos montados, corrimos velozmente a través de la noche, con el camello blanco siempre a la cabeza. Esta vez, corrimos incluso más que antes; porque llegamos a la cabaña, el punto de partida de esta parte particular de nuestro viaje, a las tres y media. El auto estaba esperando, y según entramos el conductor dijo algo al Maestro, que yo no oí". '¡No tema!', -replicó el Jefe-, 'extenderemos la Capa de Invisibilidad alrededor de nosotros y del auto, y pasaremos inadvertidos. Procedamos.

"'Han sido estacionados Espías', -nos explicó Él-, 'a lo largo de esta carretera para apresar el coche, e impedir que nadie nos pueda descubrir después. El Uso Correcto del conocimiento, que es Verdadera Sabiduría, siempre nos hace Libres, como pronto observarán'.

"No pasó mucho tiempo hasta que nos aproximamos al lugar donde los espías habían sido estacionados; y en un instante se elevó un denso Vapor Blanco alrededor de nosotros, como una niebla, envolviendo el coche completamente. Un zumbido peculiar similar al de un aeroplano se oyó sobre nuestra cabeza, y mientras los guardias intentaban descubrir la fuente del ruido, nosotros cruzamos silenciosamente como una flecha.

"Fue una experiencia maravillosa para mí, porque mientras nosotros los podíamos ver a ellos a través de la Capa de Invisibilidad, ellos no podían vernos a nosotros.

"'¿Cómo es que ellos no nos vieron ni oyeron?' -Pregunté yo-.

"'El sonido', -explicó Él-, 'no penetra la Capa de Invisibilidad, de otro modo no nos sería útil. Los Cuentos de las Mil y Una Noches, Hermano Mío, no tan solo son ciertos sino que cuando se entienden, son Revelaciones de la Ley Divina; en lugar de la tonta y literal interpretación que el mundo externo, en su petulante ignorancia, ha elegido atribuirles. No son folklore para niños, sino Insinuaciones Internas de logros que son perfectamente posibles, cuando el estudiante es sincero, digno, y suficientemente humilde para que se le confíe el Poder y la Verdad que revelan. El gran monstruo, la duda, y sus nefastos asociados, la ignorancia, el orgullo, el ridículo, el esceptismo, el miedo, y muchos otros parásitos inútiles, se han adherido de tal modo a la mentalidad y sentimientos de la humanidad, que han llegado a ser como hongos colgando de un árbol y pudriendo su tronco.

"'Si no fuese por estos vampiros, la humanidad vería y conocería, que dentro de la misma Luz que anima el cuerpo físico, existe una Inteligencia y Poder que puede llevar a cabo, y llevará, cualquier cosa que ordene la mente, cuando esta se mantenga en Armonía y toda orden y directriz sea constructiva". 'Amor, Sabiduría y Poder son los atributos primarios que usa la Vida para construir una Creación Permanente; y cuando la humanidad cese su creada discordia, toda la Vida a su alrededor y en la naturaleza, expresará Perfección permanente'.

"Condujimos a lo largo de la costa por una espléndida autopista, y finalmente entramos en la ciudad que era nuestro destino. Nos registramos en el mejor hotel, y a la mañana siguiente llamamos al Consulado Británico. Mi Amigo dijo que había sido enviado como representante del Gobierno de Arabia para presentarles una soluciín ante la crisis inminente.

"El cónsul Británico preguntó por Sus credenciales, y en lugar de presentarlas Él Mismo, el Jefe del Consejo de Arabia, se adelantó, y las presentó en su lugar. Se acordó una cita para el encuentro con los

159

representantes británicos a las once, y retornamos puntualmente a esa hora.

En la conferencia, mi Amigo se levantó en el momento que consideró mas oportuno para presentar la propuesta del Gobierno de Arabia.

"Estuvo calmado, magistral, y amable; todo el mundo comprendió que Él dirigía la reunión. Sus oponentes no estaban nada cómodos. Era demasiado agudo y honesto para su método usual de lucha diplomática; lo que hacía que de algún modo no fuesen capaces de presentar sus ideas de un modo favorable frente a Su franco escrutinio y abierta amabilidad.

"Estuvieron ensayando por algún tiempo varias clases de estrategia, cuando, repentinamente, fui consciente de que la entera conferencia se mantenía dentro de un Gran Círculo de Luz Blanca; tan brillante que me parecía a mí que todo el mundo debía estarla viendo. Entonces comprendí el Gigantesco Foco de Poder que la Gran Fraternidad Blanca había dirigido sobre esa sala.

"Después de poco menos de una hora, se aceptó la solución de mi Amigo, se actualizaron los documentos, y se firmaron por ambas partes, y el encuentro finalizó en Paz y felizmente. Las noticias se esparcieron rápidamente a través de Arabia, y hubo un gran regocijo. Cuando retornamos al hotel, Mi Bienamada salió a saludarnos:

"'Noble Hermano', -te felicito-. Dijo Ella, 'por tu dignidad y espléndido logro'. El día siguiente el Jefe del Consejo de Arabia, nos dijo adiós a Mi Bienamada y a mí, y embarcamos en un vapor de retorno a Francia. Esa noche, navegamos por el Mediterráneo bajo la luna llena. Para mí fue la Noche Más Pacífica que experimenté jamás.

"Desembarcamos en Marsella, partimos inmediatamente por tren para París, y pasamos la noche con el maravilloso Maestro que era Jefe del Consejo de la Gran Fraternidad Blanca en Francia. A la mañana siguiente nos condujo a Cherburgo. Aquí di el adiós a Mi Bienamada, a quien no volví a ver hasta unos años después. Embarcamos en un trasatlántico para Nueva York y ese viaje permanecerá como uno de los más notables de mi Vida entera; porque mi Maravilloso Amigo me enseñó cómo usar la Antigua Sabiduría. Con Su Instrucción, los resultados que obtuve, en el uso del Gran Mandato, fueron simplemente sorprendentes.

"Arribamos en Nueva York y nos apresuramos de nuevo para ir a Washington, donde mi Amigo presentó los resultados del asunto de Arabia al Presidente y su gabinete. Las noticias ya habían precedido a Su llegada. Eso finalizó mi primer contacto personal y observación de la Actividad Estupenda y Maravillosa de la Gran Fraternidad Blanca".

Cuando Gaylord acabó de relatar sus experiencias, vimos que la luz del día rompía sobre el horizonte del este.

"Vayamos a su compartimento", -dijo él, refiriéndose a mí-, "porque uno de los Maestros Ascendidos tiene mucho que hacer en el trabajo que se ha de cumplir a continuación. La dama y caballero que son esbirros de la fuerza siniestra, tienen en su posesión ciertos documentos y grabaciones que han robado.

Estos papeles contienen información que necesitamos, y que intentan usar contra gente inocente con propósitos de chantaje. Debemos recuperar esa información, con objeto de proteger a quienes quieren hacer daño; y a quienes quieren controlar a través del poder del miedo". Entonces retornamos a mi compartimento. Yo me pregunté qué intentaría hacer a continuación el Sr. Gaylord. Esperamos unos momentos, y pronto oímos al hombre y a la mujer marchar al vagón-comedor. "Ahora observen cuidadosamente", -dijo Gaylord-, "y no se muevan o hablen mientras yo estoy actuando".

Nos sentamos, y él enfocó su atención sobre la puerta que conectaba con el compartimento vecino. En un momento dirigió un rayo de "Fuerza Electrónica" sobre ella. Incrementó de forma continua su Poder y fuimos capaces de mirar dentro del compartimento. Un bolso de viaje yacía sobre uno de los asientos. Gaylord mantuvo tenazmente la Fuerza, hasta que vio lo que contenía. La expresión en su cara indicó que había encontrado la información que andaba buscando, y en un instante, liberó el Poder y dijo:

"En tres días estarán listos para que las autoridades apropiadas les den la bienvenida a un largo descanso de actividades futuras de esta clase. Con esos papeles en su posesión no tienen posible escapatoria.

Saint Germain había indicado el hotel en Washington donde deberíamos estar, y cuando llegamos nos dio la bienvenida en persona. Su apariencia estaba cambiada, de modo que no atrajo atención indebida.

"Mi Bienamado Hermano", -dijo según avanzaba hacia Gaylord-, "le felicito sinceramente, y doy alabanzas y gracias por su espléndido éxito; porque ha roto la columna vertebral de una muy destructiva actividad, al menos por tanto tiempo como concierne a este grupo". Volviéndose hacia Rayborn y a mí, nos saludó con esa Amable, Graciosa Manera que es una distinguida Característica de todos los Maestros Ascendidos, y particularmente del Bienamado Saint Germain.

El tercer día después de nuestra llegada, Rayborn, Gaylord, y yo, acompañados por Saint Germain y ciertos miembros del Servicio Secreto, salimos para apresar a un importante grupo de aquellos que eran canales voluntarios para la fuerza siniestra. Estaban presentes los siete principales líderes de América. Llegamos al lugar y permanecimos durante un momento fuera de sus habitaciones. Podíamos oír una discusión excitada en voz baja, al aproximarnos a la puerta. Repentinamente, ésta se abrió violentamente, y fuimos hacia ellos, cargando Saint Germain la atmósfera con una Fuerza Eléctrica que los inmovilizó. Sus pistolas cayeron al suelo y sus brazos colgaban inmóviles.

Saint Germain elevó Su Mano derecha, hizo la señal de Protección y Poder Cósmicos, y en una voz que penetró cada átomo, incluso del edificio mismo, emitió el Eterno Fiat de la Verdad, delante del cual todas las fuerzas destructivas bajan la cabeza, y quedan por siempre silenciosas:

"Díganle a aquellos que han estado asociados con ustedes que '¡LA LUZ DE DIOS NUNCA FALLA!'"

A medida que Su Voz emitía este Decreto dentro de sus conciencias, ellos se volvieron cenicientos por el miedo de su propia creación, y sus cuerpos temblaban como hojas al viento. Los miembros del Servicio

Secreto se adelantaron y los tomaron presos, donde permanecerán hasta que sirvan a LA LUZ.

CAPÍTULO 7
EL MENSAJE MISTERIOSO

PERMANECERÉ con ustedes dos semanas más", -dijo Saint Germain, tan pronto como hubimos retornado a nuestro hotel-. "Con su permiso dedicaré una parte de cada día a Instrucción Individual, que según puedo ver con la Ilimitada Vista Interna, van a necesitar.

"Nuestra interferencia con los planes de la fuerza siniestra y el apresamiento de sus esbirros, que tuvo lugar recientemente en Washington, atrajo la atención de ciertas fuerzas sobre ustedes, especialmente hacia Gaylord y este Hermano", -dijo indicándome-. "Ustedes dos tienen ciertas facultades desarrolladas en vidas previas, que pueden usarse en muy notables modos. A causa de esto la fuerza siniestra intentará golpearlos.

"No obstante ustedes estarán protegidos en todo sentido, y mantenidos perfectamente a salvo, en tanto que se mantengan calmados y libres de ira, odio, o miedo. Esta es la razón por la cual deseo darles Definitivo Entrenamiento a lo largo de la línea de Auto-Protección.

"La cosa más importante e imperativa que deben recordar siempre es aceptar completamente, y comprender, que la 'Poderosa Presencia YO SOY', es la 'Presencia Mágica', y que Ella está enfocada en, a través, y alrededor de ustedes en todo momento. Ustedes vieron a su Glorioso Ser de Deslumbrante Luz, la misma Vida de Su Propio Ser, mientras se hallaban en el rancho, así que no hay excusa para no aceptarla completamente.

"La actividad externa de la mente es un caballo desbocado. Esto debe ser traído bajo control, haciéndola perfectamente obediente a la 'Poderosa Presencia YO SOY', en todo sentido. Para aquellos que no han sido privilegiados de ver al Ser Divino, puede haber alguna excusa, aunque Éste habla constantemente a través del Corazón, de cada ser humano que nace en este mundo; pero, después que un individuo ha visto una vez su 'Ser Perfecto' la Deslumbrante Llama Divina, no hay razón para ignorar esa 'Presencia' después.

"Cuando Su Forma y Luz han sido grabadas una vez en la actividad exterior de la mente a través de la vista, el individuo puede en cualquier instante recordar esa Imagen conscientemente y a voluntad, y liberar de nuevo ese Poder en todos los problemas terrenales.

"El estudiante sincero puede atraer el Pleno Poder de la 'Poderosa Presencia YO SOY' a cualquier condición, y de ese modo puede cargar todas las cosas con Perfección. De este modo, él puede vivir una vez más en la Casa del Padre, en la Gloriosa Libertad que fue originalmente diseñada para él. Esta es la Única Predestinación que existe.

"La visión de quien ha visto una vez a su 'Poderosa Presencia YO SOY' es la facultad más poderosa que se posee para traer la Actividad Invisible a la forma física visible. Los arquitectos del mundo de los negocios hacen eso constantemente. Ellos reciben una idea, que es una actividad invisible; después diseñan o dibujan una imagen de ella; y tan sólo pasa un corto lapso de tiempo antes de que la sustancia se reúna, dando forma visible y tangible a la idea invisible.

"La habilidad del individuo para usar esta Ley es absolutamente Ilimitada, pero tan sólo comienza a tener Libertad, y a poner su mundo en orden, cuando se pone conscientemente a trabajar para controlar su facultad de la vista; y se cierra a las imágenes de las condiciones negativas.

"Los pensamientos y sentimientos de la persona media no son nada, excepto una masa de imágenes caóticas, y de sugestiones negativas; que la persona acepta del mundo que le rodea, y que mantiene, repitiendo y sintiendo, por medio de su propia energía, a través de su atención. El Orden es la Primera Ley de los Cielos; Armonía y Paz el Poder Cohesivo del Universo.

"La Sustancia Ilimitada y el Poder Invencible están por siempre alrededor de ustedes. Deben saber cómo elevar o disminuir la acción vibratoria atómica por el Poder del 'YO SOY', para producir cualquier cosa que puedan necesitar. No hay nadie que pueda decir qué es lo que debe llegar a sus mundos, excepto ustedes mismos.

"La Sustancia Ilimitada Omnipresente siempre les está rodeando, esperando que ustedes la pongan a funcionar. Ustedes, los individuos, son el canal a través del cual la 'Poderosa Presencia YO SOY' desea expandir Su Perfección. Ella derrama incesantemente la 'Luz Ilimitada', o Energía de la Vida; aunque ustedes son los gobernadores de su uso, y los directores de su destino, y del resultado que les puede proporcionar. "Puede producir y lo hará, todo lo que deseen instantáneamente, si tan sólo mantienen su personalidad armoniosa; de modo que los pensamientos, sentimientos, y palabras de discordia no interrumpan Su permanente flujo de Perfección. La Vida es Perfección, y Ella contiene toda manifestación perfecta dentro de sí misma. La única obligación de la personalidad es ser un 'Cáliz' que aporta y revela la Perfección de la Vida. Hasta que uno consigue la obediencia de los sentidos externos, y mantiene un Sentimiento de Paz dentro de sí mismo, él mancha la Pureza y Perfección de la Vida, que lo está recorriendo.

"Es obligación de ustedes conocer que la Sabiduría de la 'Poderosa Presencia YO SOY' dirige siempre el uso de Su Poder de la Vida. Tan solo ella o un Maestro Ascendido, conocen lo que es perfecto para ustedes. Él, siendo UNO con la Omnisapiente Mente de Dios, es UNO con su 'Presencia YO SOY', sin importar si Ella actúa a través de ustedes o de Él mismo. Por esto, solamente su propia 'Presencia YO SOY' o un Maestro Ascendido conoce lo que es Correcto para ustedes en todo momento. Solamente estas Dos Fuentes, que son realmente una, pueden ver la trayectoria de su Corriente de Vida, y saber qué fuerzas actúan sobre sus problemas y la causa de sus experiencias, pasadas, presentes, y futuras.

"La falta de discernimiento para distinguir la Verdad de lo falso es la cosa que hace fracasar a la humanidad en el mundo externo. Aquél que se determina a obtener Perfección, debe entrenar la actividad externa de su mente para escuchar solamente la voz de su 'Poderosa Presencia YO

SOY'. Debe aceptar solamente Su Sabiduría y obedecer solamente Su Dirección. Debe oír la Luz, ver la Luz, sentir la Luz y Ser la Luz de la 'Infinita Presencia YO SOY'.

"Aunque hay diferentes Individualizaciones, o Llamas de Dios, gobernando cada cuerpo humano, estas Individualizaciones, no obstante, son, tienen, y usan la Única Mente Universal, Sustancia, Sabiduría y Poder. Así es como existe tan sólo Una Mente, Un Dios, Una Sustancia, y Un Poder, siempre a la espera de que lo pongan a funcionar, dirigidos por la 'Poderosa Presencia YO SOY', a través de la mente consciente o actividad externa del individuo.

"Si el sentimiento y pensamiento de la personalidad se mantiene Armonioso, entonces la 'Poderosa Presencia YO SOY' expande Su Perfección a través de la actividad externa del individuo. Si éstos son discordantes, la personalidad llega a ser como una máquina de vapor sin maquinista, y se estrella ella misma. Esta última condición es la que expresa en la actualidad la mayoría de la humanidad. Todo el mundo está usando constantemente esta Maravillosa e Ilimitada Energía, la Fuerza Suprema del Universo.

"La responsabilidad de su uso descansa enteramente sobre el individuo porque él es un Creador. Si esta Enorme Energía se usa con la Consciente Comprensión del Amor, Sabiduría y Poder de la 'Poderosa Presencia YO SOY', el individuo sólo puede expresar Libertad, Perfección y Maestría.

"Todos nosotros sabemos que hay miles de seres que desean esta Instrucción. Eso es verdad, pero ningún individuo en el Cielo o la Tierra pueden dejar de lograrlo, si el deseo por la Luz es suficientemente sincero, determinado, y fuerte para mantener la atención del intelecto sobre esa Luz. Esta debe ser la Idea Suprema de la Vida sobre la cual enfocar toda la energía de uno. Para aquél que tenga esta gran determinación, se abrirán caminos nunca soñados, hasta lograr el cumplimiento de ese deseo.

"Si los seres humanos buscan la Luz con un ojo y el placer de los sentidos con el otro, no recibirán demasiada Luz. Los Grandes Maestros Ascendidos han llegado a ser Perfectos y Todopoderosos, residiendo o pensando sobre la Perfección, y obedeciendo la Única Ley de la Vida, "Amor". Ellos son "Eso" sobre lo cual Ellos han meditado. Hoy la humanidad es "Eso" sobre lo que ha meditado, o enfocado su atención en el pasado. Los seres humanos no llegarían siquiera a los doce años de edad si no fuera por la Ayuda Continua de estos Grandes y Luminosos Seres de tan Trascendentes Logros y Amor. Ellos dan el mismo Maravilloso Cuidado a los habitantes de la Tierra que los amantes, y generosos padres dan a sus hijos; y ayudan a todos los individuos que tienen un sincero deseo de vivir constructivamente. A tales personas, se les abre siempre una oportunidad, para que puedan sintonizar y contactar con la 'Poderosa Presencia YO SOY' dentro de ellos mismos; y para que puedan anclar la Perfección, de modo que puedan llegar al Estado Ascendido también, si son suficientemente determinados.

"Los Maestros Ascendidos siempre trabajan en perfecta cooperación con la Ley Cósmica del Amor. Los estudiantes preguntan a menudo, ¿por qué, si estos Maestros son Omnisapientes y Omnipotentes, no corrigen la discordia sobre la Tierra y hacen que cesen los sufrimientos de la humanidad? Ellos ayudan al individuo que desea servir a la Luz, a armonizar su pensamiento y sentimiento, y a traer el cuerpo en obediencia a la 'Poderosa Presencia YO SOY'. Pero el plan de vida del individuo es algo con lo que no pueden entrometerse.

"Cada individuo llega a conocer profundamente una cosa cuando gasta sus propias energías en ella, y la siente o sufre en sí mismo. Un Maestro Ascendido nunca se entromete en la Prerrogativa Sagrada y Eterna del Libre Albedrío del individuo. Dondequiera que una fuerza destructiva de alguna clase, se potencia, o acumula presión, tanto que la genere un individuo, un grupo de individuos, una nación, o la Naturaleza, la Gran Ley Cósmica permite su liberación o gasto de esa fuerza; con objeto de aniquilar el foco, equilibrar la presión; y liberar la energía mal cualificada, devolviéndola al Depósito Universal, donde se purifica mediante la Gran Llama de la Vida, y puede ser usada de nuevo.

"Si es obediente, la personalidad puede liberar la Llama Consumidora del Amor Divino, mediante el Mandato Consciente de la 'Presencia YO SOY', y voluntariamente purificar su propia mala creación. De este modo, el individuo evita la necesidad del equilibrio y purificación forzadas, mediante la acción de la Ley Cósmica.

"La voluntad de corregir una equivocación, corregir un error, equilibrar y purificar una creación equivocada, abrirá siempre la puerta para que un Maestro Ascendido pueda dar Asistencia, y traer permanente logro. Esta voluntariedad puede surgir en un grupo, una nación, o la entera humanidad, justo lo mismo que en el individuo; porque lo Infinito actúa solamente y controla el Universo a través de Su propia individualización, -a través del Ser que dice 'YO SOY'-. La Creación nunca habría podido ocurrir si el Infinito no hubiese reconocido su Propio Ser a través del 'YO SOY individual'.

"Cuando el individuo determina expresar la Perfección de la Vida, debe ser suficientemente leal a su propia 'Presencia YO SOY' para respaldar su propio Decreto, en la cara de toda experiencia externa. Él puede entonces emitir el 'Gran Mandato' y la Vida le extiende la Plenitud de toda cosa buena; en tanto que la 'Poderosa Presencia YO SOY' sea reconocida, como el Propietario, y el Dador de todo lo que es bueno.

"Si uno rehúsa aceptar su 'Presencia YO SOY', rehúsa todo Bien, y la Fuente que lo da todo. Puesto que la 'Vida es la Gran Llama Divina' de la cual procede todo; él, mediante su actitud de pensamiento y sentimiento, rehúsa la Vida. De aquí que, la desintegración es la experiencia auto-elegida, por la cual el individuo permite a la actividad externa de la mente imponerse sobre su propia Corriente de Vida.

"Si se permite que permanezcan en la conciencia de cualquier ser humano pensamientos de ira, odio, egoísmo, crítica, condenación, y duda de la 'Presencia YO SOY', se cierra la Puerta a la Perfección; y su existencia llega a ser tan sólo un proceso de dormir y comer; hasta que la energía atraída por el ser externo se consume, y el cuerpo muere.

"Entonces el individuo hace otro esfuerzo para expresar la Plenitud de la Perfección a través de otro cuerpo nuevo, y continúa este esfuerzo, durante eones, si es necesario, hasta que la Perfección sea expresada plenamente. Para evitar esta continua reencarnación en la limitación, es imperativo para el individuo tener Conocimiento Consciente del

Propósito de la Vida; porque el Conocimiento de cómo liberar Amor, Sabiduría, y Poder, le capacita para cumplir ese propósito.

"Yo puedo ayudarles a obtener esto, porque mediante el uso de la Llama Consumidora del Amor Divino, para purificar y bendecir a la humanidad, pueden siempre liberarse a sí mismos.

"Estoy encantado con el progreso de Bob. Hacía mucho tiempo que no había encontrado a nadie con tal determinación, y cuyo deseo de logros sea tan intenso. Su avance es verdaderamente maravilloso.

"Tengo entradas para la ópera de 'Parsifal' esta noche". - Continuó Él, cambiando de tema repentinamente-. "¿Querrán ser Mis Invitados?". Esa noche en Su Maravillosa Presencia "Parsifal" fue algo más que una ópera. Era la batalla del individuo a través de la encarnación humana. La Instrucción o enseñanza que nos proporcionó a nosotros, como el drama del Alma y la Victoria de la "Presencia YO SOY" que se desarrolló en música y alegoría, fue una de las experiencias más maravillosas que he tenido jamás. Cuando la representación comenzó, Él diji:

"Observen lo que se puede lograr por aquellos que son sinceros y leales a los ideales más elevados a través de su arte". Los dos que protagonizaban la parte de Parsifal y Kundry fueron los seres afortunados elegidos para Esta Notable Bendición. Ellos habían estado cantando un corto tiempo cuando Saint Germain activó una Gran Corriente de Poder Espiritual, e instantáneamente se pudo detectar un cambio en sus voces. Ellas se volvieron más notables en calidad, el timbre se incrementó tan poderosamente que los cantores mismos estaban visiblemente encantados y sorprendidos. Se podía sentir la Carga de Luz Electrónica penetrándolo todo. La audiencia también sintió el cambio, se estremeció de placer y entusiasmo, y los aclamó una y otra vez para mostrar su aprecio.

"¿Cuál será el resultado", -pregunté yo en la primera oportunidad-, "cuando ellos encuentren que sus voces no son las mismas la próxima vez que deseen cantar? "Este Poder y Perfección agregados serán permanentes", - replicó Saint Germain-. "Un crecimiento anterior permite que se haga esto por ellos en el momento presente. Si no hubiesen hecho esfuerzos previos, el cambio solo se produciría para esta ocasión. La Bienamada Hermana y Hermano pensarán que la Divina Providencia vino en su auxilio, lo que es literalmente cierto, solamente que en este caso parece ser que Soy Yo el Director de la Providencia".

A medida que se representaba escena tras escena esa noche, Saint Germain nos mostraba el verdadero significado de lo que estaba siendo representado, en una manera que nunca olvidaremos. En el momento en que se llegó al final, se había elevado la representación a una Formidable Altura Espiritual, y la Exaltación fue tan grande que duró por horas. Retornamos a nuestro hotel llenos de indecible gozo y gratitud.

Las dos semanas siguientes pasaron rápidamente, mientras continuaba nuestra Instrucción. Entonces, una mañana, nuestro Bienamado Maestro anunció que nos dejaría por un tiempo; y que retendría Su suite para uso de Nada, Perla, Rex, y Bob en las fiestas. Dándonos un amable adiós, desapareció.

La mañana siguiente, Gaylord vino a mi encuentro con una carta que había encontrado en la mesa de su habitación, requiriéndole que fuese a una cierta dirección en Nueva York de inmediato. Parecía preocuparle el asunto, y sentía una incertidumbre, algo que no parecía ser como debería.

"No sé cómo llegó esta carta a mi mesa, sin venir por correo ordinario", -explicó él-. "He preguntado y nadie sabe cómo fue colocada allí". Según continuó sopesando el tema, se incrementó en mi interior un sentido de intranquilidad. Lo dije francamente, pero su sola reflexión era: "Debo ir, y descubrir su significado. Tomaré el próximo tren". Quise acompañarle, pero explicó que no era necesario, de modo que determiné seguirle por mi propia Dirección Interior. Tan pronto como se había ido, Rayborn y yo hablamos del tema y decidí seguir a Gaylord.

"Saldré de inmediato por avión" –dije-. "Él estará en un gran peligro, lo siento con certeza, y no sé por qué no lo ha sentido él mismo. En cualquier caso vigilaré los eventos y le puedo llamar a usted por teléfono". Afortunadamente yo había anotado la dirección que había en la carta de Gaylord, y me apresuré en ir al aereopuerto, llegando a Nueva York bastante antes de que llegara él. Fui a la dirección anotada, y observé el lugar concienzudamente, aunque no vi signos de nada inusual. Finalmente vi a Gaylord salir de un taxi, y entrar en el edificio. El lugar era un hotel de apartamentos de clase superior, y cuando él preguntó por el número, oí decir al recepcionista: "Están en el décimo piso".

Yo le seguí manteniéndome fuera de su vista. La puerta del apartamento se abrió, y una hermosa mujer le franqueó la entrada. Esperé un largo tiempo, pero no salió. Al fin, cuando estaba a punto de aproximarme a la puerta, ésta se abrió, y dos hombres altos, bien parecidos, y la hermosa mujer, con Gaylord en el medio, salieron del apartamento. Ellos bajaron al vestíbulo, lo atravesaron rápidamente, y entraron en un auto que les esperaba. Vi que Gaylord estaba muy pálido, pero reposado y tranquilo.

Se alejaron rápidamente. Salté a un taxi, y lo seguí, dando orden al conductor de no perderlos de vista. Su coche arribó al muelle desde el cual iba a zarpar un trasatlántico. Subieron a bordo de inmediato. Yo hice averiguaciones y supe que el barco partía a las diez para Cherburgo.

Tenía la certeza por entonces de que Gaylord estaba siendo forzado a acompañarlos, de modo que fui directamente a la oficina de embarque y después de considerable argumentación y propinas, conseguí finalmente un pasaje. Telegrafié a Rayborn, contándole mi embarque, y envié una carta de explicación. Me agencié una bolsa de viaje y partí a las nueve y media.

Pedí a la "Presencia Mágica YO SOY" que mi camarote estuviese próximo al de Gaylord. Desconociendo el nombre bajo el que viajaba esta gente, conseguí una lista de pasajeros, y pedí a la "Presencia YO SOY" que me mostrase en qué camarotes estaban. Mi atención se enfocó sobre cuatro nombres, y la Luz Interna corroboró mi sentimiento. Revisé la localización y descubrí que uno de los camarotes era contiguo al mío. Me ocupé de vigilar y escuchar, y fui recompensado la segunda mañana cerca de las cuatro, al oír voces, y entre ellas, a intervalos, a Gaylord, en un tono bajo, apenas audible. Apliqué mi oído a la pared, y usé todo el poder del "YO SOY", de modo que pudiera oírlo todo y prestarle ayuda si fuera necesario.

Había evidentemente algún argumento, y se le estaba aplicando una muy determinada presión en diversos modos; porque al fin, oí su voz elevándose a un tono que indicaba que le estaban dando un ultimátum que no funcionaba a favor de ellos. Finalmente habló de modo que cualquiera que pasara por el exterior del camarote pudiera oírle.

"No", -estaba diciendo él-, "no intercederé por sus cómplices, incluso aunque me maten".

"Veremos", -replicó una voz profunda de hombre-, "cuando te metamos en las manos de nuestros ayudantes de París".

En esas pocas palabras quedó al descubierto lo suficiente, para mostrar que estaban intentando liberar a los otros, que habían sido recientemente apresados en Washington. Yo envié un telegrama a Rayborn de que permaneciese silencioso, y esperara que yo obtuviese los detalles necesarios.

Después, en la quietud de mi camarote, envié un mensaje a Saint Germain y a la Fraternidad, de que alguno de ellos se encontrase conmigo, cuando desembarcásemos en Cherburgo. No fui consciente de ninguna respuesta, pero sentí una calma y paz después del esfuerzo, y descansé con el sentimiento de haber logrado el contacto. Eran por entonces las cinco de la mañana, y me eché para conseguir unas horas de descanso, porque supe que necesitaría toda mi dedicación y fortaleza posible.

Mientras dormía soñé, o así lo pensé en ese momento, que encontraba al Maestro de quien me había contado cosas maravillosas Gaylord; el mismo que había sido enviado por la Fraternidad para hacerse cargo de él en su primer viaje al Himalaya. Él me dijo claramente:

"Quede en Paz, hermano mío, Nos encontraremos cuando el barco atraque en Cherburgo. Todo está listo, y el control de esta situación está en manos de Aquellos que nunca fallan". Yo le ví tan claramente en la experiencia, que sentí la seguridad de que le conocería en cualquier lugar que le viera. La entera experiencia fue demasiado Real y tangible para mí como para ser un sueño; y supe que debí estar con Él en mi Cuerpo Mental Superior, mientras dormía el cuerpo externo. Desperté más tarde, maravillosamente descansado.

Todo ese día, mantuve estrecha vigilancia de sus camarotes, pero no conseguí nada. Me levanté a las cuatro la mañana siguiente, y a las cinco fui recompensado viendo salir a los dos hombres. Los ví claramente, de modo que estuve seguro de que los reconocería de nuevo en cualquier lugar. Ellos pasearon por la cubierta durante un rato, y retornaron. La mujer dejó el camarote, y tomó su turno de ejercicio al aire libre.

Yo esperaba que salieran todos a un mismo tiempo, pero eran astutos, y mantuvieron a Gaylord estrechamente custodiado. El cuarto día fue muy tormentoso, y no vi a ninguno. Esa noche, la pasé escuchando intensamente cada momento, esperando alguna clase de revelación. Finalmente a medianoche, ellos arguyeron con Gaylord de nuevo, pero él se mantuvo firme. Le dijeron a donde le llevarían y anoté la dirección cuidadosamente. Fue extraño que ellos no parecieran sospechar que alguien pudiera estar siguiéndolos, exceptuando que mantuvieron una estricta disciplina con ellos mismos, durante el entero viaje.

La quinta mañana salió la mujer a dar un paseo por cubierta durante un corto tiempo, y durante este intervalo oí a los hombres discutir con ella. Ella era evidentemente una americana. Y era socialmente prominente en París. Lo más próximo que puedo juzgar a partir de su conversación, es que ella estaba bajo su influencia; y a través de ella, ellos evitaban que se dirigieran sospechas contra ellos mismos. Comprendí que no habría oportunidad de acercarme a Gaylord sin dañar el entero asunto; de modo que confié en mi Sentimiento Interno, y puse mi confianza en la Fraternidad y en Saint Germain para guiarme en adelante.

Pensé que en el baile de máscaras de fin de viaje durante nuestra última noche a bordo, los podría atraer a asociarse con el resto de los pasajeros, pero nada les indujo a salir de su encierro. La última noche fue un brillante evento social.

A la mañana siguiente me levanté a las cuatro, pero nadie abandonó el camarote, hasta que llegamos a lo largo del muelle. Cuando atracó nuestro vapor, todos salieron juntos. Yo no permití que Gaylord me viera, y menos que nos traicionáramos; pero sentí que la ayuda estaba por llegar, y les seguí tan de cerca como pude. Ellos se alejaron apresuradamente del muelle, y mi Corazón comenzó a desfallecer, cuando una mano tocó mi hombro. Según levanté la mirada, el Maestro de mi sueño se hallaba delante de mí. "Venga rápidamente", -dijo Él-.

"Le explicaré según andamos". Seguimos a los otros rápidamente, y les mantuvimos a la vista hasta que subieron a un auto. En ese momento un coche se acercó a nuestro lado y el Maestro me hizo señas de que subiese. Salimos rápidamente, manteniendo al otro coche claramente a la vista.

"Soy el Amigo de Gaylord de quien él le habló", -continuó Él, mientras avanzábamos-. "Recibí su mensaje y también uno de él poco tiempo después". Él se presentó a Sí Mismo, y pidió que nunca revelara Su Nombre.

"Hijo mío, usted es un Verdadero Hermano de la Gran Fraternidad Blanca; y de esta experiencia llegará un gran bien que ahora no sueña ser posible". No había otros muchos coches en la carretera, de modo que fue tarea fácil mantenerlos a la vista, sin atraer la atención. Ellos conducían a velocidad normal, y pronto alcanzamos las afueras de París.

Unos momentos más tarde, llegó un gran coche a nuestra altura. El Maestro abrió nuestra puerta cuando los dos coches pararon, y un hombre pasó del otro coche al nuestro, mientras su coche giró en la esquina siguiente, y desapareció. Cuando éste se sentó, el Maestro explicó:

"Este es otro 'Hermano de la Luz' que permanecerá vigilante, cuando Gaylord alcance su destino".

Al fin, el coche que llevaba a Gaylord llegó a una amplia villa con bellos jardines alrededor, aunque el edificio estaba cayendo en ruinas. Cuando vimos que se detenían frente a ese lugar, nosotros paramos un poco más lejos. Ellos entraron en el edificio, y su coche marchó con prontitud. El "Hermano de la Luz" salió de nuestro coche para observar.

"Vigila cada movimiento", -le dijo el Maestro-, "Sabes dónde y cuándo encontrarme. Llevaré a este Hermano, donde pueda tener Paz y descansar. Después, hablando a nuestro conductor en un lenguaje que no comprendí, marchamos a una velocidad que no creí que estuviese permitida en ninguna ciudad.

"Estos dos hombres, que custodian a Gaylord", -explicó posteriormente el Maestro-, "deben esperar por cinco de sus cómplices, dos de los cuales vienen de camino desde Rusia. Este grupo telegrafió desde Nueva York de que llegarían hoy, y los de Rusia estarán aquí pasado mañana".

Nuestro coche llegó rápidamente a una bella villa, y cuando salimos de él, encontramos el aire lleno de la más deliciosa fragancia de rosas. Entramos en la casa, y fuimos saludados por una joven dama, la hermana del Maestro que me había traído. Según pensaba yo en lo joven que parecía, Él sonrió.

"Mi Hermana es mucho mayor de lo que parece". -Dijo-, "Mi Buen Hermano, Mi Hermana y Yo vivimos ambos muchísimo más de las tres veintenas y media de años permitidas normalmente. Nuestra Comprensión Nos ha capacitado para utilizar Ciertas leyes; dirigir y mantener ciertas corrientes de energía en el cuerpo; borrar los signos de la edad, y permanecer eternamente jóvenes y hermosos. Yo he retenido este cuerpo durante trescientos diez años y Mi Hermana durante trescientos. Como puede ver, Nosotros deberíamos haber pasado por el cambio llamado muerte, hace tiempo, pero ese cosechador nos tiene terror. Jamás podrá tocarnos.

"Nosotros hemos tenido el Beneficio del Acelerador Atómico, en la Cueva de los Símbolos en su bienamada América. ¿Se sorprende de que hayamos estado allí? Nosotros le vimos a usted y a sus amigos en ese maravilloso Retiro. El Gozo y Maravilloso Amor que derramaron sus Corazones fue una de las experiencias más bellas y alentadoras que Nosotros hemos tenido en muchos años. En el cercano futuro estaremos allí de nuevo, para completar la elevación de estos cuerpos a ese Estado Perfecto de los Maestros Ascendidos. Entonces, podremos ir y venir libremente, como lo hacen Ellos, y trabajar por encima de toda limitación.

"Naturalmente, debe comprenderse que después de haber tenido el Beneficio del Maravilloso Acelerador, es imperativo que el estudiante mantenga siempre un estado de Armonía Consciente, no importando cual sea la circunstancia que le rodee. Una vez que esta Asistencia le ha sido dada al ser externo, éste debe mantener Ese Poder fluyendo a través del cuerpo, desde la 'Poderosa Presencia YO SOY'. Para algunos estudiantes esto es como una batalla, aunque será corta, si uno tiene una real determinación de asirse a la Gran Luz. ¡Venga!, estamos olvidando el gozo de la hospitalidad. Le mostraré su habitación, y tan pronto como se haya aseado, cenaremos". Me mostró una habitación y baño exquisitos, y no pude por menos que notar cómo estos Grandes Seres, que son los Portadores de la Luz, siempre están rodeados de Belleza, Armonía, y Perfección, en cada parte de su actividad. Comenté esto una vez a Saint Germain, y Él replicó:

"Cuando se vive la Vida, como se debe, todo es Paz, Armonía, Belleza, Opulencia y Felicidad. Conquistar el deseo de sentir o expresar desarmonía, cierra la puerta a esa desarmonía. Por tanto, ella no puede actuar dentro del ser personal, ni en su entorno. Es un gozo saber que la humanidad tiene la Fortaleza para hacer Esto, y de este modo recibir las incontables Bendiciones de la Vida".

Tuvimos la cena, y el Maestro me apremió para que fuese a mi habitación a dormir, hasta que fuese llamado. Obedecí y fui despertado a las siete de la mañana por unas campanillas que sonaron a través de mi habitación. Ellas estremecieron mi cuerpo, como si una carga de Energía Electrónica hubiese llegado a través del sonido. Me vestí rápidamente, y me reuní con el Maestro y Su Hermana en el recibidor. Me sentí tan bien que parecía como si no existiese tal cosa como el cansancio. Habían ocurrido muchas cosas durante mi descanso. Se había recibido recado de que los esbirros de la fuerza siniestra estaban a punto de llegar, para unirse a sus camaradas el día siguiente.

"Todo debe estar a punto para actuar rápidamente", - explicó el Maestro-. "Los 'Hermanos de la Luz' que son miembros del Servicio Secreto Francés han sido instruidos para estar totalmente preparados; y no debe haber publicidad acerca de la captura de este grupo".

Pueden imaginar mi gozo cuando dos días más tarde, según entré en el recibidor, Saint Germain me saludó serena y graciosamente como era usual. Un momento más tarde, cuando el Maestro y Su Hermana entraron, brilló a través del recinto una Luz Deslumbrante.

"Venga", -dijo Saint Germain-, "todo está a punto. Salgamos. Cuando nos aproximamos al lugar, no había un solo movimiento ni sonido. Saint Germain se acercó a la puerta, extendió Su Mano, la cerradura hizo clic, y la puerta se abrió silenciosamente. Él tomó la cabecera y avanzó como si estuviera familiarizado con cada detalle. Se aproximó a una puerta maciza de doble hoja, y extendió de nuevo Su Mano. Las hojas se abrieron con suavidad, tan grande era la fuerza que había enfocado sobre ellas. Delante de nosotros se encontraban siete esbirros, Gaylord y la mujer. Según entramos, los siete sacaron sus armas, y por una fracción de segundo, la batalla fue de fuerzas mentales. Repentinamente, un Círculo de Llama Azul les rodeó, cayendo sus manos a lo largo del cuerpo, y los Hermanos del Servicio Secreto entraron. Un minuto después, los esbirros estaban esposados, dentro de autos blindados, y camino de cierto lugar restringido, donde ningún otro prisionero pudiera tener contacto con ellos. Gaylord estaba sorprendido, y gozoso de la velocidad y calma con la que se había realizado su liberación y la captura de ellos. Ellos habían intentado forzarle para que usase cierta autoridad legal que tenía, para que fueran liberados sus cómplices en América.

"Bienamados Hermanos", -dijo-, "nunca podré agradecerles lo suficiente por salvar este cuerpo para servicios futuros. Actuaban en serio, se lo aseguro, dispuestos a destruirme. No obstante, en su descuidada conversación supe mucho que será de valor para nosotros en el futuro". Nos abrazó a cada uno de nosotros con gran ternura, Amor, y gratitud. Recogimos a la mujer, pero Saint Germain nos detuvo. "No es necesario castigar a esta criatura, ella fue solamente una víctima inocente de su villana traición.

"Mi querida hermana", -dijo Él-, "no deseamos dañarla. Tan sólo ha sido un juguete de esta fuerza siniestra. Podrá quedar en libertad".

Instantáneamente la circundó de pies a cabeza una Llama Azul en Espiral. Su cuerpo se inclinó como si fuese a caer al piso, y no obstante no cayó, porque estaba sujeta por el Abrazo del maravilloso Poder de la Llama. Permaneció así plenamente como unos diez minutos, y entonces la Llama se desvaneció lentamente. Su cuerpo tembló violentamente un momento, y sus ojos se abrieron con una expresión suplicante, de petición de ayuda.

"¡Oh!, ¿dónde estoy?", -preguntó-.

"Está entre amigos", -replicó Saint Germain-, según tomaba su mano en la de Él.

"Queda liberada de una condición peor que la muerte. Venga, y la llevaremos a su casa".

"No, no", -replicó frenéticamente-, "no puedo ir a casa de nuevo después de lo que hice, y de todo lo que ha sucedido. No puedo, no puedo". "Sí puede", -contestó Saint Germain, con una Convicción y Poder de la Verdad que cambió toda resistencia en instantánea obediencia-. Encontrará todo cambiado, porque su buen esposo comprenderá, y le dará la bienvenida al hogar. Su hija, una inválida que ha sufrido tanto, será curada, y su hogar será un lugar feliz y maravilloso de nuevo".

Salimos al exterior, entramos en el coche del Amigo de Gaylord, y marchamos hasta una bella residencia en la mejor sección residencial de París. Entramos y fuimos recibidos por un hombre esbelto y alto, y supe instantáneamente que era americano. Había sido atractivo en años previos, pero ahora su cara mostraba profundas arrugas de preocupación y pesar. Con lágrimas rodando por su rostro, estrechó en sus brazos a su esposa. Ella se arrojó en ellos sollozando como si se fuese a romper su corazón. Saint Germain esperó un momento, y cuando ella se calmó, nos presentó a él.

"Bienamados amigos", -dijo Saint Germain-, "vayamos a ver a su encantadora hija, porque tenemos trabajo adicional que realizar". Entramos en un bello cuarto donde una muchacha, alguna vez hermosa, yacía en la cama, tan encogida y deforme, que difícilmente parecía humana.

Saint Germain avanzó al lado de la cama, tomó su mano izquierda en la Suya, y colocó el pulgar de Su Mano derecha sobre su frente, entre los ojos. Estuvo en esta posición durante unos cinco minutos, mientras el resto de nosotros mirábamos expectantes. Repentinamente, la muchacha dio un grito inhumano, estirando su cuerpo sobre la cama, y quedó como muerta.

"No tengan miedo", -dijo Él-, "estará inconsciente en unos instantes. Después le daré fortaleza para levantarse y caminar". En ese instante, ella abrió sus ojos con una mirada muy dulce de Amor y Gratitud, y la Luz de su "Presencia YO SOY" salió a raudales en Bendiciones hacia Saint Germain. Él extendió Su Mano, ayudándola a levantarse y ponerse de pie, mientras ella recibía el amante abrazo de su padre y madre. Saint Germain levantó a la muchacha en brazos y la llevó a un suave sofá del recibidor. Dio instrucciones para su cuidado, y dijo que estaría con ellos el día siguiente.

Nosotros retornamos al hogar de nuestro maravilloso Amigo, y se le dio a Gaylord una explicación completa de todo lo que había ocurrido desde su partida de Washington. Su gratitud fue muy grande, y habló de su propio sentimiento y reacción durante el viaje en el barco. "El único sentimiento que tuve durante la entera experiencia", -explicó él-, "fue confiar totalmente en 'Mi Poderosa Presencia YO SOY' y en la Gran Fraternidad Blanca".

"Mis Bienamados Estudiantes y Hermanos", -dijo Saint Germain-, "¿no ven cuán infaliblemente actúa la Gran Ley de Dios? En este caso, la fuerza siniestra intentó obligar a que un Miembro de la Gran Fraternidad Blanca le sirviera. Como ven, Nuestro Buen Hermano fue el señuelo, y su 'Luz' el canal por el cual siete más de sus destructivas garras fueron cortadas para cualquier actividad posterior; y se le restauró un gran gozo y felicidad a una bendita familia.

"Tengo noticias que les sorprenderán todavía más. El hombre a quien estas amantes esposa e hija le fueron restituidas hoy, es Arturo Livingston, el tío de nuestro bienamado Hermano Bob Singleton. Este hombre es el más altamente inspirado ingeniero de minas que conozco. Quiero decir con esto, que está bien dirigido en su trabajo minero por la 'Poderosa Presencia YO SOY'.

"Deseo que esta familia retorne a América con ustedes, porque encontrarán que ellos llegarán a ser muy fervorosos estudiantes. Mañana conseguiré un pasaje de retorno para ustedes, pero durante la semana próxima deben permanecer en París, hasta que zarpe su barco".

Durante ese tiempo fuimos los invitados del maravilloso Amigo de Gaylord, y de su Hermana. El día siguiente acompañamos a Saint Germain a ver a los Livingston.

Cuando entramos, la Transformación fue Mayor de lo que cree posible la mente humana.

El Sr. Livingston parecía diez años más joven, la hija estaba radiantemente bella y feliz. El maravilloso Amor de la madre estaba ahora plenamente reavivado, y su devoción a su familia era muy grande. Deseaba enmendar todo lo causado por su culpa.

"Este sufrimiento", -nos dijo ella-, "que casi arruinó todo para mí y mi familia, fue el resultado de mi deseo de supremacía social, dondequiera que hemos vivido. Cuando valoro ahora la entera experiencia, puedo ver que mi deseo de influencia social fue una insaciable tendencia; que absorbió completamente todo mi tiempo y atención. Casi nos hizo un daño irreparable. Prometo que nunca olvidaré esta lección. Intentaré remediar todo, con una mayor devoción para mi familia, y el Servicio Eterno a la Luz".

"Deseo que ustedes tres", -dijo Saint Germain, dirigiéndose a los Livingston-, "embarquen con estos amigos para América, donde deseo que hagan su hogar permanente. Les ayudaré a olvidar las experiencias que han causado tanto sufrimiento aquí". Su gozo fue inenarrable, y su gratitud a Él es perenne.

Una semana más tarde, cuando dijimos adiós a Saint Germain, al Amigo de Gaylord, y a Su Hermana, no pudimos encontrar palabras para expresar lo que había en nuestros Corazones, porque el Amor es la única cosa que expresa la gratitud que uno siente bajo tales circunstancias.

Subimos a bordo del vapor a las cuatro, y disfrutamos cada momento mientras cruzabamos el Atlántico. Gaylord me pidió varias veces que le relatase con todo detalle todas las experiencias que atravesamos, y después de cada vez, su único comentario era:

"¡Cuán maravilloso! ¡Cuán maravilloso!"

Cuando arribamos a Nueva York, nos reunimos con Rayborn en el muelle, y nunca vi un hombre más feliz. Cuando le fue presentado Arturo Livingston, como tío de Bob, estuvo verdaderamente encantado. Marchamos directamente a Washington D.C., donde los Livingston iban a establecer su nuevo hogar.

Es así cómo la Gran Fraternidad Blanca continúa bendiciendo a la humanidad de manera Maravillosa y Silenciosa; y a través de Su Poder e Inteligencia Invencible, cumple la Ley del Eterno: "La Luz de Dios que nunca Falla".

CAPÍTULO 8

EL PODER CONQUISTADOR

NUESTRO retorno con los Livingston a Washington D. C., fue seguido por muchas semanas de placentero estudio, mientras recibíamos la Gran Sabiduría de nuestro Bienamado Saint Germain. Estuvimos muy ocupados durante este tiempo, y los días volaron, porque durante nuestra contemplación de la "Luz" y de los "Maestros Ascendidos", transcendimos todo sentido del tiempo. Después de todo, solamente los eventos humanos que llamaron nuestra atención, nos hicieron conscientes del tiempo. Habíamos llegado a Washington el dos de octubre, y la estación Navideña se aproximaba ahora.

"Por alguna razón", -me dijo Rayborn una mañana-, "Saint Germain quiere que los muchachos vengan aquí más pronto de lo que estaba planeado originalmente. Telegrafiemos para que estén aquí el veintiuno de diciembre. Él dijo que hizo arreglos para que fueran disculpados por salir unos días antes. No especificó por qué los quiere aquí, de modo que no intenté preguntárselo".

Enviamos el telegrama, y al final de la tarde del veintiuno llegaron todos. El tren de Bob llegó media hora que el del resto. Fuimos al hotel, donde se le dio a Nada y Perla la suite que Saint Germain había retenido. Durante la noche, con un chispeo en Sus Ojos, Saint Germain pidió a los cuatro jóvenes que cantasen una determinada lista de canciones.

"Yo pedí estas canciones, y he estado practicándolas durante tres semanas", -anunció Bob-.

"Lo mismo hicimos nosotros", -dijeron a coro los otros tres-. "¿Por qué habremos elegido las mismas canciones?"

"Eso está bien", -dijo Saint Germain sonriendo a sabiendas, y entonces, Él reveló Su Sorpresa-.

"Hemos planeado asistir a un concierto el día de Nochebuena", -comenzó Él-. "Dos de los solistas estarán indispuestos. Conozco al hombre que está a cargo del evento, y en el momento oportuno, ofreceré proporcionarle a los artistas que los sustituyan". Bob le miró con franco temor. "Jamás he aparecido en público", -dijo él-, "¡estaré muerto de miedo!"

"Bob, ¿no tienes confianza en Mí?", -dijo Saint Germain, a la par que avanzó hasta Bob, y puso Sus Manos en sus hombros-.

"Tengo toda la confianza del mundo", contestó él, mientras se llenaban sus ojos de lágrimas.

"Entonces déjenlo en mis manos", -replicó Saint Germain-. "Todo miedo habrá desaparecido, cuando despierten por la mañana. Queden en Paz".

A las diez de la mañana siguiente, hubo una llamada de teléfono del amigo de Saint Germain a cargo del concierto, indicando que estaba en un gran apuro como Saint Germain predijo. El cuarteto fue la solución al problema.

Llegó la Nochebuena, y el gran auditorio se llenó por completo. Cuando se levantó el telón hubo exclamaciones de aprobación aquí y allá en la audiencia. Saint Germain se mantuvo en contacto con el manager a intervalos, y todos sintieron un curioso estado de expectación, podían percibir que algo inusual estaba a punto de ocurrir. El sentimiento se hizo más fuerte según pasaba el tiempo. Los otros artistas cantaron, y después siguió una especie de rumor. Se levantó un segundo telón, descubriendo un maravilloso escenario con Belén al fondo, y una Brillante Estrella esparciendo su maravillosa Radiación sobre la entera escena. Justo en este punto, un aeroplano en forma de gran pájaro descendió flotando hasta aterrizar en medio del escenario. De él salió un cuarteto ataviado con vestiduras árabes.

Primero cantaron "Noche de Paz" y la audiencia les forzó a repetirla. Después Nada cantó un solo, "Luz de la Vida, Miramos hacia Ti". El entusiasmo de la audiencia continuó incrementándose al tiempo que vertían aplausos sobre ella. El cuarteto cantó el siguiente número: "Maestro Jesús Te Seguimos". El cuarto número fue un solo de Rex: "En la Luz Descanso Seguro". Hubo un ondear de pañuelos, y algunos de la audiencia se levantaron de sus asientos, pidiéndole que repitiera. El cuarteto cantó de nuevo, y entonces el manager avanzó hasta el borde del escenario y anunció su sorpresa, para el número de cierre.

"Permítanme presentar a nuestra Artista Invitada de la tarde", -dijo él- "cantando: 'Vengo en las Alas de la Luz'. Prima Donna Nada".

Todos nosotros quedamos estupefactos con la sorpresa, cuando la Madre de Nada y Rex entró, llevando un elegante traje resplandeciente de joyas. Su propia belleza trascendía con mucho la del traje que vestía. Los aplausos y saludos de la audiencia fueron formidables. Ella elevó Su mano pidiendo silencio, la audiencia respondió instantáneamente, y ella comenzó.

Cantó con Grandioso Poder y Gloria, al tiempo que se liberaba Su Radiación, e inundaba a la audiencia. Desde aquí se esparció un Manto de Paz y confort, sobre América y la Tierra. Al cierre de Su Canción, la audiencia se aguantó en silencio unos segundos; y entonces estalló, derramando su profunda apreciación y gozo en amable gratitud sobre Ella. Ellos la aclamaron una y otra vez. Después que repitió por tercera vez su canción, elevó Su mano pidiendo silencio, y les habló de este modo.

"Su gozo y gratitud son tan dulces, tan sinceros, que cantaré para ustedes algo que expresará mis sentimientos hacia ustedes. Se llama: 'Te Amo'". En esto, Su Voz mostró una Belleza y Poder que actuaron de forma mágica. Cantó como solamente puede cantar un Maestro Ascendido, y no es de extrañar que la audiencia, en su entusiasmo y aprecio, intentase que saliese al escenario una y otra vez.

No obstante, a una señal de Saint Germain, se bajó el telón final.

"Vengan rápido", -dijo Saint Germain-, mientras colocaba una Capa color Índigo sobre la Madre de Nada, y subimos a un coche saliendo instantáneamente. Logramos marcharnos por muy poco, porque la audiencia se acercaba volando hacia la entrada de artistas. Arribamos al hotel, y fuimos directamente a la suite principal. En cuestión de nada, los reporteros tomaron el lugar, esperando conocer quién era la artista. Saint Germain avanzó hasta la puerta y los saludó.

"Prima Donna Nada", -dijo Él-, "es la esposa de un hombre minero del Oeste, Daniel Rayborn; y los dos solistas del cuarteto son sus hijos. Eso es todo", y los despidió.

"Después de tan leal y espléndido servicio de cada uno de ustedes", -explicó-, cerrando la puerta detrás de Él, "pienso que merecen esta feliz sorpresa". Felicitó al cuarteto, y sonriendo pícaramente a Bob, señaló: "Como ves, tu confianza no quedó sin recompensa".

"¿Saben?", -replicó Bob, "nunca pensé en el miedo al escenario".

Todos nos reunimos alrededor de la Madre de Nada y Rex, y le pedimos nos contase algo de Su Trabajo, y dónde había estado.

"Les diré brevemente lo que pueda, porque debo dejarles a los dos; pero vendré mañana a la noche, para una visita de ocho a doce.

"La Esfera, en la que resido, se puede llamar un Estrato, porque hay varios Estratos que rodean la Tierra, manteniéndola en Su Abrazo. El lugar donde estoy recibiendo cierto entrenamiento, es tan real y tangible como la Tierra, pero yo sirvo en el Estrato debajo del que estoy estudiando.

"Cuando pensé que estaba atravesando el cambio llamado muerte, perdí todo sentimiento de Vida por unos momentos; y entonces desperté para encontrarme a mí misma rodeada por doce Maestros Ascendidos, cuya Luz era casi cegadora. En medio de ellos estaba nuestro Bienamado Saint Germain, que me había instruido durante varios años previamente.

"Tan pronto como llegué a estar claramente consciente de los Maestros Ascendidos, se me mostró cómo podría ayudarme a mí misma, para elevar la estructura de mi cuerpo físico hasta el Cuerpo Electrónico Puro, la Vestidura sin Costuras, que permanece por siempre Pura y Perfecta.

"Cuando ocurrió el proceso de Elevación gradual, llegué a ser cada vez más consciente de que una Luz Resplandeciente llenaba mi entero cuerpo; y sentí surgir en y alrededor de mí, la más Maravillosa y Radiante Energía; barriendo todo vestigio de resistencia e imperfección, y acelerando mi conciencia.

"Me hice cada vez más consciente de mi 'Poderosa Presencia YO SOY', hasta que finalmente, La ví delante de mí, Visible, Tangible, y muy Real. Gradual y poderosamente, sentí mi cuerpo físico absorbido y envuelto por mi Glorioso Ser Divino; y cuando salí del cementerio, apenas pude comprender lo Trascendente que había llegado a ser. Las viejas y limitadas actividades humanas de mi conciencia se elevaron a un alertado sentido de Libertad e Ilimitado uso de Sabiduría y Poder. Se me mostró claramente, ahora que era consciente de esta Actividad Superior, que debía ponerme a usarla. Entonces vino una sensación todavía mayor, de Libertad, Belleza, Gozo, y Servicio, que debía rendir a aquellos que todavía permanecen sin ascender.

"Mi primer deseo fue que debía conocer más de Estos Maestros Ascendidos que tan amorosamente Me habían asistido. Instantáneamente, uno tras otro se presentaron ante Mí, y sin decir palabra, me transmitieron Sus Nombres y Pensamientos. Con este Maravilloso lenguaje del Pensamiento, llegaron ciertas imágenes añadidas, en color, y la verdadera interpretación de ellas.

"Esta Comunión mediante el Pensamiento fue tan clara como lo es la comunicación que usa hoy el ser humano a través de la palabra hablada, de hecho es mucho más clara; porque no puede haber error, cuando el pensamiento contacta al pensamiento. Las malas interpretaciones ocurren a través del uso de las palabras, porque después de todo, son tan sólo receptáculos para transmitir pensamientos y sentimientos. Muchas imperfecciones y resistencias desaparecen enteramente cuando los pensamientos y sentimientos no están limitados por palabras.

"En un tiempo, durante una anterior Era Dorada, la humanidad todavía tenía el Uso Pleno de esta Comunión Interna mediante el pensamiento;

pero a medida que las personalidades se apartaron de la 'Luz', la sustancia de sus cuerpos se hizo más densa; hasta que alcanzó la condición del átomo físico de la que está compuesto hoy el cuerpo humano.

"Esta sustancia vibra a una frecuencia demasiado lenta, para que el pensamiento la atraviese; de ahí que sólo las palabras o sonidos, que se podían registrar en esta baja frecuencia, debieron usarse como medio de comunicación. Incluso hoy el individuo podría conseguir de nuevo Comunicarse mediante el pensamiento, liberando un Rayo de Luz Blanca Dorada desde su propia 'Presencia Mágica YO SOY', mediante un mandato consciente; visualizando como este Rayo atraviesa la estructura cerebral desde el Cuerpo Electrónico. Esta Onda de Luz Superior, incrementa la frecuencia vibratoria de los átomos del cuerpo físico; hasta el punto donde se registra el pensamiento, y es comprendido sin la palabra hablada.

"Las ondas del pensamiento están siendo lanzadas siempre, como si dijéramos, sobre la carne del cuerpo físico, desde el interior de la propia conciencia individual, y desde los pensamientos de otros; pero ¿cuánta gente comprende suficientemente el hecho, como para leer el pensamiento cuyo impacto siente? La telepatía mental es una ligera parte de esta actividad, pero, ¿cuánta gente puede interpretar los pensamientos recibidos, y saber de dónde vienen?

"Pasaron semanas antes de que cesara de maravillarme de estos Triples Medios Maravillosos de Comunicación Interna, a través de la vista, el pensamiento y el sentimiento. La Gloriosa Libertad del Maestro Ascendido es tan Maravillosa que Nosotros anhelamos que cada ser humano comprenda y goce esta misma y Gran Felicidad.

Esta es la Corona de Gloria Final de toda actividad humana, el Ideal y Recompensa por los cuales se busca y soporta la experiencia humana. Si la humanidad pudiera comprender, y mirar tan sólo, este Verdadero Ideal de la Vida, las cadenas y limitaciones auto-creadas, que han atado a la raza durante cientos de miles de años, se romperían en menos de un siglo.

"Mis primeras Experiencias, que me parecieron tan Maravillosas, probaron ser tan sólo fragmentarias, comparadas con las que han sido reveladas desde Mi Ascensión a esta mayor y maravillosa Actividad de la Vida.

"Por favor, mantengan claramente en la mente este hecho, de que en el Estado Ascendido, cada Revelación de una actividad más amplia contiene siempre la correspondiente Sabiduría y Poder para su uso correcto. Este es un inacabable Gozo y Maravilla para los Hijos e Hijas de 'La Luz'". "Después de haberme ajustado de algún modo a la Condición Nueva, Saint Germain me llevó al lugar más apropiado para mí, donde asimilé las Nuevas Experiencias durante un corto tiempo. Después de esto, se me dio el beneficio de la Instrucción Ilustrada. Después comencé a entrar en Mi Actividad Real, Mi Verdadero Servicio.

"Uno de los Gozos Siempre-crecientes del Estado Ascendido, es que según estudiamos una condición particular, esta siempre viene acompañada por ilustraciones de la actividad exacta que debe usarse; y nunca puede haber ningún error, porque el final se ve desde el principio. No obstante, este Notable Medio de Instrucción Ilustrada, no ocurre por debajo de cierto estado de conciencia, que sólo se puede conocer cuando es obtenido. ES UN CONOCIMIENTO Y SENTIMIENTO DEFINIDO Y POSITIVO.

"Ustedes, Bienamados, no comprenden cuán afortunados son, al tener la Bendición del maravilloso Acelerador Atómico, un resultado maravilloso del Amor y Trabajo de nuestro Bendito Saint Germain. Grande ha sido Su Amor, Su Servicio, y el Don de Sí Mismo a la humanidad.

"La belleza y rápido progreso de cada uno de ustedes se debe a su sincera e intensa gratitud. Es el sendero cierto a las grandes alturas del logro, y el método más fácil con el que lograr toda cosa buena. Gratitud a la Vida por todo lo que la Vida derrama sobre ustedes, es la Amplia Puerta Abierta para toda Bendición en el Universo.

"La puerta a la Paz se ha cerrado porque la humanidad olvidó ser agradecida a la Vida por todas las Bendiciones dadas a la Tierra; y es también la razón por la que se ató a las cadenas del propio egoísmo. La masa de la humanidad busca poseer y retener cosas, que es lo inverso de la Ley de la Vida. La Vida dice por siempre al individuo: 'Expándete, y permíteme derramar Mayor y Mayor Perfección a través de ti por siempre'.

"La 'Ley de la Vida' es 'Dar', porque solamente dando del Propio Ser puede expandirse uno. Dar el intenso Amor de su propia 'Poderosa Presencia YO SOY' a toda la humanidad, a toda la Vida, es la Suprema Actividad que podemos usar, para fusionar lo humano con lo Divino. En este Amor Divino está contenida toda cosa buena. "Se han escrito miles de obras acerca del Amor Divino; pero solamente lo comprende el individuo que lo puede generar a voluntad, y dirigirlo conscientemente, para lograr lo que desee o decrete, cuando el individuo conoce el Amor Divino como algo más que un principio abstracto. El Maestro Ascendido conoce el Amor Divino como una 'Presencia'; una Inteligencia; un Principio; una 'Luz'; un Poder; una Actividad, y una Sustancia. Dentro de esto descansa el Secreto de Su Suprema Autoridad y Poder, porque no hay nada que obstruya la aproximación del Amor Divino, en ningún lugar del Universo. Cuando el estudiante conoce cómo exteriorizar la 'Llama del Amor Divino' desde el interior de su propia 'Poderosa Presencia YO SOY', por su propio Decreto, él sabe que pasará tan sólo un corto tiempo hasta que el uso constante de ello lo eleve hasta su Ascensión. Solamente el Amor puede lograr eso para cada uno, pero él debe proyectarlo primero a los demás, antes de que puedan liberarse las Bendiciones del Corazón de Su Presencia dentro del suyo.

"El Amor Divino, siendo el Eterno, es la Inextinguible, Invencible, Inconquistable 'Presencia' del 'YO SOY', y por tanto ¡Maestra de todo ahora y por siempre!

"Todos los gozos y placeres del mundo externo son tan sólo polvo, comparados con las Ilimitadas y Siempre-crecientes Maravillas de la Creación en el Espacio Cósmico; que los Maestros Ascendidos pueden observar y disfrutar conscientemente y a voluntad. Una de las Formidables Bendiciones del Estado Ascendido es la entera ausencia de cualquier crítica, o condena, de las flaquezas o errores humanos. Si el estudiante de la Luz quiere entrenarse a sí mismo, en olvidar toda cosa que es inútil, o indeseable, en cualquier modo, no sólo haría un rápido progreso; sino que es imperativo, si quiere liberarse de las limitaciones humanas. El estudiante que arrastra detrás de sí recuerdos desagradables, está usando uno de los medios por los cuales crea, una y otra vez, la misma experiencia de miseria de la cual está intentando ser Libre.

"La Luz no admite desarmonía en Ella Misma. Cuando el estudiante entra en la Luz, llega a ser todo Luz, de aquí que llega a ser todo Perfección. Para que la desarmonía abandone el cuerpo o asuntos, la personalidad debe liberarse de todo pensamiento, sentimiento, y palabras sobre la imperfección. Una Actividad que trae siempre Libertad Completa al estudiante, es derramar Perdón Incondicional y Eterno a todo el mundo y a toda cosa. Esto hace lo que ninguna otra cosa puede hacer para liberar a todos los demás, lo mismo que a la persona que lo proporciona. El Perdón llena todo con la Perfección de la Luz.

"Cuando el Perdón es sincero, el individuo encontrará su mundo reordenado, como por arte de magia, y lleno de toda cosa buena; pero recuerden que a no ser que olvide la discordia, no hay perdón; porque ustedes no pueden alejarla o liberarse de la discordia, hasta que esté fuera de sus conciencias. En tanto recuerden una injusticia, o un sentimiento perturbador, ustedes no han perdonado tanto a la persona como a la condición.

"Cuando el perdón es completo, la naturaleza sentimental o emotiva del cuerpo es serena, amable, feliz, confortable, y similar a una montaña de Luz. El perdón es tan poderoso, que uno que resida en él está tan fortificado como dentro de una fortaleza.

"Recuerden que aquello que mantengan firmemente en la conciencia, lo traen a la existencia en ustedes mismos. Es imposible para su Vida contener algo que no sea la acumulación de conciencia pasada o presente. Cualquier cosa de la que sean conscientes, en pensamiento y sentimiento, se estampa sobre la sustancia Universal, en y alrededor de ustedes; y se manifiesta después como algo de su clase, siempre. Esta es la Poderosa Ley Cósmica de la que no hay variación ni escape.

"Verdaderamente, es un gozo muy grande estar con aquellos a quien se ama, así que esta noche Mi Gozo es grande de verdad. Se acerca el tiempo en el cual comprenderán que toda relación humana es tan sólo una creación del mundo físico. En el Estado Ascendido, todos somos verdaderamente Hermanos y Hermanas, Hijos e Hijas del Altísimo Dios Viviente. En esa fase de la Vida, se comprende y vive el Verdadero Significado de la amistad; y cuando se entiende correctamente, es la Más Bella Relación del Universo.

"Ahora debo dejarles hasta mañana en la noche, a las ocho, porque tengo trabajo que hacer. Manténgase firmes dentro del Poderoso Resplandor de la Luz Cósmica, la 'Poderosa Presencia YO SOY' del Universo, para que su sendero pueda estar iluminado por Su Maravilloso Resplandor''. Cuando pronunció sus últimas palabras, Su Cuerpo se hizo gradualmente invisible hasta que desapareció completamente. "Bienamados Estudiantes", -dijo Saint Germain-, sonriendo amablemente, "Esta noche les he mostrado el ideal superior del entretenimiento. No es solamente muy recreativo, sino tremendamente elevador, a causa del Ilimitado Poder que libera la 'Presencia Mágica'. Observen que cuando se abre el canal apropiado, no hay límite para las bendiciones que puede recibir una audiencia, dondequiera que la condición lo hace posible.

"Ustedes han asimilado que con suficiente comprensión es posible hacer que el cuerpo responda instantáneamente, al uso más elevado e ilimitado de la 'Presencia YO SOY' dentro de ustedes. Su cuerpo es el instrumento sobre el cual pueden permitir que la 'Poderosa Presencia YO SOY' cante Su Gran Canción de la Vida, sin conocer limitación o fracaso de ningún tipo; o ustedes pueden dejar que los pensamientos y sentimientos de limitación y discordia que sean enviados por otras personalidades, 'actúen' sobre el cuerpo, con la cosecha correspondiente. Su cuerpo es su radio; su pensamiento, sentimiento y palabra hablada, son los caminos por los cuales pueden sintonizar con condiciones o actividades internas o externas, que no desean. La única diferencia real es que su cuerpo es capaz de ser sintonizado a una Elevadísima Altura, inconcebiblemente mayor que una radio de las existentes ahora.

"Ustedes son los directores de su propia radio, a través de su conciencia. Ustedes tienen los programas del Universo entre los que pueden elegir. Su mundo, hoy día, revela lo que han elegido en el pasado. Si no les gusta ese programa, elijan uno nuevo y mejor desde su 'Presencia YO SOY'''.

Nuestra Gratitud y Amor fueron mayores que nunca por Saint Germain, y comprendimos, como nunca antes, que en la Presencia y Sabiduría de los Maestros Ascendidos, existe verdaderamente el Cielo en la Tierra. Nos dimos las buenas noches unos a otros, y fuimos a nuestras habitaciones. Desayunamos a las once la mañana siguiente, y pasamos la tarde mostrando a Nada, Perla, Rex y Bob muchos lugares de interés en Washington. En el estado de Conciencia Elevada, en la que nos hallábamos durante este tiempo, la apreciación e intensidad de nuestro gozo, fueron más agudos de lo usual, y pareció como si viésemos belleza en todo lugar.

Retornamos al hotel a las cuatro, ya que el Bienamado Saint Germain nos había invitado a cenar más tarde con Él, en la suite ocupada por Nada y Perla, diciendo que había llegado el momento para que comenzase la Instrucción de los Livingston; y todos estábamos esperando la Llegada de Saint Germain, cuando una campanilla muy delicada sonó a través de las habitaciones.

"Se aproxima Saint Germain", -dijo Perla inmediatamente-. "¿Quién es Él?", -preguntó Zara Livingston-.

"El Hombre Maravilloso que te sanó", -replicó Perla-, "y salvó a tu madre de un horrible destino. Si mi sentimiento es correcto, pronto verás Manifestaciones de Su Trascendente Sabiduría y Poder, además de lo que has experimentado ya". En este momento, Él fue anunciado, del mismo modo que cualquier otro invitado que llega al hotel. Saludó a todos graciosamente, y después explicó:

"Es Mi Deseo, que estos buenos amigos, los Livingston, se lleguen a acostumbrar al Uso Superior de la Ley de la Luz. Comenzaremos por comprender primero que toda cosa alrededor de nosotros es una Sustancia Universal que nosotros llamamos 'Luz Cósmica' y que la Biblia llama Espíritu. Es la Pura Sustancia de Vida de la Primera Causa -Dios-. Esta es Infinita, y nosotros podemos acudir a ella en cualquier momento en busca de cualquier cosa que podamos necesitar. Esta Pura Luz Electrónica es el Gran Almacén Ilimitado del Universo. En Él todo es Perfección, y de Él procede todo cuanto existe.

"Ahora si quieren reunirse alrededor de la mesa, cenaremos, de modo que puedan ver, sentir, gustar, y conocer esta Maravillosa, Omnipresente Sustancia, de la que tanto se habla pero que tan poco se comprende".

Saint Germain fue hacia la cabecera de la mesa, sentando a Zara, Bob, Nada, y a mí mismo a Su izquierda; y a la Sra. Livingston, Arturo, Perla y Rex a Su derecha; entonces nos pidió inclinar nuestras cabezas en silencio, delante de la "Poderosa Presencia de Dios en Acción".

Cada uno sintió una poderosa corriente de Energía Divina, "Luz-Líquida", circular a través de su mente y cuerpo. Cuando levantamos nuestras cabezas, un bello mantel blanco como la nieve y con diseño de rosas, cubría la mesa, hecha de un material que ninguno de nosotros había visto antes. Se parecía mucho a seda cubierta de escarcha, en calidad y apariencia. Arturo Livingston palideció con la sorpresa, ya que un momento antes había visto solamente la cubierta pulida de una mesa de nogal. Ahora, este exquisito y bello mantel la cubría con servilletas a juego en cada plaza. A continuación siguió la rápida aparición de un entero servicio para la comida. Los platos, del color de la leche, estaban hechos de una sustancia que era como satén en su apariencia, pero muy duros e irrompibles. Sobre cada pieza individual había extraños diseños místicos de oro, estampados en relieve. Ninguno de nosotros los entendimos, pero eran extremadamente bellos. Los cuchillos, tenedores, y cucharas, estaban hechos de un metal que semejaba plata escarchada, con maravillosos mangos de jade tallado. Copas de jade, con bellos pies tallados, aparecieron a la mano derecha de cada invitado, llenas de chispeante Líquido cristalino, que era la misma Esencia de la Vida, "Luz Condensada".

"No se alarmen", -dijo Saint Germain,- "cuando beban Este Líquido. Acelera enormemente la acción vibratoria de su estructura atómica; y si se sienten desfallecer, durará solamente unos momentos". Después, elevando su propia copa propuso un brindis.

"¡Por la Paz e Iluminación de todos los presentes, y de toda la humanidad!"

Elevamos nuestras copas y vaciamos su contenido. Reprimimos con dificultad un grito sofocado de asombro por el efecto de Este Líquido, cuando su Esencia Electrónica cargó nuestros cuerpos. Sentimos como si estuviéramos siendo elevados de nuestras sillas.

Siguió una cena de siete platos, los platos vacíos desaparecieron tan pronto como se terminaron. La comida era muy deliciosa y extremadamente vitalizante para el cuerpo. Nuestro postre fue similar al que cenamos en la Cueva de los Símbolos.

"Como pueden observar", -dijo Saint Germain-, según finalizamos la cena, "no es difícil producir lo que se desee directamente desde la Sustancia Pura Universal, en cuanto no exista un elemento de egoísmo en ello. Hemos cenado aquí esta noche un alimento delicioso. Este ha llegado de un abastecimiento que está siempre a mano. No obstante es tan sólo un fragmento de lo que puede producirse".

Él extendió Su Mano, y se formó en ella un disco de oro que pasó alrededor para que todos lo examinásemos. Extendió Su otra Mano y se formó dentro de ella un bello diamante azul-blanco, una Joya verdaderamente Perfecta, tan deslumbrante era su poder de refracción. Mantuvo ambas piezas en Su Mano derecha, cerrada unos momentos, y cuando la abrió, yacía dentro de ella un bello collar, de exquisito diseño, con una suntuosa piedra colgando. Él se la ofreció a Zara diciendo:

"¿Querrá aceptar esto como un Talismán de 'Luz'? La piedra no es una gema ordinaria. Es realmente 'Luz' condensada. De modo que es un Talismán Real de 'La Luz'. Le bendecirá grandemente. Ahora prosigamos adelante. El Servicio que se ha usado esta noche, se lo ofrece la Hueste Ascendida a Nada y Bob".

Según pronunciaba estas palabras, el Servicio comenzó a reaparecer sobre la mesa, hasta que todo estuvo completo. Repentinamente cayó una copa al suelo y cuando fue recogida, se encontró que no se había roto ni dañado en lo más mínimo.

"Este Servicio", -prosiguió explicando Él-, "es irrompible como ven. Cuídenlo ustedes mismos siempre, y que les traiga gran felicidad..

"Ahora con relación a este buen hermano", -continuó Él indicando al Sr. Livingston-, "Él es un ingeniero de minas muy eficiente. En unos seis meses, será necesario en la mina, en lugar de Bob. ¿Puedo sugerir que tratemos esta cuestión mañana, y hagamos los arreglos necesarios con detalle? Les hará mucho bien a estos seres queridos pasar dos años en el Oeste.

"Sugiero que ellos vayan al rancho a mediados de abril. Zara encontrará a su Rayo Gemelo esperándola allí. Cuando ella lo vea, lo reconocerá instantáneamente. El agrupamiento de estas parejas de Rayos Gemelos es una de las más notables cosas que He tenido el Privilegio de llevar a cabo.

"Mi querida Zara, cuando inicies el estudio de estas Poderosas Leyes, comprenderás todo más claramente. Lo que parece extraño y quizás irreal, llegará a ser más Real que ninguna otra cosa en tu Vida, porque no hay duda dentro de ti. Esa condición hace posible darte una definitiva Instrucción con tu permiso.

"Gran Maestro", -dijo Zara-, "no soy capaz de expresar toda la gratitud que siento por Usted, por mi Curación y por la oportunidad de tener esta Instrucción. La maravillosa demostración que nos ha hecho esta noche, ha despertado un borroso recuerdo dentro de mí, como si yo hubiese conocido Estas Leyes, en algún lugar y de algún modo.

"Mi querida hija", -replicó Él-, "has conocido una gran cantidad acerca de Ellas; y retornará a ti la memoria completa de lo que has conocido". Entonces, repentinamente, llegamos a ser conscientes de que había otras personas en la habitación, cuando una suave y dulce risa llegó a nuestros oídos. La Madre de Nada y Rex salió de la habitación contigua vistiendo Maravillosas y Hermosas Ropas. Su misma Presencia radiaba Paz y Bendiciones a todos. Ella extendió su Mano a Rayborn. Él inclinó la cabeza, y besó la mano.

Ella saludó a todos y le fueron presentados los Livingston, siendo la admiración de ellos franca y sincera. Saint Germain les explicó Su Ascensión en detalle; el entrenamiento que Ella había recibido desde Su Ascensión; y el Servicio que Ella estaba dando constantemente a la humanidad. Fue la noche de Navidad más divinamente feliz que yo he experimentado jamás, porque estuvo llena de Maravillosa Radiación y Profunda Instrucción.

A las doce de la noche, la Madre de Nada nos dijo adiós, hasta que pudiéramos encontrarnos de nuevo en la Cueva de los Símbolos en julio. Ella y Saint Germain tenían trabajo que hacer juntos, y desaparecieron, siendo Sus Últimas palabras un Requerimiento para que los Livingston se encontrasen con nosotros a las dos del día siguiente.

Tan pronto como Ellos se habían ido, los Livingston nos hicieron preguntas concernientes al Bienamado Saint Germain y Su Trabajo Maravilloso. Estaban tan intensamente interesados que llegaron las cuatro de la mañana antes de que se dieran cuenta. Fue verdaderamente la Navidad más feliz de nuestras vidas.

El día siguiente, a las dos menos cuarto, Saint Germain apareció y nos saludo como de costumbre. "Veo que han entrado todos en el plan bellamente", -señaló Él-, "y ¿se dan cuenta cómo todas las experiencias están verdaderamente en orden divino? Cada persona es un eslabón en la Gran Cadena Cósmica de la Perfección. Yo me maravillo a veces de la Perfección con que trabaja la 'Poderosa Presencia YO SOY'.

"En la actividad reciente, la experiencia de nuestro buen Hermano Gaylord nos condujo a los Livingston, con objeto de darles protección, y a través de eso, hemos encontrado otro par de Rayos Gemelos, Zara y quien ella va a conocer. Esto traerá a los Livingston y a otro amigo a la Sempiterna Luz. ¿Es Mi Plan para este buen Hermano Livingston agradable para todos ustedes?"

"Estoy más que encantado con las disposiciones, ya que son una bendición para todos los concernidos", -replicó Rayborn-.

"Bien, entonces con su cooperación entraremos en un Entrenamiento muy Intenso, durante los siguientes tres meses. Se Me requiere hacer esto por Aquellos que son Superiores a Mí. Partiré de Washington el siete de abril para el rancho. Bob, Nada, Perla y Rex deben permanecer aquí hasta el diez de enero. Ellos retornarán a la Universidad el doce.

Esos días gloriosos pasaron demasiado rápido. Bob acompañó a los demás hasta la Universidad, y desde allí marchó solo a la mina. El resto de nosotros nos sujetamos a un Entrenamiento Intensivo; y uno de nuestros mayores gozos fue ver el entusiasmo con el que los Livingston entraron en la Instrucción de Saint Germain. Para todos nosotros, Él es verdaderamente "La Luz de Dios que nunca falla".

CAPÍTULO 9

LA ASCENSIÓN DE DANIEL RAYBORN

NUESTRO entrenamiento intensivo bajo Saint Germain continuó durante tres meses. Durante ese tiempo nuestra felicidad fue muy grande, porque el Gozo y Bendición de estar realmente viendo, conociendo, y conversando con la "Poderosa Presencia YO SOY" fue indescriptible; y tan sólo se puede conocer viviendo la experiencia.

Recibimos informes semanales de los muchachos, cuyo progreso en la Universidad era espléndido. Las cartas de Bob nos contaban que todo marchaba en orden en la mina; y que los hombres cantaban ahora en el trabajo. Saint Germain dijo sobre esto que la justicia y el servicio amable podría conseguir y conseguiría esa misma actividad en todo lugar del mundo mercantil, cuando se apliquen los mismos principios.

Saint Germain prometió reunirse con nosotros en el rancho posteriormente, y entonces marchó al Lejano Oriente. Nosotros partimos de Washington el siete de abril. Llegamos a Denver el once, y partimos para el rancho a primera hora de la mañana siguiente cuando todo parecía respirar el gozo, paz, y libertad de las maravillosas montañas.

Cuando se aproximó el tiempo de la graduación, recibimos una carta maravillosa de Nada y Rex; describiendo una experiencia que presumían les fue dada por Saint Germain, y que les trajo gran felicidad. Una noche permanecieron hasta tarde hablando del traje para la graduación de Rex, y de los vestidos para Nada y Perla. La mañana siguiente Rex encontró un bello conjunto de ropas yaciendo sobre la mesa de su habitación, y una hoja de papel asida al conjunto con este mensaje, "Por favor, acepta esto de aquellos que te aman". Estaba hecho de maravilloso material azul, y le quedaba perfectamente.

En las habitaciones de Nada y Perla, había conjuntos completos para cada una con una nota similar adjunta. Sus vestiduras eran de suave material blanco bordadas con exquisito diseño. Rex insistió que su padre, Bob, Gaylord, y yo asistiésemos a sus ejercicios de graduación, y así se decidió; pareció no haber modo de rechazarlo, de modo que retornamos para este acontecimiento. Esta Universidad tenía un benefactor a quien el público no conoce, pero comenzamos a sospechar que era Saint Germain. Más tarde, Él nos dijo que su presidente era miembro de la Gran Fraternidad Blanca.

Rayborn había invitado al presidente y a su hermana a cenar con él antes de su retorno al oeste. Cuando ellos llegaron, les acompañaba Saint Germain, para sorpresa y gozo de cada uno. Él nos habló largamente en relación al entrenamiento universitario de la nueva era.

"En todos los campos de la educación", -dijo Él-, "una cierta demanda se afirma a esta misma a través de la raza, forzando al reconocimiento de la 'Poderosa Presencia YO SOY'. Esta es la Única Base sobre la cual construir Permanente Felicidad, Libertad, y Perfección.

"Solamente puede liberarse la humanidad de su egoísmo y codicia a través del 'YO SOY'. Entonces, vendrá todo al uso completo de la abundancia eterna que espera servir a la humanidad. Cada individuo es una puerta abierta a toda Perfección, pero esta Perfección sólo puede expresarse ella misma sobre la Tierra, cuando el ser externo mantiene limpio y armonioso su canal, mediante la adoración y aceptación de la 'Poderosa Presencia YO SOY'. Aceptando y manteniendo la atención sobre la 'Presencia YO SOY', el individuo puede atraer en cualquier momento todo el bien para el uso externo de la personalidad. De este modo, él puede invocar todo el bien que desea para su Ser y mundo; pero el Gran Poder que Esta Verdad pone a disposición del ser personal, es el uso del Amor Divino; como una 'Presencia' que le precede y ajusta toda actividad externa, solventa todo problema humano; y revela la Perfección que debe manifestarse en la Tierra.

"El Amor Divino, siendo el Corazón del Infinito, y del individuo, es una Llama Siempre-Fluyente e Inteligente, que libera Energía, Sabiduría, Poder, y Sustancia sin límite. Esta Llama liberará Bendiciones Ilimitadas a todos los que quieran armonizar sus propias personalidades lo suficiente y le permitan manifestarse.

"Amor Divino es el Depósito de la Vida y la Casa del Tesoro del Universo. Atrae automáticamente hacia el ser personal toda cosa buena; cuando la actividad externa de la mente reconoce la 'Presencia YO SOY', y se mantiene en sintonía con el Amor Divino. Entonces todo logro se consigue sin tensión o lucha; y toda actividad creativa viene a ser la expansión y gozo continuos de la Perfección. "Cuanto más estudia uno la Vida y medita sobre la Perfección, menos lucha él con la gente y las cosas, y adora más a la 'Presencia Divina'; porque aquel que adora la Perfección debe llegar a ser -eso- sobre lo que descansa su atención. Cuando la humanidad llene la actividad externa de la mente con pensamientos y sentimientos de Perfección, los cuerpos y asuntos de la humanidad traerán a lo externo ese orden y Perfección también.

Cuanto más comprendamos la Vida y Perfección, más simple llegará a ser todo; hasta que tengamos una sola cosa que hacer, y la hagamos todo el tiempo: llenar nuestro pensamiento y sentimiento con Amor Divino siempre.

"La Vida nunca lucha. Porque eso que lucha es la conciencia que intenta limitar a la Vida; y es tan sólo la interferencia con la Perfección, que está intentando manifestarse por siempre. Si el ser personal o externo, quisiera justamente dejar fluir la Vida y se mantuviese en paz, el resultado sería Perfección -el Camino Divino de la Vida realizado-. Muchos, que comienzan fervorosamente para obtener Este Conocimiento, se llegan a descorazonar e interrumpen su búsqueda; porque buscan cosas en lugar de gozar de Dios, adorando la Belleza y Poder de la Gran Luz, por ella Misma solamente. Si nosotros buscamos la Luz, porque amamos adorar la Luz, los resultados vendrán con absoluta certeza, y entonces estaremos poniendo a Dios en primer lugar; que es lo que debe ser, si el ser personal quiere mantenerse en su relación correcta con la Vida".

Hacia el final de la tarde siguiente, dimos el adiós a nuestros amigos, intercambiamos buenos deseos, y subimos al tren para el Oeste. Los sirvientes que había proporcionado Saint Germain para Nada, Perla, y Rex en su apartamento, mientras permanecieron en la Universidad, desaparecieron tan silenciosamente como habían llegado. Su entera asociación fue un ejemplo de lo que significa "¡Conocer, Osar, Servir y Guardar Silencio!"

Nuestro tren llegó a Denver a las cuatro del tercer día después de la graduación; y tempranamente en la siguiente mañana, Nada, Perla, Zara, Bob, Rex, y yo, partimos a caballo para la Cueva de los Símbolos. Alcanzamos la cima de la montaña alrededor de las once, y Zara estaba feliz en extremo. Ella se excusó diciendo que quería estar a solas por un rato. Entretanto el resto de nosotros preparó la comida. Más tarde, retornó ella, y la Luz en sus ojos era brillante. "He tenido una sorprendente experiencia", -señaló ella-, "he visto al Dios de esta montaña. Es un Maravilloso Ser de tal Majestad, Sabiduría y Poder como nunca imaginé antes. Tiene una estatura de por lo menos dos metros y medio, y es el Guardián de esta montaña sagrada, como la llama Él. Se le conoce como el Dios Tabor. Él me dijo que tendría mucho que hacer ayudándonos a todos en el cercano futuro.

"Él dijo que yo había estado aquí en tiempos muy antiguos. No comprendo totalmente lo que quiere decir, pero siento como si yo estuviese a punto de recordar algo importante del pasado. Él explicó que un día entraría en el corazón de esta montaña, y sería receptora de su Vida y Sabiduría Eterna; pero no hasta que hayan pasado dos años. Me pidió que permaneciese en paz, para que todo pudiera ocurrir en orden divino, y dijo que yo había entrado en la Gran Corriente de Vida que me llevaría a la Perfección Eterna".

"Mi Querida Hermana, eres verdaderamente bendita", -dijo Nada-, acercándosele y abrazándola a fondo, "confía en la 'Poderosa Presencia YO SOY' dentro de ti; y todo será revelado en el momento adecuado. Ahora vamos a comer".

"Me encantará comer con ustedes, pero siento una fortaleza interna que nunca experimenté antes", -replicó ella-. "Estoy tan agradecida de que me hayan traído aquí hoy. Son tan maravillosos para mí. Admiro profundamente la belleza escénica; pero esta Gloria Interna sobrepasa toda cosa de mi Vida. Dios les bendiga mis amados amigos".

Entonces todos comprendimos por qué habíamos sido impulsados a venir a Table Mountain. Acabada la comida, Rex sugirió que bajásemos por el lado opuesto de la montaña; para que Zara pudiera ver los sorprendentes efectos de color del más agreste escenario, y llegara a la entrada de la Cueva de los Símbolos. Según nos acercamos a la entrada de la Cueva, Rex paró su caballo.

"Vengan", -dijo él-, "entremos".

"¡No, no!" previno Zara, volviéndose pálida, "no podemos entrar ahora. Por favor retornemos a casa". Comprendimos que estaba siendo dirigida desde su interior asique que giramos los caballos hacia casa. Cuando llegamos al rancho, Rayborn nos dijo que había recibido un mensaje del Bienamado Saint Germain; para que todos nosotros nos encontrásemos con Él en la sala de la torre, a las ocho de esa misma noche.

Llegada la hora, según nos aproximábamos a la puerta, ésta se abrió ampliamente dejándonos ver a Saint Germain. Él nos dio la bienvenida con Su Gracia habitual, y tomamos nuestros lugares en las sillas formando un círculo. Los Livingston estaban sorprendidos y admiraron con gran entusiasmo la belleza de la torre. Cuando estuvimos todos aquietados, Saint Germain dijo: "He convocado este encuentro especialmente para Zara, y en segundo lugar para Daniel Rayborn". Dio un corto, aunque bello Tributo de alabanza y gratitud a la "Presencia YO SOY" y según habló, la Luz se hizo visible con gran intensidad, e iluminó la sala brillantemente.

Él avanzó hasta situarse delante de Zara y tocó su frente. Inmediatamente, un círculo de Luz dorada, rosa, y azul nos rodeó, y fuimos capacitados para ver dentro del nivel u octava de Luz, por encima de la que está funcionando generalmente la humanidad. La Luz comenzó a enfocarse alrededor de Zara, y su Vista-Interna se abrió, pasando delante de ella las experiencias de muchas vidas pasadas. En una de éstas, ella había estado bajo la Instrucción de Saint Germain, y en ese tiempo había alcanzado una gran iluminación. En otra vida había sido una sacerdotisa en la cueva de una gran montaña, y fue entonces cuando había conocido por vez primera al Dios Tabor.

Mientras se mostraba Esta Revelación de vidas pasadas, se reestableció la memoria de estas actividades anteriores; y Saint Germain explicó que sería de gran beneficio unos cuantos años después. Cuando Él finalizó el trabajo con ella, el Bello Círculo de Luz desapareció lentamente.

"Hermano Mío", -dijo Saint Germain- dirigiéndose a Rayborn, "es Mi Deseo que acuda a la Cueva de los Símbolos el doce de julio para que se pueda preparar para el Trabajo Final que Deseamos hacer. Este hermano", -continuó indicándome a mí-, "le acompañará. Nada, Perla, Rex y Bob estarán allí a las ocho, en la mañana del veintiséis. Gaylord partirá mañana para un trabajo de la Gran Fraternidad Blanca en Sudamérica.

"Este Trabajo Preparatorio es inestimable para todos, porque todavía no tienen el más ligero concepto de lo que él va a hacer por ustedes. La Radiación que será dada en la Cueva de los Símbolos hará que finalice el peregrinaje terrenal de Daniel Rayborn; pero el día y hora exactos no pueden ser revelados a nadie que esté sin ascender; porque solamente su propia 'Poderosa Presencia YO SOY' conoce el instante elegido, en el cual el Gran Trabajo de los siglos será consumado.

"Confío en que todos los asuntos mercantiles externos estén arreglados para cuando llegue este Evento Supremo. Si no están totalmente completados, pueden finalizarse dentro de los diez días siguientes.

"Zara, el encuentro con el Dios Tabor hoy, es muy significativo; muy importante. Ten paciencia, para que el desarrollo natural de la Luz dentro de ti pueda manifestarse lo más rápido posible. Eso que has visto del pasado, esta noche, es tan sólo una pequeña parte de tus experiencias anteriores; pero es todo lo que es esencial para ti en este momento.

"Rex, Bob y este Hermano", -refiriéndose a mí-, "deseo decir que hay otro yacimiento a unos ochocientos metros de distancia del Descubrimiento del Maestro, como lo llaman; el cual les revelaré durante el próximo viaje a la mina, de aquí a tres días. Como los derechos están registrados y las escrituras en sus manos, estarán seguras hasta su retorno del Oriente dentro de dos años.

"Para cuando sea el tiempo en que el resto retorne de los Himalayas, nuestros bienamados Livingston estarán preparados para encontrarse con ustedes de nuevo, y dar ciertos pasos que les conducirán a su Libertad Completa. Deseo que cada uno de ustedes siga las Directrices que les han sido dadas, y recuerden siempre que, nada en la Vida es tan importante como amar, adorar, y elevarse hasta la 'Poderosa Presencia YO SOY' dentro de ustedes, y en el Universo. ¡Nunca pierdan el gozo y entusiasmo de la Búsqueda en ningún momento!"

"Estaré presente a intervalos, mientras estén en la mina, aunque no visible. Cuando retornen, Bob irá con ustedes, preparado para ir al Lejano Oriente. Yo no puedo aparecer de nuevo a los Livingston en forma visible y tangible antes de nuestro viaje; pero Zara, deseo recordarte que Dave Southerland, a quien conocerás en la mina, es tu Rayo Gemelo. Recordarás y reconocerás su cara y radiación, porque sus rasgos son similares a los que tenía en la encarnación en la que estuvieron juntos la última vez. Bienamados estudiantes, Mis Bendiciones les envuelven a cada uno en el Abrazo Divino de la 'Poderosa Presencia YO SOY'". Según pronunciaba estas últimas palabras, Su Cuerpo desapareció casi instantáneamente. Hicimos el viaje a la mina con los Livingston, la mañana del siete de julio; y cuando arribamos, Bob nos dijo que Saint Germain había dejado una nota diciendo que llegaría a las ocho de esa noche. Cuando se les mostró el bungalow a los Livingston, su gozo fue muy grande y justificado; porque Rayborn no había escatimado gastos para proporcionarles todo confort.

Después de cenar esa noche, Bob se excusó y hora y media más tarde, retornó con Dave Southerland. Él fue presentado a todos excepto a Zara, que había abandonado momentáneamente la habitación. Ella retornó y repentinamente quedó cara a cara con Dave, cuando Bob estaba a punto de presentarlo. Nosotros estábamos todos observando a propósito, sin aparentar hacerlo así. Cuando sus ojos se encontraron, nadie se movió durante un momento, "Te he visto a menudo en mis sueños", -fue el comentario de Dave-, "y no obstante siempre me pareció mucho más real que un Sueño".

"Sí", -dijo Zara-, "es verdad, justo como nuestro Bienamado Saint Germain me dijo. Te recuerdo. También te he visto a menudo, mientras mi cuerpo dormía. Cuando yo estaba muy enferma, y parecía que no había esperanza de recuperación, viniste a mí en cada ocasión, y me sentí mucho más fuerte y más animada. Después llegó Saint Germain, y fui totalmente restablecida en unas pocas horas. Te contaré todo esto más tarde".

Cada ojo en la habitación estaba húmedo con las lágrimas, cuando ocurrió la reunión de estos Rayos Gemelos. Estábamos agradecidos al Bienamado Saint Germain por la Perfección con que nos rodeaba constantemente, a cada uno de nosotros, y al mundo. Verdaderamente no hay más profundo lazo de Amor en el Universo que el existente entre un Maestro Ascendido y Sus estudiantes.

En ese momento, una Voz desde los éteres comenzó cantando en tonos claros y maravillosos, "El Amor es el Cumplimiento de la Ley", con un bello acompañamiento de instrumentos de cuerda. Dave quedó casi inmóvil con la sorpresa, porque era la primera vez que había sido testigo de una Manifestación de la Hueste Ascendida. La música era Su Reconocimiento y Bendición de la Unión Eterna de los tres pares de Rayos Gemelos; y Dave era como una flor justo a punto de abrir sus pétalos a la Radiación Plena del Sol. Nosotros explicamos, tanto como era permitido, lo concerniente a Saint Germain y Su Maravilloso Trabajo.

"¡Es todo tan sorprendente!", -dijo Dave-, "pero siento algo interior que me hace conocer que es Real y Verdadero. ¡Quiero saber más acerca de ello, y conocerle cara a cara!"

Al día siguiente Livingston fue nombrado superintendente de la mina, y se le mostró el "Descubrimiento del Maestro". Él nunca se cansaba de hablar acerca de ello, y estaba muy feliz con todos los arreglos. Cuando acabamos de inspeccionar los trabajos, Bob puso todo bajo su cuidado. A medida que cada turno quedó libre, Rayborn reunió a los mineros, y les presentó a Livingston; explicando que él y Dave Southerland iban a quedar a cargo de todo durante los dos años próximos. Les hizo comprender que apreciaba profundamente su lealtad y servicio; y que los que dejaba a cargo verían en todo momento por su bienestar. El cuarteto entretuvo regiamente a los hombres de nuevo, para el profundo disfrute de todos.

Esa noche, justo cuando nos íbamos a dormir, una hoja de papel flotó hacia el piso a mis pies. La recogí y sobre ella había un mensaje de Saint Germain para Bob, Rex y para mí. Él pidió que fuéramos a un cierto lugar en la propiedad minera de Rayborn, a las siete de la mañana siguiente. Obedecimos, y a nuestra llegada, la Corriente Electrónica me cargó de cabeza a pies. Todos oímos claramente, habladas audiblemente, las palabras: "Siéntense todos calmadamente en forma triangular. Enfoquen la atención de sus mentes sobre la 'Poderosa Presencia YO SOY' al interior, y manténgala allí firmemente". En unos pocos momentos, yo salí de mi cuerpo y cuando hice eso, atravesé el Velo Cósmico. Allí encontré a Saint Germain en gloriosa, Deslumbrante Radiación.

Me saludó con Su Modo Amable y Gracioso.

"Venga", -dijo Él-, "Entraremos ahora en la Tierra, donde no sólo revelaré el gran depósito de oro, del cual hablé; sino el Modo en que el Dios de la Naturaleza y el Dios del Oro trabajan juntos, en Perfecta Armonía; para producir el precioso metal; que la humanidad gusta de usar intuitivamente para servicio y adorno.

"Cuando hablo del Dios del Oro y del Dios de la Naturaleza, quiero decir, los Seres Inteligentes Puros y Perfectos; que manipulan las fuerzas en estos reinos, y las dirigen conscientemente. El Dios de la Naturaleza atrae y dirige las corrientes magnéticas de la Tierra; y a través de una inteligente manipulación, produce ciertos resultados definitivos en y sobre Nuestro Planeta. Esta Actividad es Real, exacta, y se realiza de acuerdo a la ley, de forma tan precisa como un químico trabaja en su laboratorio.

"El Dios del Oro atrae, manipula, y dirige las Corrientes Electrónicas de nuestro Sol Físico. Estas Corrientes son atraídas dentro de la corteza de la Tierra hasta una cierta profundidad, como son a veces las cintas atadas en un lazo. Esta energía electrónica tremendamente concentrada, al combinarse con la fuerza magnética dentro de la corteza de la Tierra, reacciona sobre ella en tal modo, como para ralentizar el nivel de vibración. La radiación del Oro, se absorbe por las plantas y los seres humanos, y se utiliza para muchos propósitos.

"Como mencioné una vez anteriormente, durante sus experiencias en 'Misterios Develados' la emanación del Oro tiene una poderosa acción purificadora y energizante, dentro del cuerpo humano y en la Naturaleza. En todas las Eras Doradas la forma metálica del Oro fue de uso común por la masa de la humanidad: y durante esos periodos, su desarrollo espiritual alcanzó un muy alto punto de logros.

"Una razón que explica el caos del tiempo presente es que el Oro, en el mundo mercantil, se acapara o guarda, en lugar de permitírsele fluir libremente entre la humanidad; y esparcir su actividad equilibradora, purificadora y energizante en la actividad comercial de la raza". "El acaparamiento del oro en grandes cantidades significa acumulación de fuerza Interna; que si no se libera o esparce en un determinado periodo de tiempo, se liberará por si misma, a causa de la sobrecarga de su propio y Tremendo poder Interno.

Saint Germain me atrajo más cerca de Su Radiación, y me fue revelada la Actividad Interna de la Tierra. Delante de nosotros se encontraban dos Trascendentales Seres Radiantes, uno atrayendo y dirigiendo las corrientes magnéticas de la Tierra y el otro, las del oro, que se había formado dentro de la corteza de la Tierra.

El que llamaremos Dios de la Naturaleza, era un Ser de gloriosa belleza y poder. Su Cuerpo tenía 1,80 m. de altura, y sus vestiduras eran de color verde, oro y rosa. Parecían hechas de Sustancia auto-luminosa. Rodeaba su cabeza un aura de intenso azul, y se derramaban Rayos de Luz desde el Corazón, la Cabeza y Manos. El Rayo de la Mano derecha era verde, y el de la izquierda rosa, mientras el de la cabeza era blanco y el del Corazón color dorado.

El Ser a quien Saint Germain llamó el Dios del Oro, estaba envuelto por tal Deslumbrante Luz Dorada, que necesitamos varios segundos antes de poder mirarle con la suficiente fijeza, para ver más detalles. Sus vestiduras también, eran de sustancia de Luz, pero los Rayos que se extendían desde la Cabeza y Manos eran de oro ígneo; los Rayos del Corazón eran blanco deslumbrante, y el aura, que se extendía plenamente unos 30 cm. alrededor de la cabeza, parecía como si estuviese hecha de Rayos únicos de luz blanca.

"La existencia del oro", -continuó Saint Germain-, "dentro del cuarzo blanco es la formación más pura dentro de la Tierra, en el tiempo presente, siendo el cuarzo blanco el residuo de las corrientes magnéticas, por decirlo así; y siendo el oro metálico, la Sustancia Electrónica del Sol, con un nivel de vibración reducido. Esta es la razón para que se hable del oro ocasionalmente como un Rayo de Sol precipitado.

"Observe ahora". Aquí los Dos Seres dirigieron los Rayos de Luz a través de sus manos a una cavidad en las rocas, dentro de la cual se había deslizado una pequeña cantidad de Oro, cuando estaba en estado derretido; a través de una fisura de conexión, evidentemente causada por una acción volcánica. El intenso calor había sellado la fisura con granito derretido, ocultando de este modo la entera vena que llevaba a la cavidad. "Este particular yacimiento", -continuó Él-, "en su punto más elevado, está a unos 60 m. por debajo de la superficie. Desde un punto de vista geológico, no podría ser, y no sería descubierto. Después de su retorno del Lejano Oriente, será abierto; y un día el mineral se usará para un propósito especial, de modo que la humanidad sea bendecida e iluminada".

Continuamos observando a estos Dos Seres, ya que su proyección de los Rayos de Luz, hacían que el Oro dentro de la cavidad se expandiera y resplandeciera, como lo hacen las plantas a la luz del sol.

"Hemos estado aquí durante unos treinta minutos", -señaló Saint Germain-, según salimos afuera, y volví de nuevo a mi cuerpo físico. Rex y Bob, parecían estar en un sueño profundo. Unos momentos más tarde, cuando abrieron sus ojos, les expliqué lo que había ocurrido. Aunque su misión, fue diferente de la mía, y la Revelación e Instrucción que recibieron era de naturaleza más individual, habían retenido la plena conciencia durante la experiencia; y se les había mostrado parte de la misma actividad que había observado yo.

Retornamos al bungalow a las ocho, para el desayuno, y describimos nuestras experiencias a Nada, Perla y Rayborn. Fue entonces cuando nos dijo que íbamos a retornar al rancho el día diez. La tarde del nueve, estuvo plena de música y gozo, a la que se unieron los Livingston, porque no íbamos a estar de nuevo con ellos en dos años.

Nuestra vuelta al rancho no tuvo eventos que narrar, y los siguientes diez días los pasó Rayborn en ultimar sus actividades mercantiles, legando todo a Nada y Rex. Sus posesiones eran muy grandes, y su gran fortuna colocaba a sus hijos entre los más ricos de la parte Oeste del país. Seguramente ningunas otras dos personas eran más dignas de ser custodios de las riquezas de Dios.

En la mañana del día nueve, nos reunimos todos en la sala de la torre, donde nos esperaba una sorpresa, porque al abrir la puerta, la sala estaba iluminada por una suave Luz Blanca. Cuando todos habíamos llegado a estar muy quietos, Rayborn se puso de pie y pronunció una plegaria de alabanza y agradecimiento, en profunda gratitud por el bien que había disfrutado, finalizando con una bendición que abarcaba a todas sus posesiones terrenales, por el gran servicio que le prestaron. Entonces entramos en profunda meditación, y recibimos Gran Asistencia e Iluminación. Después de nuestra meditación retornamos a la sala de música donde el cuarteto cantó cerca de una hora. A continuación Rayborn abrazó a cada uno de sus seres amados y marchó a su habitación, ya que él y yo debíamos partir tempranamente en la mañana siguiente, para la Cueva de los Símbolos. Salimos a las seis, conduciendo Rex hasta el punto más próximo. El camino a la entrada fue muy regocijante, con el aire vigorizante de la mañana, y según nos aproximamos, oímos el sonido de maquinaria en movimiento. Cuando llegamos a la segunda entrada, Saint Germain esperaba por nosotros. Parecía más Divino, más Maravilloso que antes.

Avanzamos hasta el arco blanco, y éste se abrió delante de nosotros, sin que nadie lo tocara. Donde habíamos visto antes arcos azul y rojo, en nuestras visitas anteriores, vimos ahora deslumbrantes arcos blancos en su lugar. Estos simbolizaban un Reconocimiento Cósmico de la elevación que iba a tener lugar, de uno de los hijos de la Tierra.

Entramos en la cámara de la radio, y todavía puedo recordar el sentimiento de Paz que disfruté mientras estuve en ella. A no ser que uno haya experimentado la gran felicidad de estar una vez más dentro de la Radiación de estas maravillosas cámaras, tal sentimiento de exaltación apenas se puede transmitir a otros. Estas cámaras se han cargado durante cientos de siglos con la gloriosa "Presencia" de los Magnos Maestros Ascendidos de Amor, Luz, y Sabiduría, la Legión de la Luz, y la Gran Fraternidad Blanca.

Nuestra meditación aquí era una actividad con una amplia diferencia con las realizadas en cualquier otro entorno; y el valor de tal Emanación está más allá de los conceptos humanos. Saint Germain nos pidió que nos sentásemos, mientras Él daba las Instrucciones necesarias. Me maravillo hoy, de cuán claramente retiene un estudiante en la memoria esa Instrucción, porque nunca se repite, excepto por el propio Maestro; aunque es tan clara, como si se grabase en letras de Luz sobre mi memoria.

Cuando finalizó la Instrucción, fuimos a los dormitorios que habíamos ocupado anteriormente, donde permanecían nuestras Vestiduras sin Costura para nuestro uso. Entramos en profunda meditación, manteniendo nuestra atención sobre la "Poderosa Presencia YO SOY", el Cristo Maestro dentro de nuestros Corazones. Después de tres horas nuestra conciencia se elevó a las Alturas, y se nos mostraron Revelaciones que nos asombraron. Habíamos entrado en los Reinos de los cuales habíamos oído, pero nunca retuvimos memoria consciente de haber estado allí. En ese momento oímos los dulces tonos de una campanilla, anunciando la proximidad del Maestro. Su cara estaba radiantemente feliz.

"Estoy muy complacido con su primera Meditación Real", - dijo Él-. "Mantengan esto como una hora sagrada cada día". Él extendió ambas manos hacia nosotros, y en cada una había una copa de cristal llena de un Espeso Líquido Dorado que parecía miel, aunque chispeaba como si estuviese hecho de diamantes.

"Esto", -dijo Él-, "será su principal sustento durante los días subsiguientes, porque es la Misma Esencia de la Vida. La culminación de la experiencia de nuestro Hermano Rayborn, es lo más vital del entero peregrinaje del alma en la Tierra, y el 'Summum Bonum' de la existencia humana. Ahora vengan conmigo a la Cámara de la Luz, y no se alarmen de lo que vean o experimenten".

Atravesamos la cámara de audiencias, y en su parte final se abrió delante de nosotros un espacio con las dimensiones de una puerta, donde un instante antes habíamos visto solamente una pared sólida. La abertura se cerró rápidamente detrás de nosotros, y nos encontramos en el centro de una Esfera Perfecta. Había tres sillas de oro sólido colocadas de modo que formaban un triángulo en el medio del piso.

"Por favor siéntense", -dijo Saint Germain-, ocupando Él la tercera silla. La cámara estaba llena de suave y resplandeciente Luz, y ésta comenzó a incrementarse de forma continua en intensidad y movimiento, hasta que fuimos conscientes de Su Sorprendente Velocidad. Lenguas de Fuego comenzaron a danzar saliendo de la Luz Circundante, penetrando nuestros cuerpos con un efecto asombroso; en el cual sentimos los electrones entrando y cargando nuestras mentes y cuerpos con su tremenda energía, aunque la sensación era de deliciosa frescura.

Según continuó esto, sentimos y vimos la Luz dentro de nosotros elevarse y expandirse, hasta que en unos momentos llenó la entera esfera la más deliciosa fragancia de rosas. Esta creció más fuerte, y entonces fuimos conscientes de que emanaba de la Luz dentro de nosotros mismos. Repentinamente, la Esencia de Rosas se condensó, y yacimos sobre Lechos de Rosas de muy exquisitos colores. Nuestra experiencia trajo una Exaltación a nuestra conciencia que no pueden describir las palabras, y produjo un sentimiento de Paz Profunda. No hubo nada imaginario en esta entera experiencia, porque la Perfección que existe dentro de la Pura Luz Electrónica no tiene límite; y mediante la apropiada comprensión de Su manifestación, puede tomar y tomará cualquier forma y cualidad que un Maestro Ascendido elija imponer sobre Ella.

El glorioso sentimiento de Paz, felicidad y bienaventuranza que experimentamos, borró toda idea del tiempo, porque las actividades Interna y externa habían llegado a ser una Unidad Completa de Armonía;

enfocada en el momento presente por Saint Germain, en la Absoluta Pureza y Perfección de la Única Gran Luz, la "Poderosa Presencia YO SOY". Gradualmente cambió la velocidad de la Luz, disminuyendo cada vez más, hasta que brilló con la suave radiación de la luz de la luna sobre un plácido mar.

Para nuestro asombro, encontramos que las Rosas eran Reales. Aunque habían surgido de la Luz, no desaparecieron con Ella. Después de esta experiencia, pude entender fácilmente por qué la Rosa se había usado a través de los siglos como el símbolo del Alma, y por qué la Radiación de un Maestro Ascendido tenía tan a menudo la fragancia de una rosa.

"Vendrá aquí, Hermano mío", -dijo Saint Germain- dirigiéndose a Rayborn, "cada día a esta hora, pero el resto del tiempo debe permanecer sólo". Cuando retornamos a la cámara de audiencias, comprendí que habíamos estado en la Cámara de la Luz durante más de tres horas, aunque habían parecido sólo unos momentos. Saint Germain nos dio otra copa de Líquido Dorado como nutrición para el cuerpo.

"Ahora vayan a sus habitaciones y duerman", -instruyó Él-, "hasta que Yo les llame". Dondequiera que nos movíamos nos envolvía la maravillosa fragancia de rosas, y apenas nos habíamos echado en cama cuando ya estábamos durmiendo.

Este Maravilloso Trabajo prosiguió cada día, hasta la llegada de Nada, Perla, Rex, y Bob, el veintiséis de julio. Después de intercambiar saludos, ellos comentaron el suave resplandor y la fragancia de rosas, que rodeaba mi cuerpo continuamente; y fueron felices por esta parte de mi avance. Durante el veintisiete, llegaron muchos de los Maestros Ascendidos, individualmente y en grupos, hasta que todos los que iban a tomar parte en el trabajo habían arribado. A las siete de esa noche, fuimos escoltados a la Cámara Eléctrica; donde estaba esperando el Maravilloso Acelerador Atómico, para recibir a otro de los hijos de Dios, y enviarlo a su Eterna Libertad (Un Hijo de la Luz), Una Imagen y Semejanza Verdadera de la "Poderosa Presencia YO SOY".

Cuando entramos en la cámara, la Luz dentro de ella era intensa, aunque contenía diminutos puntos de Luz más Deslumbrante, saltando en la atmósfera de un lado a otro continuamente. Rayborn se sentó en la Silla, y los veinticuatro presentes formaron un círculo alrededor del Acelerador. Saint Germain permaneció de pie directamente detrás de él, y yo justo en frente. Nada, su Rayo Gemelo, permaneció dentro del círculo. Cuando todos estuvieron listos, Saint Germain ordenó que la atención individual de cada uno se centrase firmemente sobre la "Presencia" y la Supremacía del "YO SOY", y la del Maestro Jesús.

Repentinamente, similar al destello de un relámpago, nos rodeó un Círculo de la más intensa y deslumbrante Luz blanca, acercándose hacia la Silla, hasta que se redujo a una anchura de tres metros. La Luz dentro de Daniel Rayborn se expandió y se reunió con el Círculo de Luz externo. Según se tocaron, él comenzó a elevarse lentamente, a una distancia de aproximadamente su propia altura sobre el Acelerador, mientras se seguía la Luz dentro de él.

Nada se acercó a él, pasando al interior del Círculo menor de Luz. Allí se encontraron en un abrazo divino durante un momento. En el instante siguiente, el Rostro del Maestro Jesús brilló en un Aura de oro, rosa, y azul sobre ellos. Inclinando sus cabezas hacia nosotros, y sonriendo radiantemente, miraron a lo alto, cuando un Gran Rayo de Intensa Luz Blanca descendió envolviéndolos a Ambos en Su Protectora Radiación; bendiciendo su Gloriosa Unión, y ocultándoles de nuestra vista, mientras pasaban más allá de todo cuidado y limitación, a su Eterna Perfección del Ser; vestidos en Cuerpos de Sempiterna Luz -la Vestidura de la Inmortalidad, que brilla más fuerte que el Sol del mediodía.

De este modo, entró otra "Poderosa Presencia Maestra" del "Gran YO SOY" en el Servicio Cósmico; mientras el Coro Celestial cantó su Himno de Eterna Alabanza y Victoria de la "Luz de Dios que nunca falla".

CAPÍTULO 10

EXPERIENCIAS FINALES Y NUESTRO VIAJE A ARABIA

NUESTRO trabajo aquí ha terminado por el momento", -dijo Saint Germain-, cuando concluyó el canto. "Vayamos ahora a la gran cámara y cenemos". Apenas nos habíamos sentado a la mesa, cuando Daphne apareció ante el Gran órgano y Arion de pie a su lado, con un maravilloso violín.

Comenzaron a tocar, y un Suave Globo de Luz Iridiscente se formó cerca del techo, procedente del cual llegó una muy Gloriosa Voz de tenor cantando, -"Reinamos en el Nombre de Cristo"-, cuya melodía y letra era enormemente inspiradora. Saint Germain sintió la pregunta en nuestras mentes, sobre quién era el Cantante, y en respuesta a nuestros pensamientos, replicó: "Algún día verán a este Cantante Cósmico cara a cara".

Daphne saludó a los muchachos con entusiasmo, y pidió al cuarteto que cantase con el acompañamiento del órgano y violín. Después de la música disfrutamos de una hora gloriosa, renovando nuestra amistad con los presentes, algunos de los cuales habíamos de encontrar de nuevo en el Lejano Oriente.

Era cerca del alba cuando los otros invitados se habían ido, y nosotros cinco quedamos a solas con Saint Germain. "Retírense ahora", -dijo Él-, "y tomen su merecido descanso, de modo que puedan retornar al hogar mañana por la tarde". Al día siguiente nos despertó una campanilla a las once, porque íbamos a encontrarnos con nuestro Bienamado Maestro en la Gran Cámara. Según nos aproximamos, notamos que las grandes puertas ya estaban abiertas, y el interior estaba iluminado tan brillantemente como el Sol del mediodía. Nunca habíamos experimentado antes este efecto de Luz Solar Interior.

"¿Por qué se asombran todavía de estas cosas?", -preguntó Saint Germain-, consciente de la sorpresa. "Ustedes saben que se pueden lograr todas las cosas concebibles, en el Estado Ascendido de Conciencia. Estas cosas son posibles siempre, y son producidas con absoluta seguridad y perfecta calma. Sé que todavía no están acostumbrados a lo que es poco frecuente, pero para el Cristo Maestro, la 'Presencia YO SOY' dentro de ustedes, no puede haber nada inusual. Traten de comprender esto plenamente, de modo que ustedes también puedan vivir en la Conciencia de los Maestros Ascendidos, y entrar en el Conocimiento y uso de esta misma Libertad Trascendente. Ahora sentémonos". Inmediatamente, apareció delante de nosotros el más delicioso de los almuerzos, y mientras comíamos, Saint Germain nos dio Instrucciones para el viaje al Lejano Oriente.

"Sugeriría", -señaló Él-, "que viajasen lo más ligeros de equipaje posible. Sigan su impulso Interno siempre, porque estarán perfectamente dirigidos en todo momento. Ahora estarán seguramente conscientes de que las ropas, o cualquier otra cosa que puedan necesitar, estarán siempre disponibles. No necesitan sobrecargarse innecesariamente con equipaje en este viaje. Nos reuniremos en la sala de la torre el diez de agosto, a las ocho de la noche, cuando la fecha de su partida ya estará decidida". Saint Germain salió con nosotros hasta el auto, y después de darnos un amable adiós, retornó al Retiro. Nosotros entramos en el coche, y volvimos al rancho. Las dos semanas siguientes estuvieron verdaderamente muy ocupadas, terminando de organizar nuestro viaje al Oriente. Sobre Rex recayó la obligación de dar alguna explicación al capataz, acerca de la continuada ausencia de Daniel Rayborn.

"Mi padre", -le explicó una mañana-, "ha sido llamado al Lejano Oriente donde permanecerá indefinidamente. Yo estaré a cargo de las cosas aquí, aunque Nada y yo estaremos viajando por el extranjero cerca de dos años. ¿Puedo confiar en usted para que cuide del rancho durante nuestra ausencia?"

"Haré lo mejor para cuidar el rancho como desea", -replicó él-. "Mi ayudante es bastante fiable y capaz de hacerse cargo, si me ocurriese algo a mí".

El tiempo pasó volando, y llegó el día diez, lleno de una gozosa anticipación de nuestra tarde con Saint Germain. Hasta que uno ha tenido una experiencia tal, como era nuestro privilegio de asociación con Él, es imposible transmitir la gran felicidad que sentimos, en la contemplación de una todavía mayor iluminación. Nuestra reciente Instrucción, durante la Ascensión de Daniel Rayborn, y mi contacto con el caballero mayor de cabello blanco, que buscó por tanto tiempo al hombre con la Copa de Cristal, fueron un gran estímulo, y suficiente aliciente, para que nosotros alcanzáramos la Luz con toda la intensidad de nuestros Seres, para hacer también la Ascensión. A las ocho, según nos aproximamos a la sala de la torre, se abrió la puerta, y Saint Germain apareció Radiante y Resplandeciente, delante de nosotros, con sus brazos extendidos. Intercambiamos saludos amables, tomamos nuestros lugares, y Él nos transmitió el Amor y Bendiciones de la Madre y Padre de Rex y Nada.

"El tiempo de vuestra partida", -comenzó Él-, "se fija para el veinte de agosto. Pienso que estaría bien si Rex, Bob, y este Hermano", -señalándome a mí-, "hiciesen un viaje más a la mina, antes de partir para el Oriente; con objeto de dar ánimos y fuerza a los Livingston. No tenía pensado esto cuando dejaron la mina, pero pienso que es acertado verlos una vez más. Gaylord los encontrará en París a finales de octubre, tan pronto como finalice su trabajo en Sudamérica.

"Ahora, tengo algo más que decirles. Se ha cerrado la entrada externa a la Cueva de los Símbolos; y a no ser que uno haya estado allí, no será posible localizarla de nuevo. Cierto individuo la descubrió, y estaba planeando hacer una partida de investigación allí. Ha sido necesario impedir eso. Como ven, Bienamados, tenemos todo el Poder y Medios Ilimitados dentro de nuestro control, con los cuales guardar y proteger cualquier cosa que necesite Nuestra Protección. Les daré Ciertas

Instrucciones para su uso inmediato, y entonces deben partir para reunirse con la Rama Sudamericana de la Gran Fraternidad Blanca". Después de indicar lo que era necesario, elevó Su Mano Bendiciéndonos, y con una Sonrisa Radiante se fue.

El entusiasmo de Bob se mantenía a la par con su progreso. Una de las cosas más maravillosas que he experimentado, fue observar cómo su intenso anhelo por la Ascensión Completa, enfocaba su atención sobre la "Luz" con ininterrumpido gozo y determinación. Nada y Perla expresaban la Gran Sabiduría de la "Poderosa Presencia YO SOY" según la expansión de la Luz se incrementaba dentro de ellas.

Nos dirigimos a la mina en coche el día doce, y arribamos allí a las seis de la tarde; Todos quedaron sorprendidos, excepto Zara, que dijo que sabía que los visitaríamos de nuevo antes de partir para el extranjero.

Salimos temprano, la mañana siguiente, y retornamos al rancho, sabiendo que nuestra visita fue un fuerte apoyo para los Livingston. Nunca olvidaré nuestra última noche en ese maravilloso rancho donde tanta felicidad nos había llegado a todos; y donde habían tenido lugar los eventos de tan suprema importancia, que afectaron la Vida de cada uno tan vitalmente. Sentí un fuerte impulso de ir a la sala de la torre, para una meditación de despedida. Este impulso creció tan fuerte que pedí al resto que me acompañasen. Cuando nos aproximábamos a la puerta, ésta se abrió para darnos paso, y allí dentro había el mismo suave y Bello Resplandor que lo santificaba con una Presencia Sagrada, y una Paz indecible. La puerta se cerró detrás de nosotros, e involuntariamente, caí de rodillas, en la más grande alabanza y gratitud que jamás había conocido.

Repentinamente, mi sentimiento encontró expresión, y las palabras se derramaron desde mi "Presencia YO SOY" dando voz a las más Profundas Emanaciones de mi alma, en frases muy alejadas de mi habilidad externa. Cuando finalicé, Bob emitió una plegaria de tal belleza que estremeció a todos. Los otros sintieron el mismo impulso y expresaron sus sentimientos desde las profundidades de sus Corazones. Seguramente, esta Emanación de nuestro Amor y Gratitud debió alcanzar al mismo Corazón Central de la Creación, por sincero e intenso.

Cuando finalizamos, la Luz en la sala se hizo Perfectamente Deslumbrante. Repentinamente una Voz Fuerte y Magistral habló desde los éteres diciendo:

"Todo está bien. Siguiendo sus inspiraciones para dar expresión a ese sentimiento Interno de Alabanza, han contactado Grandes Alturas, como también Grandes Maestros Ascendidos. Esto les traerá Bendiciones incontables. La Paz del "Cristo Cósmico" les envuelve y transporta en Alas de la Luz, hasta que hayan alcanzado la Perfección Eterna".

Lentamente, la Luz disminuyó, hasta que permaneció solamente un suave resplandor. Abandonamos silenciosamente la sala, sabiendo que estábamos bajo la Amorosa Vigilancia y Cuidado de los Magnos Poderes de la Luz, de los cuales todavía teníamos muy poca idea. Una profunda e Indecible Radiación de Amor, y un Gozo Celestial, salieron de cada uno hacia los demás, y nos retiramos a nuestras habitaciones.

Partimos tempranamente por tren la mañana siguiente, y arribamos a Nueva York unos días antes de embarcar. Mientras gozamos de muchas cosas de interés allí, sentimos una enorme Apreciación Interna por la Estatua de la Libertad.

A las cuatro de la tarde del veintiocho, embarcamos en el S.S. Majestic verdaderamente un palacio flotante. El remolcador llevó al buque hacia mar abierto, y cuando comenzó a surcar su camino a través de las aguas profundas, estuvimos observando a Nuestra Diosa de la Libertad hasta desvanecerse de la vista. Bajamos al comedor, a la primera llamada para la cena, donde habíamos reservado una mesa para seis, esperando naturalmente que nuestra reunión fuera a solas. Estábamos acabando de ordenar nuestra cena, cuando el sobrecargo trajo a una Bella y Joven Dama a nuestra mesa. Al fijarme en ella, imaginen mi sorpresa cuando vimos delante de nosotros a la Alumna del Maestro que era la Cabeza del Consejo de Francia; en cuyo hogar habíamos pasado una semana, antes de retornar a América con los Livingston. Ella fue con quien tuve el primer contacto como la Hermana Velada, que era el Rayo Gemelo de Gaylord. Me saludó cordialmente, y según me volví para presentarla a los demás dijo: "Puede llamarme Leto". Después de saludarla, ellos expresaron su gran gozo y delicia por Su Presencia.

"He venido", -explicó Ella-, "para llevarlos a nuestro hogar en París, que Mi Maestro desea que hagan su hogar mientras estén fuera. Le hará muy feliz extender Su hospitalidad a todos ustedes". Nosotros aceptamos Su invitación gozosamente, sabiendo que era parte del Plan Divino que había preparado Saint Germain para nosotros. Para aumentar nuestra felicidad, encontramos que Su camarote estaba próximo al de Nada y Perla. Cuando se ofreció la oportunidad, expliqué a los demás que esa pequeña Dama, que no parecía mayor de diecisiete años, había usado Su Cuerpo Presente durante unos trescientos años. A mí casi me extrañó la credulidad de mis amigos, a pesar de todo lo que Saint Germain había hecho y dicho, de que ellos se acostumbraran a la Gran Verdad y Realidad de los Maestros Ascendidos y Su Trabajo.

La primera noche nos sentamos en la cubierta completamente en armonía con la gran paz de las profundidades, pues estaba tranquila como un espejo, plateada por la belleza de la luna llena. La noche siguiente la pasamos en nuestra suite escuchando las instrucciones de Leto. Explicó cómo se debe acostar el cuerpo, dejándolo a conciencia y a voluntad. Fue la sencillez y claridad de su explicación lo que hizo que todos comprendiéramos todo con tanta claridad y nos diéramos cuenta de las posibilidades del logro que teníamos ante nosotros.

Cuando dimos las buenas noches a Leto, pareció como si una sutil Vestidura de Luz nos envolviese, y la fragancia del brezo, que llenaba el camarote todas las noches, se adhiriese a nosotros mientras nos retirábamos. Nos encontramos al desayuno, y el Resplandor era incluso mayor que la noche anterior. Durante el curso de nuestra conversación, pregunté a Ella por qué habíamos sido tan conscientes de la fragancia del brezo durante Su Instrucción.

"En el siglo once", -explicó Ella-, "viví en Escocia, y durante una experiencia de esa vida, se me hizo muy querida la memoria del brezo. Siempre, desde entonces, en los más inesperados momentos, la fragancia del brezo irradia intensamente, tanto que, muchas veces, es advertido por quienes están a Mi alrededor".

Observé que Leto llevaba una Vestidura Blanca sencilla, aunque daba el efecto de tener un reflejo de muchos colores, brillando a través de la misma. Ella contestó a mi pensamiento inmediatamente, diciendo: "Esta Vestidura que llevo puesta es una Sin Costuras, no hecha con manos humanas, sino precipitada directamente de la Pura 'Sustancia de Luz'; de aquí resulta el reflejo y Radiación que ven. Nunca se manchará ni mostrará uso. No pasará mucho tiempo hasta que cada uno de ustedes lleve la misma clase de Vestidura. En la plena Conciencia despertada, o lo que llaman la Conciencia Maestra Ascendida, nunca Nos cargamos de equipajes de ninguna clase; porque en los éteres alrededor de Nosotros, está la Sustancia Pura de la cual se forma toda cosa , según deseemos usarla.

"Todo lo que tenemos que hacer es traerla a la forma, mediante la atención consciente sobre nuestra imagen mental, o forma visualizada. Esto crea un foco para la concentración y condensación de la Luz Electrónica en el éter, que llena el espacio en todo lugar. Nuestro sentimiento, unido con la imagen mental, activa una atracción -un tirón magnético- sobre la Sustancia Electrónica Pura. Con este Sentimiento, debe haber un cierto conocimiento de cómo elevar o disminuir el nivel vibratorio en el aura alrededor del electrón; porque el nivel vibratorio del aura, determina la cualidad y material del artículo precipitado.

"Cuando uso el término electrón, me refiero a un centro- Corazón Eternamente Puro de Fuego Inmortal, -un Perfecto Equilibrio de Luz, Sustancia e Inteligencia-, alrededor del cual hay un aura de Luz menor que el mundo científico llama campo de fuerza.

El Electrón es Perfecto, pero el 'campo de fuerza' o aura alrededor de él, está sujeto a la expansión y contracción; y éste es el factor determinante que trae la sustancia a la forma desde lo invisible a lo visible.

"A causa de la Inteligencia Inherente dentro del electrón, éste llega a ser un obediente sirviente, y está sujeto a la manipulación del individuo que reconoce su Fuente de Vida, por estar consciente de la 'Poderosa Presencia YO SOY' dentro de él mismo. Desde esta Altura de Conciencia, tal individuo, mediante directo mandato a la Inteligencia dentro del electrón, puede liberar una onda de Su Fuego para que fluya al exterior, y obligue al 'campo de fuerza' a expandirse o contraerse a voluntad.

"Por ejemplo, el acero tiene una tasa vibratoria mucho más baja que el Oro, y si uno precipita Oro, el campo de fuerza alrededor del electrón será naturalmente más grande en extensión, y de aquí que contendrá más Fuego Inmortal que el acero.

"Al conseguir esta suerte de manifestación, la visión y el sentimiento deben mantenerse fijos para producir resultados rápidos. Es trabajo del estudiante ser maestro de sí mismo, y mantener el Control y la dirección Consciente de la energía dentro de su propia mente y cuerpo. Entonces él es capaz de gobernar el flujo de su poder, a través de los canales de la vista y el sentimiento, para un objetivo definido, y mantenerlo allí; hasta que el receptáculo que es su imagen mental, se llena plenamente con la Viviente Sustancia Luminosa procedente del Fuego Universal de la Vida.

"Esta Instrucción es para su uso, y deben aplicarla, si desean obtener algún grado de Maestría; porque solamente mediante el uso del conocimiento que ya tenemos, podemos utilizar aquello que es todavía más grande. Nadie puede obtener ningún grado de Maestría, excepto a través del funcionamiento de la Gran Ley Interna del 'YO SOY'.

"El Mayor de todos los Fundamentos es recordar (por siempre) que desde el más bajo al más alto Ser del Universo, la Única 'Presencia y Poder' que puede mover o hacer cualquier cosa constructiva es Esa Inteligencia Consciente que reconoce Su Propio Ser y Manifestación, decretando 'YO SOY', seguido por cualquier cualidad que ese Ser desee manifestar externamente. Ella es la 'Palabra de Dios' a través de la cual ocurre la Creación, y sin Ella, la Creación no llega a tener lugar. Recuerden, hay solamente Un Poder que se puede mover a través de la Creación, la Luz Electrónica que existe en todo lugar.

"El individuo que puede decir 'YO SOY', por el Reconocimiento de su propia existencia, debe aceptar la responsabilidad de sus propios Decretos. El Gran Principio Creador está presente en todo lugar, lo mismo que el uso de la tabla de multiplicar; pero necesita el Reconocimiento del individuo, de su propia 'Presencia YO SOY', para ponerla en acción; y cumplimentar su plan de Vida, que es Perfección o Equilibrio Perfecto.

"La personalidad, o actividad externa del individuo, es tan sólo un foco a través del cual actúa la 'Presencia Mágica' del 'YO SOY'. Si la energía de la 'Poderosa presencia YO SOY' se cualifica con pensamientos y sentimientos que consideran solamente los apetitos del cuerpo de carne, no se mantiene el Equilibrio Perfecto del vehículo individual, y es similar a una rueda descentrada. De aquí que, se expresan la imperfección y la discordia; pero si el individuo considera el Equilibrio Perfecto, y hace que su Decreto incluya el todo, en lugar de sólo una parte de su Universo, él seguirá solamente su Reconocimiento de la 'Presencia YO SOY', y la liberación de Su Poder, mediante Decretos que mantengan el Equilibrio Perfecto. Cualquier decreto de la Vida que acepta menos que la Ilimitada Perfección, no forma parte del Plan Divino; y continuará destruyendo las formas en las cuales se enfoque, hasta que sea expresado el decreto de la Perfección Plena. Cuando el estudiante comprenda esto, se mantendrá gozosamente radiante, y firmemente consciente, solamente de su 'Poderosa Presencia YO SOY', no permitiendo nunca que su palabra hablada se pronuncie decretando algo menor que la Perfección de la Vida.

"Desde Nuestra Altura de Conciencia, después de haber observado a la humanidad durante siglos, en la lucha a través de la miseria y la discordia auto-creada; es sorprendente ver cómo la humanidad rehúsa comprender por qué las mentes y cuerpos de la raza continúan envejeciendo, decayendo y desintegrándose; cuando algunos de los científicos más materialistas reconocen que la célula, de la cual están compuestos los cuerpos físicos, es Eternamente Inmortal. La Célula contiene dentro de ella el Poder de renovarse eternamente y sostenerse Ella Misma; porque hay Equilibrio Perfecto en todas Sus Partes. Si se deja en su propia actividad y esfera, continuará manteniendo esa Perfección. Nos sorprende que la raza esté contenta de atravesar la experiencia de la muerte, mientras está todo el tiempo suspirando por la juventud, belleza y Vida; y no obstante, rehúsa mantenerse suficientemente armoniosa para que éstas sean mantenidas. El estudiante que se mantenga sintonizado con su 'Presencia YO SOY', aceptando y decretando solamente Su Perfección y Gran Poder Interno, liberará Su Flujo a través de la actividad externa de la mente y cuerpo, y producirá cualquier cosa deseada.

"Ser capaz de entrar y salir del cuerpo a voluntad, es un paso necesario para la Libertad del estudiante, que le conducirá a Mayores Logros. Una parte de Mi Servicio a la humanidad está en enseñar al individuo cómo hacer esto, un trabajo para el cual tengo un profundo Amor y una habilidad natural. Yo soy capaz de transmitir esta idea a otros, de modo que ellos sean también capaces de salir, y comprender la Vida en una medida mayor.

"Dentro de dos meses ustedes serán capaces de entrar y salir de sus cuerpos conscientemente, tan fácilmente como ustedes entran y salen ahora de su hogar. Al principio, les asistiré hasta que comprendan, y fijen la operación en sus conciencias; después serán capaces de lograr lo que desean enteramente, mediante su propio esfuerzo. Rara vez encontramos varios individuos a punto para recibir Esta Instrucción al mismo tiempo; pero a causa de que son cuatro pares de Rayos Gemelos trabajando juntos, esta es una condición inusual que lo explica.

"Disfrutemos de la brisa del mar, la belleza de la noche, y del tiempo placentero, que tendremos mientras hacemos la travesía; porque nunca hay tormentas o perturbaciones donde hay un Foco de la Gran Fraternidad Blanca. Cada Miembro es un Foco Definido. Tengo trabajo que hacer ahora a distancia, de modo que debo dejarles, hasta las cuatro de la tarde, cuando retornaré y estaré con ustedes para cenar".

Cuando estábamos tomando nuestros lugares en la mesa para cenar, retornó Leto, y se unió a nosotros diciendo: Tengo Gozosa Información. Se han logrado cosas espléndidas para Bendición de la humanidad. Se lo adelanto para que puedan regocijarse conmigo, aunque más tarde conocerán todos los detalles de esto, probablemente cuando lleguemos a Arabia. Me complace que hayan sido capaces de mantener su conciencia tan enfocada sobre la 'Presencia Mágica del YO SOY'. Esta noche antes de que comience nuestro trabajo, quiero que disfruten de la puesta de Sol conmigo, porque no habrá otra oportunidad semejante durante cincuenta años; debido a ciertas Actividades Cósmicas, las cuales todavía no entienden". Leto había colocado sillas en la cubierta superior donde estaríamos tranquilos. Cuando todos estuvimos confortablemente sentados continuó: Ustedes recordarán que el Bienamado Saint Germain les dijo: "El Sol es para el sistema planetario lo que el Corazón es para el cuerpo humano, siendo Sus Corrientes de Energía similar a la corriente sanguínea.

"El Sol no es caliente como piensan los científicos. Es mil veces más refrescante que los gentiles céfiros de la más deliciosa noche de verano. Cuando las Corrientes de Energía del Sol atraviesan el Cinturón Etérico de la Tierra, se transforman en calor. El Sol es el Polo Electrónico, y la Tierra es el Polo Magnético. El Cinturón Etérico es el elemento a través del cual se diversifican las corrientes.

"La Mente Crística está encarnada en Grandes Seres sobre el Sol, similar al modo que ocurre en la Tierra. Mantengan siempre esto en mente: Dios esparce Sus Rayos Individualizándose Él Mismo, con objeto de gobernar, regular, y dirigir Su Actividad a través de Seres Auto-conscientes. Es por eso que nosotros, como Hijos de Dios, tenemos la elección del Libre Albedrío.

"Reconociendo y aceptando plenamente Este Magno Poder de Dios, el Amor e Inteligencia anclados en nosotros, nos capacitamos para expresar cada vez más el Pleno Poder de Dios en consciente acción. Solamente los estudiantes más avanzados comprenden que hay Poderosos Seres, tan por encima del 'Señor de la Tierra' como el Señor de la Tierra está por encima del mortal ordinario.

"Ahora, cada uno de ustedes retire la conciencia de su cuerpo, y colóquela completamente sobre el Sol. Cierren parcialmente sus ojos y esperen". Nos sentamos muy quietos durante casi veinte minutos, y entonces salimos del cuerpo como un grupo, guiados por Leto. Ella llegó a ser Deslumbrante y Radiante. Entramos cada vez más profundamente en la intensa Luz del Gran Foco de la Luz Cósmica; e instantáneamente llegamos a ser conscientes de que nos estábamos aproximando al Mismo Globo Solar. El Resplandor que emitía daba a uno un sentimiento de Gran Exaltación con una sensación resplandeciente de Paz y Poder.

Cuanto más se aproximaba Leto, más brillante llegaba a ser Su Resplandor.

Entonces nos aproximamos a una magnífica Ciudad llamada la "Ciudad del Sol". Dentro de ella había maravillosos Seres Perfectos, como nosotros mismos; excepto que sus cuerpos eran ligeramente mayores que los de la humanidad, pero su Radiación y Belleza eran trascendentes más allá de las palabras.

Al poco tiempo, se desvaneció la Gloriosa Ciudad y disminuyó la Luz; hasta que oímos hablar a Leto, ordenándonos retornar con ella. Con un repentino sobresalto, fuimos nuevamente conscientes de nuestros cuerpos físicos.

"Todo un éxito", -dijo Ella sonriente-, "Hice esto posible, para que cada uno pudiera ser testigo de los demás acerca de lo que han visto. El concepto que tiene la humanidad de que el Sol es un foco de gran calor, es absurdo e infantil. La Verdad es que los Formidables Rayos de Energía que Él envía a este Sistema de Planetas no son rayos de calor en absoluto; sino Rayos de Energía Electrónica, que solamente llegan a ser calor cuando contactan y penetran la atmósfera de la Tierra. La atmósfera que rodea a nuestro planeta es un 'campo de fuerza' producido por los Rayos de Fuerza Magnética enviados afuera desde el centro de este planeta; y cuando los Rayos de Energía Electrónica desde el Sol tocan éstos, tenemos el fenómeno en la atmósfera que llamamos calor y Luz del Sol".

Disfrutamos del crepúsculo sobre cubierta hasta las siete y media, y después fuimos al camarote de Leto. Tomamos nuestros lugares en cinco sillas reclinables, que ella había proporcionado para nuestro uso; en las cuales el cuerpo estaba perfectamente calmado y tranquilo, entonces Leto comenzó Su Instrucción.

"Enfoquen su atención en el Corazón por un momento", - explicó Ella- "después elévenla hasta la cima de la cabeza. Manténgala allí sin cambio, y dejen que su pensamiento sea solamente el siguiente: 'Poderosa Presencia YO SOY', que 'YO SOY', toma el control ahora de este cuerpo. Cuida que yo salga y entre de él conscientemente y a voluntad. Nunca de nuevo pueda él atarme o limitar mi Libertad".

No habían pasado más de tres minutos, cuando nos vimos fuera de nuestros cuerpos, Libres -conscientemente Libres-, en cuerpos de Sustancia, pero más sutil que la del cuerpo físico. En éstos, estábamos más claramente alerta y Libres de lo que habíamos estado jamás en el físico. "Vengan conmigo", -dijo Leto-, e instantáneamente salimos del camarote sobre las plácidas aguas, y fuimos directamente a Su hogar en París. Vimos y saludamos a Su Maestro. Después continuamos nuestro viaje al Hogar de la Fraternidad en Arabia, que visitaríamos más tarde. Cuando retornamos cerca de nuestros cuerpos, Ella habló de nuevo: "Esperen, vamos a hacer esto conscientemente". Ella fue hasta cada cuerpo, según yacía en la silla, y tocó la frente, poniéndose de pie inmediatamente, aunque parecía dormido. Entonces Ella dio las Instrucciones Precisas, que no pueden decirse aquí, y estuvimos de nuevo en nuestros cuerpos, plenamente conscientes. La entera experiencia fue diferente de cuantas habíamos vivido previamente; y nos dejó una indescriptible confianza de que podíamos hacerlo de nuevo. Intentamos darle las gracias, pero Ella elevó Su Mano en demanda de silencio.

"El Amor es Servicio, porque dar es la Naturaleza del Amor, y no está concernido con, ni espera, reconocimiento por Sus Dones. No obstante, su gratitud es bella, y bien conocida por Mí".

Los días siguientes estuvieron llenos de gozo, belleza, reposo, y Paz, según observábamos las aguas soleadas durante el día y la maravillosa luz de la luna por las noches; hasta el mismo ser de uno respiraba alabanza y gratitud por la felicidad de existir.

El barco atracó en Cherburgo, y siguiendo a Leto que iba en cabeza, fuimos hasta unos autos que nos esperaban y salimos hacia París. Perla y Nada montaron en Su coche, y Bob, Rex, y yo en el segundo. Cuando llegamos a Su hogar en París, Su Maestro nos saludó de manera muy gentil:

"Es Nuestro Gran Gozo", -dijo Él-, "que hagan de este hogar el suyo, por tanto tiempo como deseen, y deseamos que se sientan tan Libres de entrar y salir como si estuvieran en su propio hogar en América".

Los días siguientes los pasamos con Estos Benditos Maestros, aprendiendo muchas cosas maravillosas, y tuvimos alguna percepción del Trabajo Maravilloso de la Gran Fraternidad Blanca. Su Estupendo Poder, Trabajo Interno y Logros, simplemente pasman el intelecto de alguien que no esté acostumbrado a Esta Clase de Conocimiento. Quedamos bajo Definitivo Entrenamiento y Leto, después de finalizar nuestra Instrucción del día, nos mostró los lugares de interés por la tarde. No se desperdició un momento, porque como dijo Ella, íbamos a partir pronto para Arabia, y esperaba la llamada en la semana siguiente.

Mientras visitábamos el Museo Louvre, Leto nos mostró un cuadro pintado por un artista joven, llamado la "Unión de Dos Almas". Intentaba representar la "Unión de dos Rayos Gemelos", y era una concepción maravillosa, un magnífico trabajo artístico.

Asistimos a una Reunión de la Gran Fraternidad Blanca a la que llegaron Miembros de todo el mundo; entre ellos el Amigo de Gaylord a quien conocí cuando Gaylord fue secuestrado y llevado a París. Fue una inacabable fuente de gozo conocer el Importante Trabajo que se estaba llevando a cabo por los miembros de la Gran Fraternidad Blanca, enteramente desconocidos para el mundo externo. Muchas gentes sinceras que desean vivir el modo constructivo de la Vida son Miembros de Esta Fraternidad en los Niveles Internos, mucho antes de llegar a ser conscientes de ello con los sentidos externos.

Llegó el momento de nuestra partida, y Leto iba a conducirnos hasta el Oriente. Dijimos adiós a Su Bendito Maestro, y nos dirigimos hacia Marsella en coche. Fuimos directamente a la oficina de embarque, según entramos, un hombre alto de fina apariencia vestido de árabe, se aproximó y saludó a Leto. "Su Alteza", -dijo-, "las reservas son para el vapor Mariette Pache. Este sobre contiene los papeles necesarios. Sus acomodaciones en el lugar usual están listas. ¿Puedo hacer algo más?"

Él tocó su Corazón y frente, y Leto devolvió el saludo, dándole la Señal que nosotros reconocimos que pertenecía a la Gran Fraternidad Blanca. Supimos de este modo, que él era uno de los Hermanos. Retornamos al auto, y fuimos llevados a lo que probó ser una vieja pensión privada, anticuada pero inmaculadamente limpia, y el hospedaje bueno. Leto dijo al conductor que nos llamase a las nueve de la mañana siguiente; y debo confesar que estuve grandemente interesado en saber por qué ella fue tratada como "Su Alteza".

A las nueve en punto, subimos a los autos, y fuimos conducidos al muelle, diciendo Leto a los conductores que retornaran a París. Cuando subimos a bordo del barco, nuestro grupo fue objeto de gran deferencia, y nuestro alojamiento fue verdaderamente placentero.

Tuvimos un delicioso viaje sobre las profundas aguas del Mediterráneo, y finalmente atracamos en Alejandría. Leto de nuevo nos condujo hacia unos autos que nos esperaban, y después de conducir cerca de veinte minutos entramos en un recinto de altos muros; y paramos delante de un bello hogar construido en estilo arquitectónico morisco. Un joven con vestimenta árabe nos admitió y condujo a una sala circular. Una bella mujer alta, que no parecía tener más de veinte años, aunque sus ojos poseían profunda Sabiduría, salió y nos saludó graciosamente. Leto nos la presentó como Electra.

Durante nuestra conversación en la cena, supimos algo de la familia de Electra. Su padre era inglés, y su madre era francesa.

"Electra", -dijo Leto-, "es muy avanzada, y está haciendo un bello trabajo, como verán más tarde. Mientras estamos en Alejandría verán los lugares de interés, y pasaremos los próximos dos días disfrutando nosotros mismos".

Estuvimos muy interesados en verlo todo la mañana siguiente. Cuando paramos en una cierta joyería, admirando las bellas joyas y el exquisito trabajo de sus composiciones, el viejo joyero hizo una profunda inclinación, y en saludo tocó su Corazón y cabeza, pidiendo ver los anillos de Rex y Bob. Se mantuvo en silencio por un instante, y entonces mirándolos fijamente a ambos señaló:

"Hermanos Míos, solamente una vez he visto joyas como estas. Son 'Luz Condensada' -son 'Gemas Vivientes'-. Son verdaderamente benditos". Cuando le dimos las gracias y nos volvimos para marchar, pidió las Bendiciones del Altísimo Dios para nosotros.

La segunda noche después de visitar al viejo joyero, estábamos escuchando a Electra describir Sus Experiencias, cuando un Sobre Sellado cayó de la atmósfera directamente a los pies de Rex. Él lo abrió ansiosamente, y encontró un Mensaje de nuestro Bienamado Saint Germain.

"En la mañana", -se leía-, "un yate perteneciente a uno de los Hermanos, los llevará a un cierto puerto, desde el cual proseguirán por auto a su destino en Arabia. Su Madre y Padre envían Saludos y Amor para todos". La mañana siguiente Electra nos acompañó hasta el yate, un hermoso y grácil barco, tan marinero como un vapor rápido.

"Les espero a su retorno, antes de que marchen a la India", -dijo Ella al despedirnos-. Cuando subimos a bordo del yate, tuvimos otra sorpresa porque su Propietario no era otro que el Amigo de Gaylord –el Hermano que conocí en el barco cuando llegamos a Cherburgo, mientras Gaylord estaba secuestrado-.

Nuestro entero viaje estaba bien preparado en cada punto, con mucho confort y medios. Uno apenas puede comprender el gozo de estas actividades, a no ser que experimente algo de este tipo. Tan pronto como estuvimos en alta mar, nuestro Anfitrión nos prestó Su Atención Completa.

"Acabo de recibir una carta", -dijo Él-, "de Gaylord, que está todavía en Sudamérica. Está completando cierto trabajo allí, y pidió a todos que se le recordase. Dice que espera verles antes de que hayan transcurrido muchas semanas más, y hasta entonces, su Amor les envuelve a todos". Dimos gracias a nuestro Anfitrión por el mensaje de nuestro amigo, con cuyo bienestar nos sentimos profundamente concernidos.

Nuestro viaje a través del Canal de Suez fue delicioso, y había tanta tradición divina unida al Mar Rojo, que esperamos sentir un estremecimiento al atravesarlo. Habíamos experimentado repetidamente tales cosas maravillosas, que medio anticipábamos que se dividieran las aguas, y las escenas del pasado aparecieran en los éteres. Según repasábamos los milagros de ese tiempo, nuestro Anfitrión nos dijo:

"Los Milagros", son tan sólo el resultado de una Poderosa Omnipresente Ley Cósmica, puesta en acción - conscientemente-, por uno que acepta su Autoridad Divina, y comprende Su Uso. Las Leyes que gobiernan cualquier clase de manifestación que la mente humana considera supernatural, son tan naturales e inequívocas como el movimiento de un planeta. Toda actividad desde el electrón hasta los Soles Más Grandes del espacio están bajo el control y exacta operación de la Ley; puestos en funcionamiento por Inteligencias Individualizadas Auto-conscientes. Cuando un individuo comprende y aplica la Gran Ley que gobierna la manifestación en la forma, él puede producir, y lo hace, resultados exactos. De modo que, hablando verdaderamente, no hay tales milagros.

"Los Milagros son tan sólo el efecto de la aplicación de la Ley por un individuo, para conseguir un resultado específico. Todos deben aprender a hacer esto, si lo desean con suficiente fuerza, y quieren disciplinar la actividad externa del pensamiento y sentimiento.

Llegamos a nuestro puerto, donde nos estaban esperando dos autos para llevarnos el resto del camino. Nuestro Anfitrión nos acompañó al retiro de Arabia, y dio directrices para que su yate permaneciera anclado, hasta que retornásemos. Habíamos cenado antes de dejar el yate, ya que era tarde cuando llegamos al puerto. Leto explicó que íbamos a viajar durante la noche, con objeto de no ser observados a través de esa parte del país. Viajamos a través de muchos lugares extraños, y llegamos a nuestro destino justamente antes del amanecer.

Llegamos a un lugar delante de una pequeña cabaña, que Gaylord nos había descrito, cerca del pie de una colina. Cómo fuimos capaces de alcanzarla por auto, en lugar de usar camellos, no sabemos por qué, ni era de nuestra incumbencia preguntarlo en ese momento.

Estaba justamente amaneciendo cuando llegamos a la cabaña, e inmediatamente un Hombre Alto con una Capa Índigo, salió a darnos la bienvenida. Nos saludó cordialmente, y solicitó que retornásemos a nuestros autos. Entonces, aunque hubiese tenido lugar un cataclismo, no hubiésemos estado apenas más sorprendidos; porque directamente en frente de nosotros se abrió la tierra, mostrando una suerte de entrada similar a una mandíbula, hecha de metal, lo suficientemente amplia para admitir nuestros coches.

Esta conducía a una carretera bien pavimentada con una inclinación descendente. La mandíbula era controlada por maquinaria poderosa, y cuando se cerró detrás de nosotros, unos momentos más tarde, parecía simplemente el suelo del Desierto de Arabia, a todas luces.

Conforme nuestros autos entraron en la carretera descendente, las paredes laterales llegaron a inundarse con la Suave Luz Blanca que conocíamos tan bien; y que los Maestros Ascendidos usan siempre para iluminar túneles, cuevas, y todo pasaje y vía subterránea. Viajamos lentamente por cerca de veinte minutos, y entonces entramos a una sala circular de cerca de 60 m. de diámetro. En este lugar, había equipamiento de todo tipo para los automóviles, y disponía de personal listo para prestar cualquier asistencia requerida.

El Hermano de la Capa Índigo se bajó del auto, y encabezó el camino hacia lo que parecía ser un elevador. Entramos, descendimos cerca de unos 112 m. y llegamos a una parada, entrando a una enorme cámara con gigantescas columnas de unos 90 m. de altura.

Estas grandes columnas estaban cubiertas de abundantes jeroglíficos, incrustados en bellos y maravillosos colores. Supimos más tarde que había sido la antesala de un gran edificio gubernamental. Nuestro guía nos condujo a través de esta cámara hasta una gran entrada arqueada, que se abrió bajo Su Mandato, admitiéndonos a otra cámara que estaba decorada bellamente. Su techo era arqueado y muy ornamentado, soportado por una única columna colosal en el centro. Esta segunda sala debía tener al menos 60 m. por cada lado. El Hermano de la Capa Índigo, rompió el silencio:

"Esta es una de las cámaras de consejo principales", - explicó Él-, "que usamos a menudo como salón de banquetes. Bienamadas Hermanas y Hermanos, ustedes, que no son todavía formalmente miembros admitidos de nuestra orden, son los primeros estudiantes jamás admitidos en este muy antiguo Retiro; sin haber sido plenamente aceptados en las actividades externas de esta rama de la Gran Fraternidad Blanca; pero les aseguro que sus credenciales son suficientes". Con estas palabras retiró la Capucha de Su Capa, y dejó al descubierto a nuestro Bendito Maestro Saint Germain. Estábamos emocionados y nos sentimos inmediatamente casi como en casa.

"Se les mostrarán ahora sus habitaciones, y después de asearse y ponerse sus Túnicas sin Costuras, vuelvan". Aparecieron un joven y una doncella, y nos llevaron a nuestras habitaciones. Más tarde, cuando retornamos al salón de consejos, había arribado ya un número de Hermanos, y estaban hablando con el Bienamado Saint Germain.

"Dentro de siete días", -explicó Él-, "tendrá lugar en Este Retiro un Consejo Internacional de la Gran Fraternidad Blanca. Estará aquí el Más Grande de nuestros Miembros, ya que esta clase de Consejo se lleva a cabo cada siete años. En esta ocasión, ustedes serán hechos miembros del cuerpo externo, así como del 'Interno'. Por favor, siéntense, porque deseo darles una información concerniente a la ciudad en la que se hallan ahora". Él entonces nos dio otro Maravilloso Discurso que nos dejó asombrados.

"Hubo un tiempo", -explicó Él-, "en que esta ciudad estaba en la superficie de la Tierra. Ciertos Maestros Ascendidos supieron que se acercaba un cataclismo, y sellaron una porción de ella para su uso futuro. En la catástrofe que siguió, se hundió profundamente por debajo del nivel original; y se llenó y cubrió a rebosar, con la arena de las tierras del entorno, que se habían transformado en un desierto.

"Las cimas de los edificios más elevados están en algunos lugares plenamente a unos 38 m. por debajo de la superficie. Se han mantenido abiertos pasadizos de aire, que proporcionan siempre una ventilación perfecta. Dentro de esta ciudad subterránea se han perfeccionado algunos de los más maravillosos logros en química e inventos, que el mundo externo ha tenido el privilegio de recibir. Dondequiera que ha ocurrido esto, se ha encontrado algún hombre o mujer dignos, a través de los cuales recibió el mundo el privilegio de Estas Bendiciones.

"Hay mucho aquí de vital importancia, a punto de darse para uso a la humanidad, según el Criterio de los Maestros Ascendidos. Nuevamente, habrá otro gran cataclismo que desgarrará la superficie de la Tierra; retirando a aquellos seres humanos que tienen la ignorancia y presunción de decir: 'No hay Dios'. Aquellos que están atados a su auto-creada oscuridad, que destruye los mismos símbolos sobre la Tierra de lo que es bueno, verdadero, elevador, e iluminador, deben -a causa de la oscuridad de sus mentes-, ser impedidos de crear ninguna discordia posterior sobre este planeta; y de influenciar a otros, con sus propios conceptos equivocados de la Vida.

"Cualquiera y quienquiera que niegue a Dios -la Fuente de toda Vida y Luz-, sólo puede existir en tanto le pueda sostener la energía que ya ha recibido; porque en el momento en que un individuo, grupo, o nación, niega a la misma Fuente de la Vida, en ese instante, la Corriente Fluyente de Energía-de-Vida, se corta, y sólo puede continuar funcionando hasta que la fuerza que ha sido acumulada se agote. El colapso y auto-aniquilación de éstos es inevitable.

"La negación de la Vida y la Luz, corta la energía sustentadora, mientras el Reconocimiento de la Vida y la Luz liberan esta energía; y le permiten fluir a través del cuerpo y la mente que la Reconoce.

"La Gran Ley que gobierna la forma, o la 'Ley de Causa y Efecto' tolera la iniquidad del hombre sólo un cierto tiempo. Cuando la iniquidad es dirigida a la Divinidad, o Fuente de Vida, la retribución es rápida y cierta. Hay un Proceso Automático de Purificación y Equilibrio dentro de toda Vida; y cuando cualquier otra actividad se opone ella misma a la Ley Cósmica de Adelanto y Siempre Expansiva Perfección, -que está presionando siempre de dentro hacia fuera-, entonces llega la hora en que es barrida y aniquilada toda oposición, por el Impulso de Adelanto o Avance dentro de la Vida Misma. Cuando los que gobiernan una nación se apartan de Dios, destruyendo todo lo que lleva a la 'Luz de Cristo', el fin de ese gobierno está cerca; porque hace que una cierta Actividad Cósmica sea liberada sobre el planeta, y les barra de la existencia.

"El intelecto humano adquiere muchas manías peculiares en su modo de pensar; y una de las más desastrosas es la actividad de la conciencia humana que rehúsa u olvida Amar y dar gracias a la 'Vida', la 'Poderosa Presencia YO SOY' por las Bendiciones que la Vida vierte sobre la humanidad y esta Tierra.

"El ser humano promedio, vive Vida tras Vida sin amar o agradecer a su 'Poderosa Presencia YO SOY', una vez siquiera, la energía que fluye incesantemente a través de su mente y cuerpo; ni la sustancia que usa en su cuerpo y mundo; ni los cientos de cosas buenas que le rodean constantemente; que usa y disfruta, y por todo lo cual no da nada de sí mismo, en recompensa o retorno.

"Mucha gente lleva encima un sentimiento de rencor contra la Vida, -culpándola por sus sufrimientos y fracasos-, cuando una pequeña cantidad de Gratitud y Amor, derramados a la 'Presencia YO SOY' dentro de cada Corazón humano, transmutaría toda discordia en Paz y Amor, liberando la Perfección de la Vida dentro de la actividad externa del individuo.

"Los seres humanos encuentran abundancia de tiempo para amar perros, gatos, alimento, vestidos, dinero, diamantes, gentes, y mil y una cosa más; pero es muy raro que un individuo destine incluso cinco minutos de su Vida para amar a su propia Divinidad; aunque está usando cada segundo de Su Vida y Energía con la cual goza de todas esas cosas. Incluso aquellos que piensan que aman a Dios, no dan casi Reconocimiento a la 'Poderosa Presencia YO SOY' dentro de ellos mismos; y no Le agradecen las cosas buenas que les han llegado en la Vida.

"No es que no debamos derramar Amor a las cosas de la actividad externa; sino que deberíamos ciertamente amar la Divinidad Interna primero, -y más- que ninguna otra cosa o personalidad. Esta es la Vida y Conciencia por la que existimos.

"La felicidad no puede existir, excepto cuando el Amor se derrama al resto". Esta es la Ley de la Vida. Cuando la gente ama algo o a alguien, es feliz. Incluso un avaro es feliz, cuando ama a su oro, porque está vertiendo un sentimiento de Amor a la cosa que intenta retener. Lo que realmente intenta retener es felicidad, aunque no comprende que el sentimiento de felicidad no está contenido en el oro, sino en la manifestación de Amor que sale de él. En esa manifestación él permite que fluya la Vida sin interrupción y armoniosamente.

"No obstante, habiendo recibido de la 'Poderosa Presencia YO SOY' -que construye cada cuerpo físico-, todo el bien que siempre hemos usado, la primera y Mayor Manifestación de Nuestro Amor pertenece siempre a Nuestra Propia Llama Individualizada de Dios -la Magna Conciencia de la Vida dentro de nosotros-; que Nos capacita para reconocer Nuestra Propia existencia y Fuente de Toda Vida, cuando decimos 'YO SOY'. En Estas Palabras está Todo lo de Dios y nada de la experiencia humana es realmente importante excepto 'Dios'. Cuando el individuo acepta, se reconoce, y siente 'Todo de Dios', él es feliz -él tiene todo el bien-, y entonces vive en la Mansión del Padre. ¿Es posible que cualquier cosa sea más importante o grande que 'Dios'? Solamente con la Comprensión y Sentimiento de esto, puede la humanidad romper las cadenas de las limitaciones auto-creadas.

"Ahora deben descansar, y después será mi un privilegio acompañarles a través de esta ciudad subterránea donde verán a los Hermanos trabajando. Les hago una petición: que no sea revelado ningún detalle de Este Trabajo sin el permiso del Maestro Superior a cargo.

Nos dio las buenas noches, y marchamos a nuestras habitaciones. Estas habían sido construidas con una arquitectura similar a la griega y la romana, aunque era mucho más antigua. La sala que me asignaron contenía un baño romano incorporado, la cosa más bella de esta clase que jamás he visto. La atmósfera estaba cargada por todo lugar con fragancia de rosas.

Por la mañana, fuimos despertados por una suave música ejecutada con instrumentos de un tipo inusual; y el efecto sobre nuestros cuerpos apenas se puede describir, porque daba a uno el sentimiento de estarse liberando de toda presión. Continuó incrementándose la sensación, y éramos claramente conscientes de que se estaba produciendo en nosotros algún cambio; no obstante no comprendimos hasta qué grado se estaban armonizando nuestros Cuerpos Internos. Lo curioso de esta experiencia es que cuando comparamos notas unos con otros, todos habíamos sido afectados en un modo similar.

Cuando entramos en la Cámara de Consejos, Saint Germain y el Amigo de Gaylord nos saludaron. Saint Germain nos pidió que nos sentásemos, y el desayuno fue servido inmediatamente. La primera cosa que apareció fue una fruta muy deliciosa. Después vino lo que Él llamó cereal Solar, sobre el cual había una sustancia parecida a la miel y crema batida. Fueron servidos otros diversos platos, y finalizamos la comida con una humeante bebida caliente que sustituyó al café; pero no sabía a nada físico que jamás hubiésemos probado.

Incluso después de nuestras múltiples experiencias, siempre me parecía maravilloso que las cosas aparecieran ante el Mandato Consciente de Estos Benditos Maestros Ascendidos. Todo procedía directamente de la Sustancia Universal, en el momento en que ellos lo deseaban, -alimento, vestidos, oro, todo. Ellos son todo lo que la palabra "Maestro" implica. Es la única descripción que les hace justicia. Ellos son gloriosos y majestuosos siempre.

Cuando nos levantábamos de la mesa oí al Amigo de Gaylord dirigirse a Leto como "Su Alteza", y nuevamente me pregunté por qué se usaba ese título en un Retiro. Ella se volvió hacia mí, y explicó muy afablemente:

"Mi hermano, a quien usted ha conocido, heredó el título de 'Príncipe Rexford' y yo el de 'Princesa Luisa'. El mío ha permanecido unido a mí a través de los años, sin una razón particular. Esa es la causa por la que se dirigen a mí a menudo como 'Su Alteza'.

"Perdone mi curiosidad", -repliqué yo-, al darme cuenta de lo finamente que percibían mis pensamientos y sentimientos estos Maestros Ascendidos.

"Vengan", -dijo Saint Germain-, "Iremos primeramente a la Cámara de Televisión". Le seguimos y pronto llegamos a una gran cámara circular. En el centro de la sala, había un enorme reflector, rodeado por un grupo de aparatos eléctricos, a cuyo lado estaba un gran dial.

"Esta sala", -dijo Saint Germain-, "está aislada en un modo especial, que Nos capacita para hacer observaciones de alta precisión. Por medio de este instrumento, y enfocando el dial sobre un determinado punto sobre la superficie de la Tierra, podemos ver instantáneamente cualquier lugar o actividad que ocurre a cualquier distancia. Fíjense, sintonizaré con Nueva York".

Giró el dial, y vimos tan claramente como si estuviésemos en Manhattan, la Gran Estación Central, La Quinta Avenida, y la Estatua de la Libertad.

Después, giró el dial a Londres, y se nos mostró la Plaza Trafalgar, la Casa del Parlamento, el Museo Británico, el Banco de Inglaterra, y el Río Támesis. Él giró el dial nuevamente y pudimos ver Melburne y Yokohama, y fuimos capaces de observar todo tan claramente como si estuviésemos presentes físicamente.

"Este Instrumento Maravilloso", -continuó Él-, "ha estado usándose en este Retiro durante más de un centenar de años. Vengan ahora a la sala adjunta. Es la Cámara de la Radio. Noten la intensa quietud. Las paredes, suelo, y techo, están cubiertas con una sustancia Precipitada, que hace la sala absolutamente a prueba de sonido y vibración".

Avanzó hacia el instrumento que se hallaba en el centro de la sala, y lo sintonizó con Nueva York. Inmediatamente oímos el sonido del tráfico, y según escuchamos más atentamente pudimos oír clara y distintamente la conversación de individuos que pasaban por la calle. La distancia no importaba.

"Este Instrumento", -dijo Él-, "pronto estará usándose en todo lugar. Ahora vayamos al Laboratorio Químico donde algunos de los Hermanos están trabajando sobre muchos inventos maravillosos. Aquí se han descubierto modos de contrarrestar gases destructivos, agentes químicos, y actividades de varias clases; que la fuerza siniestra y sus infortunados esbirros pueden intentar usar contra la humanidad; porque es conocido positivamente en ciertos cuarteles o lugares, los esfuerzos febriles que se están llevando a cabo para producir diversas sustancias que son de una naturaleza muy destructiva. Los Hermanos de Este Retiro trabajan para neutralizar toda esa actividad.

"Cuando los miembros descarriados de la humanidad descubren un agente más destructivo de lo ordinario, el químico que realiza tal experimento, pierde siempre su cuerpo; cuando su trabajo diabólico alcanza un cierto punto, porque la cualidad destructiva que él desea usar sobre el cuerpo de la humanidad reacciona sobre el suyo propio".

A continuación visitamos la Cámara del Rayo Cósmico. "Esta sala", -explicó Saint Germain-, "está forrada con oro puro metálico. A los Hermanos de cierto avance, que trabajan aquí, se les enseña a distinguir la diferencia entre los diversos Rayos, y a dirigirlos y usarlos para un

Estupendo Bien. Los Grandes Maestros Ascendidos están vigilando constantemente el mundo, localizando a los estudiantes cuyos logros les permitan hacerse cargo de Este Trabajo". Cuando Bob comprendió esta fase de la Actividad de los Maestros, se mostró muy entusiasmado.

"¡Me encantaría servir de esta manera!", -exclamó-.

"Veremos", -dijo Saint Germain-, al tiempo que sonreía intencionadamente. En medio de aquellos que trabajan en esta sala hay siete de los Hermanos y tres de las Hermanas, que están completando su entrenamiento en el uso de Estos Rayos. En el Consejo próximo, se les asignará su campo de servicio para el uso de Esta Actividad, para la cual se entrenaron en muchas vidas.

"Ahora visitaremos la Cámara de Arte donde veinte de los Hermanos y diez de las Hermanas están siendo entrenados en una nueva clase de arte; que llevarán al mundo externo. Dentro de los próximos veinte años, esta forma de arte encontrará su camino en la Vida de la humanidad, y traerá una colosal exaltación o elevación del espíritu.

"Desde aquí iremos a la Cámara de la Música. Es un lugar muy bello se los aseguro, y la Perfección de los Instrumentos es muy notable". Saint Germain nos condujo hasta ella, y entramos con gran expectación.

"Este es un metal nuevo, para instrumentos de banda", continuó Él mostrándonos ciertas aleaciones, "que consiguen reproducir un tono increíblemente delicado. Aquí hay tres nuevos materiales para hacer violines. Como pueden ver, uno parece madreperla, otro plata escarchada, y el tercero parece oro romano. Los instrumentos musicales de la Nueva Era serán hechos de materiales como éstos".

Uno de los hermanos tocó estos instrumentos para nosotros, y los oídos humanos nunca habían sido bendecidos con sonidos mas bellos. Cada uno era distinto pero todos eran tan bellos que parecía imposible elegir entre ellos.

En salas adjuntas a la Cámara de la Música, se encontraban bellas composiciones musicales escritas y preparadas, de modo que los Hermanos pudieran proyectar estas magníficas armonías en la conciencia de los músicos que trabajan en el mundo externo. "Algunos de estos hermanos", -dijo Saint Germain-, "saldrán para la actividad externa, y trabajarán en capacidad de maestros, mientras otros servirán desde el lado invisible de la Vida.

"Ahora estamos entrando en la Cámara de Estado. Aquí se da entrenamiento en las más elevadas formas del arte de gobernar y política gubernamental. Unos cuarenta Hermanos están siendo entrenados, como ven, en el Uso Correcto de Este Conocimiento; y también se les enseña cómo proteger a otros que están ya en puestos oficiales; es decir, dondequiera que la sinceridad del oficial lo permita. Diez de estos Maravillosos Hermanos irán en persona y servirán llegando a puestos gubernamentales mediante las elecciones usuales. Cinco de ellos irán a los Estados Unidos de América.

Durante nuestra visita a las diversas salas, y la explicación del Trabajo en que estaban inmersos los Hermanos, sentimos que esto fue la más Maravillosa Educación de nuestras vidas. Fue un inmenso alivio saber que, no importando todas las aparentes calamidades externas de las condiciones en que se desenvuelve la humanidad hoy, el Poder del "Poderoso YO SOY" está haciendo todo lo posible para traer iluminación y liberar a la humanidad. Nuestros Corazones y esperanzas se elevaron a las alturas, con la esperanza de un gran bien para toda la humanidad en el futuro próximo, para todos los que desean el Plan Constructivo de la Vida.

Se nos enseñaron cámaras secretas de riquezas incontables, otras de registros tan antiguos, que parecían casi inconcebibles. Algunos databan del advenimiento del hombre sobre este planeta. Cuando retornamos a la Cámara del Consejo, advertimos que habían pasado ocho horas. Ni una sola vez, en toda esta ciudad subterránea, encontramos la mínima partícula de polvo, suciedad, o confusión de ninguna clase. Todo estaba en un maravilloso estado, perfecto e inmaculado. Nos maravillamos de esto, y Saint Germain explicó de nuevo la Ley concerniente a ello.

"Esta Perfecta Limpieza se mantiene mediante el uso de Grandes Rayos Cósmicos; y dentro de los próximos cien años, cientos de amas de casa estarán usando el Rayo Violeta para mantener sus hogares privados en el mismo estado maravilloso. ¡Oh!, Que la humanidad pueda comprender rápidamente la Gloria, Libertad, y Bendiciones que permanecen listas para su uso en cada momento; cuando mantengan los Ideales maravillosos sin vacilaciones –tenazmente-, descansando sobre la 'Poderosa Presencia YO SOY' ¡y sepan que Ella es el Único Poder Real del Logro Permanente!"

Repentinamente sentimos una Fuertísima Vibración, y observando alrededor vimos que cinco de los Maestros Ascendidos habían llegado de la India, porque los hombres llevaban turbantes. Eran dos Damas y tres Caballeros. Cuando fuimos presentados a Ellos, quedamos ciertamente sorprendidos, porque un Caballero y una Dama eran dos de quien habíamos oído hablar mucho. El Caballero se acercó a Rex, Bob, y a mí, y la Dama a Nada y Perla, y extendieron una muy Amable Invitación para que fuéramos sus huéspedes; durante el tiempo que estuviésemos en la India; y que considerásemos Su hogar como nuestro, en todo momento.

"¿Querrán ustedes", -dijo el Caballero- dirigiéndose al Amigo de Gaylord, "venir con estos amigos, y traerlos hasta Nosotros como Nuestros invitados cuando estén listos para venir a la India?"

"Tendré mucho gusto", -replicó Él-, "en aceptar su invitación, y llevarlos a Bombay en mi yate".

Saint Germain entonces nos pidió a todos que nos sentásemos para poder disfrutar de otra cena precipitada. La entera comida pareció más deliciosa que nunca. Escuchamos con mucha atención el trabajo que se planeaba, y los informes de lo que ya se había conseguido. Por primera vez en mi Vida, comprendí lo muy poco que conoce el mundo externo de Esta Verdadera Actividad Interna; y cuán insignificante es el logro humano en relación con el que consiguen estos Maestros Ascendidos. Es verdaderamente afortunado que haya Infinitamente más Caminos Magníficos de la Vida de los que está experimentando ahora la humanidad. Cuando uno puede ver más allá de sus propios conceptos mentales, por tiempo suficiente como para conseguir una perspectiva de su propio intelecto, en relación con el resto del Universo, él comienza realmente a aprender algo de importancia.

Todos nosotros necesitamos hacer viajes mentales que ejerciten nuestros músculos mentales; y comprender que cada intelecto humano es solamente uno entre aproximadamente tres mil millones de almas encarnadas sobre Esta Tierra. Nuestra Tierra es uno de los planetas más pequeños de Nuestro Sistema Solar. Nuestro Sistema es solamente un átomo en la Galaxia a la cual pertenece, y hay Galaxias de Galaxias. Cuando el estudiante piense en esto ocasionalmente, no será capaz de aceptar por más tiempo la presuntuosa teoría y egoísta opinión de los intelectos; que se mofan y dudan de la Existencia y maravillosa Manifestación de Perfección que expresan constantemente Estos Maestros Ascendidos.

La personalidad de cada uno es solamente muy importante en el Magnífico Esquema de la Vida, en tanto sea obediente a la "Poderosa Presencia YO SOY", permitiendo que la Perfección se expanda en la actividad externa del individuo. De otro modo, la personalidad es solamente un zángano en el Universo, usando sustancia y energía sin construir nada permanente.

El tiempo pasó volando, bajo el Entrenamiento Intensivo que estábamos recibiendo de estos Grandes Seres Perfectos; hasta que llegó el día del Gran Consejo Internacional. Los Hermanos y Hermanas comenzaron a llegar a intervalos desde cada parte del mundo; y cuando se convocó el encuentro a la siete, estaban presentes más de doscientos Invitados, muchos de los cuales eran Jefes de diversos Consejos. Cuando todos estuvieron listos, inclinamos nuestra cabeza en silencio, y esperamos la llegada del Gran Maestro Presidente. Repentinamente, apareció un Gran Óvalo de Luz Deslumbrante, en la cabeza de la mesa principal. Según observamos fijamente la Luz por un momento, se formó gradualmente la forma de un hombre, llegando a ser visible en su interior –haciéndose cada vez más tangible-, según Él bajaba la acción vibratoria para manifestarse en nuestra octava de conciencia; hasta que Su Cuerpo fue claramente visible, y perfectamente tangible.

Su cara era verdaderamente magnífica, gloriosa y radiante al contemplarla -los ojos brillantes- y Su entero Ser Luminoso, de cabeza a pies, con la Majestad y Poder de Su "Poderosa Presencia YO SOY". Los primeros tonos de Su Voz causaron un Estremecimiento Eléctrico a través de mi cuerpo, que nunca olvidaré a través de toda la eternidad, cuando dijo: "Bienamados, siéntense".

Después de escuchar un breve informe de ciertos Hermanos, Él los alabó; y de una manera breve les dio Directrices para la continuación de su trabajo. Cuando finalizó, se volvió a nosotros diciendo:

"Podemos utilizar a muchos más, que están listos para ser entrenados en la comprensión y uso de los Grandes Rayos Cósmicos de Luz. Es Mi Privilegio informarles que tenemos a diez con Nosotros que están preparados, si es su deseo asumir el trabajo". Todo fue intensa expectación, cuando Él pidió a aquellos cuyos nombres pronunció, que se pusiesen de pie, si estaban presentes. Entonces prosiguió:

"Nada, Perla, Leto, Rex, Bob, Electra, Gaylord, Nada, Daniel Rayborn y Su Bienamado Amigo. Bienamadas Hermanas y Hermanos de América, este evento trae gran gozo, y es de mucha importancia para la Gran Fraternidad Blanca. Deben estar satisfechos, así como la Fraternidad, de que esto haya sido posible. Dentro de un corto tiempo, irán a la India para una estancia de diez meses de Entrenamiento, y después retornarán aquí para finalizarlo. Serán instruidos en el uso de estos Poderosos Rayos; y a través de su uso, tienen una oportunidad de dar un Servicio Trascendente.

"El cuarto día a partir de hoy retornarán a Alejandría, y allí se unirá a ustedes Electra. Desde entonces viajarán a su conveniencia a Bombay. Su Bienamado Anfitrión les conducirá a su destino. ¿Existe la más ligera objeción de parte de alguien elegido para Este Trabajo? Si es así, hable ahora".

Nosotros aceptamos gozosamente todos, y expresamos nuestra gratitud, por la oportunidad de servir en este modo con lo mejor de nuestra habilidad. Hubo una gran cantidad de temas bajo consideración en ese momento, que eran de gran importancia, pero no tengo permiso para contarlos aquí. La reunión terminó, y empleamos una hora conociendo a los demás Miembros presentes. Nuestro Amigo de la India nos presentó al Maestro Presidente; y nunca olvidaré el Poder que se disparó a través de mi cuerpo, cuando estreché Su mano. Pareció como si me elevase completamente del suelo. Uno de los Hermanos de Sudamérica nos trajo saludos de Gaylord, a quien había visto dos días antes.

El entero Consejo fue una Manifestación Perfecta de Grandes Decisiones, Suprema Sabiduría y Actividad Ilimitada. En ese momento se oyeron en la atmósfera bellos acordes de Música, y todos nos volvimos involuntariamente hacia el Maestro. Él elevó Sus manos, dándonos Su bendición a todos los presentes, y según lo hizo así, se elevó del piso, envolviéndole el Óvalo de Luz Deslumbrante, y desapareció.

Nunca olvidaré en toda la eternidad esta primera visita al Retiro de Arabia de la Gran Fraternidad Blanca. Cuatro días más tarde dejamos este Maravilloso Cielo de Paz, Luz, y Sabiduría, con el Amor y Bendiciones de todos Sus Miembros, cuyo Amoroso Servicio a la "Gran Presencia YO SOY" en ellos mismos, y en toda la humanidad, es la Actividad más maravillosa de la Experiencia de la Vida. Hicimos el viaje de vuelta a la costa de Arabia por la noche, donde nos esperaba el yate, y unos momentos después de subir a bordo, estábamos deslizándonos ligeros a través del Mar Rojo en alas de la noche.

La mañana siguiente desayunamos sobre cubierta, con objeto de observar el amanecer, porque en esa parte del mundo, es verdaderamente un espectáculo glorioso. La tarde del segundo día, arribamos al hogar de Electra, en Alejandría, y encontramos que ella estaba plenamente informada de que iba a servir con nosotros, en el uso de los Grandes Rayos Cósmicos de "La Luz de Dios que nunca falla".

CAPÍTULO 11

EL VERDADERO MENSAJERO DEL SERVICIO DIVINO

Ya avanzada la tarde retornábamos con Electra de un paseo en coche a lo largo de la costa del Mediterráneo, y habíamos entrado a su casa, cuando una Carta Sellada cayó a los pies de Rex. Él la recogió y abriéndola leyó:

Mis Bienamados Hijos: Partan mañana a la mañana para la India. Todo está listo, y estaremos felices de darles la bienvenida. Saint Germain

Nuestro Anfitrión del yate no había estado con nosotros durante el recorrido turístico en Alejandría; pero cuando llegamos al muelle, nos saludó gozosamente con la noticia de que nos aseguraba un viaje en calma y delicioso. Atravesamos de nuevo el Mar Rojo, a medida que corríamos veloces en nuestro camino a uno de los Mayores Centros de Luz y Poder Espiritual de este planeta.

Leto continuó Su Instrucción durante el entero viaje, a Requerimiento de Saint Germain; para que Bob y Rex pudieran alcanzar el punto en el que pudieran entrar y salir del cuerpo físico conscientemente y a voluntad. Hacia el quinto día de nuestro viaje, habían llegado a ser muy eficientes, y como hacen muchos jóvenes, quisieron experimentar a menudo el uso de sus desarrollados nuevos Poderes. Esto no lo permitió Leto.

"Debe haber un gran sentido de Honor e Integridad Espiritual", -explicó Ella-, "en relación con el uso de estos Magnos Poderes de la 'Presencia YO SOY'; porque la Gran Ley del Ser no permite que sean traídos al uso externo excepto donde se vayan a usar para lograr un bien permanente.

"La 'Poderosa Presencia YO SOY' trabaja incesantemente para construir, liberar, expresar, y expandir constantemente Perfección, en toda Su Actividad Creadora, y mantener permanentemente constante Amor, Paz, y Servicio a todo. Si a las sensaciones del cuerpo y actividad externa de la mente, se les permite el desorden, y que interfieran con el Plan Divino de la Vida del individuo, el desastre y el fracaso son los resultados. El Verdadero Estudiante de la Luz, nunca, nunca usa sus poderes para la diversión y gratificación de los sentidos; ni para la explotación de la personalidad de uno, y menos para conseguir dinero.

"El Amor Divino es un Sentimiento, un verdadero Rayo de Luz que fluye desde la Llama dentro del Corazón. Puede ser enviado al exterior tan poderosamente, que este Rayo de Luz-Sustancia es ambas cosas, visible y tangible. Es el Poder más Invencible del Universo. Úsenlo Bienamados, sin límite, y nada será imposible para ustedes".

Por temperamento y entrenamiento Leto era una maestra calmada, dulce, maravillosa y serena; pero estábamos asombrados del Poder que Ella podía liberar cuando deseaba imprimir una Cierta Comprensión de la Ley sobre nuestra conciencia. Ella no estaba acostumbrada a las travesuras juveniles de Bob y Rex, por eso pronto dejó inequívocamente claro, a todos nosotros, que ninguna travesura juvenil entraba en el funcionamiento de estas Grandes Leyes Cósmicas.

"Las leyes Cósmicas actúan", -continuó Ella-, "dondequiera que los pensamientos y sentimientos dirijan y cualifiquen la energía; y no respetan personas, lugares, condiciones, cosas, motivos, ignorancia, ni conocimiento. Si giran el interruptor, actúa, de acuerdo a la dirección dada. Este es un punto que muchos estudiantes no parecen comprender, o por el cual no quieren responsabilizarse. Pero la Verdad de la ley es la única cosa con la que estamos concernidos.

"Nuestro Trabajo es poner la Verdad Exacta de la Ley delante de los individuos; si ellos rehúsan comprender y obedecerla, entonces su sufrimiento se incrementará; hasta que el lado humano rompa su cascarón de obstinación y egoísmo; y permita a la 'Poderosa Presencia' del 'YO SOY' controlarlo todo, de acuerdo a la Perfección de la Vida. "Por tanto, nunca bromeen en pensamiento, sentimiento o palabra hablada acerca de los Poderes de la Divinidad; porque hacerlo así, -sin excepción- acarrea experiencias dolorosas a su mundo. Por tanto gobiernen sus emociones con una Voluntad Inflexible, dondequiera que usen los Poderes de la 'PODEROSA PRESENCIA YO SOY'.

"Usen el Conocimiento de la 'Presencia YO SOY' que poseen ahora; y persistan en amar, en bendecir a la Vida en todo lugar; y abrirán ampliamente las 'Compuertas de la Libertad' -el Reino y Actividades de lo ILIMITADO- el 'Mundo y Vida Natural de los Maestros Ascendidos'. Usen la Sabiduría que tienen ahora, y llegará más, tan cierto como que su Corazón palpita y sus mentes piensan".

En la cena del séptimo día del viaje, nuestro anfitrión anunció que íbamos a alcanzar Bombay hacia el final de la noche siguiente, pero íbamos a permanecer a bordo, hasta la mañana siguiente. Bombay es uno de los puertos más bellos del mundo; y cuando nuestro yate llegó al muelle, fuimos saludados por el Maestro Hindú Chananda, a quien fuimos presentados por nuestro Anfitrión. Marchamos en auto a la estación de ferrocarril, donde fuimos llevados a un vagón privado, donde estaba prevista toda conveniencia para nosotros, hasta que llegamos a nuestro destino.

Aquí se nos explicó el plan de nuestra estancia en la India. Primero debíamos ir a Calcuta, y permanecer allí dos días, mientras se hacía Cierto Trabajo. El viaje a Calcuta fue delicioso, y aunque los días eran muy calurosos en el exterior, no éramos conscientes de ello en el tren. Pasamos por muchos lugares de gran belleza escénica, y prontamente, después de partir de Bombay, perdimos a Bob.

Iniciamos su búsqueda, y cuando entramos en su apartamento comprendimos que había dejado su cuerpo. Leto nos advirtió de inmediato:

"No toquen su cuerpo", -dijo Ella-, "porque ha ido con el Maestro Chananda". Durante unos momentos Nada tuvo una dura lucha para contenerse y mantenerse en paz; porque ésta era la primera vez que había salido de su cuerpo sin preparación previa. No obstante, pronto controló sus sentimientos y se quedó tranquila. Cerca de dos horas después Bob llegó caminando al vagón-observatorio, donde nos habíamos reunido todos. Él estaba tan sereno como si nada, pero el resto de nosotros preguntó inmediatamente acerca de sus experiencias, y naturalmente, quisimos conocer dónde había estado. No pudimos conseguir que nos contase nada, y finalmente dijo:

"Cada uno de nosotros debe guardar sus experiencias estrictamente dentro de su propia conciencia; hasta el final de nuestro destino, y entonces deberemos comparar notas". Esa tarde, Nada y Perla estuvieron fuera del cuerpo durante dos horas. La mañana siguiente Rex y yo dejamos nuestros cuerpos. Cada uno de nosotros experimentó prácticamente las mismas cosas, porque estábamos siendo entrenados bajo estricta vigilancia.

Shri Singh, el Hermano que había tomado el lugar de Chananda, era encantador en todas las formas, pero muy silencioso. No obstante, cuando hablaba, era siempre con algún propósito definido. El día que llegamos a Calcuta, Chananda reapareció ante nosotros; y cuando nos habíamos sentado para cenar, dijo con Su sonrisa mágica y radiante:

"Felicito a cada uno de ustedes por el valiente modo en el cual fueron capaces de dejar sus cuerpos, y salir fuera fuertes y libres. Ello significa gran Iluminación para todos, lo mismo que la entrada en un formidable campo de Servicio. Leto, Hermana Mía, eres una Instructora muy eficiente, y tu trabajo con estos estudiantes está notablemente bien hecho. Es solamente en Esta Libertad, amigos míos, donde se les permite conocer, sentir, y experimentar el Uso Pleno de los Rayos

Cósmicos. Ustedes están ahora en una posición de recibir el Beneficio de su entrenamiento con Nosotros".

Electra y nuestro Anfitrión del yate eran silenciosos, pero muy atentos observadores de todo lo que había ocurrido, y estaban siendo entrenados sin duda en el mismo modo. Sentimos muy agudamente la intensidad y poder de la instrucción, porque toda cosa que hicimos tenía un objetivo y propósito definido. Llegamos a Calcuta y nos condujeron en coche rápidamente durante una media hora, llegando finalmente a una parada enfrente de un bello edificio, situado sobre una prominencia en la que era, evidentemente, la mejor zona residencial de la ciudad.

Chananda nos guió hacia el edificio, el cual dijo que pertenecía secretamente a la Gran Fraternidad Blanca. El interior era un perfecto sueño de belleza, típico de muchas maravillas de la India. Respiraba la Sabiduría, Luz, y Pureza de eras de Perfección. Fuimos inmediatamente a la Cámara del Consejo en el segundo piso, donde encontramos que la Fraternidad ya estaba reunida. Notamos que habían dejado asientos vacantes en la cabeza de la mesa de honor. Chananda nos condujo a estos asientos, y tomó la cabeza Él Mismo. Fue solamente entonces cuando supimos que era el Jefe del Consejo Hindú.

Tan pronto como todos se habían reunido, se abordó la parte concerniente a los negocios, y se les pidió, a algunos de los Maestros Ascendidos, que dieran su Protección a ciertos caballeros ingleses en la India; que eran sinceros en su deseo de conseguir un bien mayor. También se acordó que se diese protección a un grupo de Hermanos menores, cuyo deseo de hacer el bien era sincero, y prestaban un buen servicio; pero no usaban siempre gran discernimiento en la actividad externa, a causa de que su celo excedía a su sabiduría.

Al día siguiente fuimos llevados a uno de los Antiguos Templos, en cuyas cámaras subterráneas se lleva a cabo un trabajo no soñado por el mundo externo. Esa noche a la cena, Chananda nos dijo que íbamos a partir para Darjeeling en la mañana temprano, y que desayunaríamos en ruta. El escenario era agradable, y la sensación de observar la gigantesca montaña cubierta de nieve, que se hizo cada vez más próxima a medida que ascendíamos gradualmente en altitud, era fascinante; aunque pronto comenzamos a sentir el cambio, porque nos elevamos a más de 2.128 m.

Llegamos a la cima de nuestro ascenso justo a tiempo de ver la gloriosa puesta de sol, en una atmósfera muy clara. Pudimos ver, en la distancia, Monte Everest, y otros famosos picos de esta gloriosa cordillera. La majestuosa y picuda presencia de estas montañas, y el misterio de las edades que rodeaban su pasado, nos hizo sentir un más profundo anhelo de alcanzar el "Corazón Más Íntimo de la Gran Sabiduría Eterna" para sentirnos una parte de Ella.

"Deseo que se queden aquí esta noche", -dijo Chananda-, "y vean el amanecer desde este lugar particular, ya que pasarán muchos años antes de que lo veamos de nuevo, en cooperación con una cierta Actividad Cósmica, que está teniendo lugar en este momento. Es la primera vez en setenta años que estas dos actividades ocurren de forma simultanea".

A las tres de la mañana, nos levantamos y montamos nuestros pequeños 'ponies' que nos llevaron todavía más arriba en la montaña, a un punto donde podíamos ver el amanecer ventajosamente. Alcanzamos este lugar justo cuando Su resplandor comenzó a incrementarse. En pocos segundos los Grandes Rayos de Luz, de todo color concebible, comenzaron a dispararse por el cielo, y continuaron plenamente unos diez minutos. Fue como si la Luz Misma se regocijase en la Magna Presencia de la Vida.

Después, según se hizo visible el Gran Disco Dorado, un Tembloroso, Chispeante Resplandor perforó nuestra carne, y penetró dentro del mismo centro de nuestros cuerpos. Nunca antes habíamos experimentado tal sensación de la luz solar. El efecto vivificante duró horas, y el Glorioso Sentimiento, y la belleza de la escena que permaneció con nosotros, todavía me inundan ahora, cuando recuerdo la experiencia. Uno sabe, después de tal ocurrencia, que la Magna Inteligencia Maestra del Universo está todavía en el timón; y guía los destinos de la Tierra y de la humanidad, pese a toda apariencia externa de caos en contra.

Volvimos hasta nuestros 'ponies' que nos llevaron a Darjeeling, y desde aquí fuimos llevados en auto a un hermoso Hogar; construido sobre una de las bellas colinas que rodeaban la ciudad. Los parques estaban poblados de majestuosos árboles, y la vista sobre la campiña que se extendía por debajo de nosotros, era una de las más bellas de la Tierra. Nos condujeron al interior y fuimos presentados al cabeza de Esta Rama de la Gran Fraternidad Blanca.

Él era un Hombre alto, bien parecido, con ojos oscuros penetrantes, que parecían atravesar a uno; pero cuando no expresaban un sentimiento intenso, eran tan suaves como los de un cervatillo. Para sorpresa nuestra, no llevaba turbante, sino que su bello pelo castaño oscuro ondulaba ligeramente y caía hasta sus hombros. Era muy amable y nos dio una cariñosa bienvenida. Una Paz Gloriosa le revestía a Él y a Sus alrededores, llenando el entero lugar con su Maravillosa Radiación.

Él se interesó por nuestro viaje, preguntó si habíamos disfrutado del amanecer desde la montaña, y nos invitó a cenar con Él esa noche. Hablaba muy libremente, y nos dijo muchas cosas maravillosas sobre la India. Repitió, para nuestro deleite, muchas leyendas acerca de las Montañas del Himalaya, y una en particular sobre las Cuevas Sagradas dentro del Corazón de esta Magna Cordillera. Su Discurso fue fascinante e instructivo más allá de las palabras.

"Algunas de estas cuevas", -dijo Él-, "las verán mientras están en la India, porque sé que están interesados en los registros antiguos de la humanidad; y en una de ellas, todavía se custodian con seguridad los Más Antiguos Registros de esta Tierra. Estos registros no se hacen públicos para uso de la humanidad en el momento presente, a causa de la falta de Crecimiento y Comprensión Espiritual de la gente. La raza tiene un sentimiento incansable y crítico, que es una actividad muy destructiva, y esos sentimientos encuentran expresión a través de fanáticos de distinta clase; cuya comprensión de la Vida y de Este Magnífico Universo es tan estrecha e infantil, que buscan destruir todo aquello que no concuerda con sus propias minúsculas nociones, de lo que ha sido, o debería ser, el Plan Infinito de la Creación.

"Es esta ignorancia mal dirigida y egoísta de la humanidad la que ha sido responsable de toda desarmonía a través de las edades, y de la destrucción de los Registros que hubiesen vertido Luz sobre muchos problemas de la humanidad. Fue este vicioso sentimiento desenfrenado el que destruyó la maravillosa librería de Alejandría y los maravillosos registros de la civilización Inca.

"No obstante, a pesar de estas pérdidas anteriores, los Maestros Ascendidos de la Gran Fraternidad Blanca, han previsto siempre tales impulsos destructivos; y han retirado y preservado todos los registros importantes de cada civilización; después han dejado los menos importantes para ser destruidos por el impulso vicioso de los vándalos.

"Un día, cuando la humanidad esté preparada para ello, y sea positivo y seguro dar estos registros al mundo externo, aparecerá una maravillosa biblioteca en una localización céntrica, no hecha por manos humanas y tan solo podrán verlos aquellos del mundo externo que hayan recibido las credenciales oportunas.

"Es penoso ver, cómo a través de los siglos, la raza humana ha ocupado su tiempo y energía, para construir cosas mediante el pensamiento, y al mismo tiempo las hace pedazos a causa de los sentimientos desarmoniosos. Es infantil y un terco rechazo a la realización del Plan Eterno de Perfección.

"Ha llegado la hora en que la Gran Ley Cósmica, que gobierna este Sistema de Mundos, libere una Formidable Expansión de la 'Luz de la Poderosa Presencia YO SOY' a través de Nuestro Grupo de Planetas, y todo aquello que no pueda aceptar el Poder de esa 'Luz', será consumido. Así que la humanidad no puede por más tiempo tontear con la idea de que puede continuar generando sentimientos destructivos y sobrevivir. El fin de la anterior dispensación ha llegado, y todas las cosas serán hechas nuevas.

"Los Maestros Ascendidos trabajan incesantemente para que la humanidad entienda esto; y el trabajo de nuestros Mensajeros es que Esta

Verdad tenga cabida en la conciencia de la humanidad lo más claramente posible.

"Es ya casi la hora de la cena. Los sirvientes les mostrarán sus habitaciones. Después de asearse, retornen aquí, y cenaremos". Más tarde fue anunciada la cena mediante unas bellas campanillas. Nuestro Anfitrión ofreció Su Brazo a Nada, y encabezó la marcha hacia la magnífica sala de banquetes, que podía sentar plenamente unas quinientas personas.

"Esta es realmente nuestra Cámara de Consejos". –explicó Él-. "Más tarde, esta noche, todos los miembros del Consejo de Darjeeling se reunirán aquí". Disfrutamos de una cena muy deliciosa, mientras nuestro Anfitrión nos entretuvo con un fondo inacabable de Información. Cuando nos estábamos levantando pidió ser excusado, ya que tenía trabajo que hacer antes de la reunión del Consejo.

"Nuestro Anfitrión", -dijo Chananda-, a cuyo cuidado nos había confiado Él, "es un Hermano de Gran Sabiduría y Poder, aunque es también la misma encarnación de la gentileza y amabilidad.

Retornó a las nueve, y ofreciendo Su brazo a Leto, abrió camino hacia la Cámara del Consejo, donde doscientos Miembros de la Gran Fraternidad Blanca ya se habían reunido.

Terminada la reunión, fuimos presentados individualmente a muchos de los miembros. Habíamos disfrutado de las actividades sociales durante unos momentos, cuando noté que Rex estaba intranquilo, bajo la tensión de alguna excitación intensa. Él vigiló a uno de los miembros atentamente durante algún tiempo, y entonces fue rápida y atrevidamente hasta nuestro Anfitrión, informándole que había un espía en la sala, y señaló al individuo. Por un instante pareció como si el poder dentro del Jefe le fuera a aplastar, pero Rex estaba revestido con una Dignidad Divina que nunca titubea.

"Esa es una grave acusación", -dijo el Jefe-, "que requiere pruebas".

En ese momento, el hombre en cuestión se aproximaba a Perla, y comprendió instantáneamente que estaba siendo vigilado. Buscó algo entre sus ropas, lo sacó e intentó llevarlo a la boca. Perla lo apresó, rápida como un rayo, y Bob, que estaba cerca, con un salto sujetó las manos del hombre detrás de él, con mano de acero.

"¡Regístrenlo!", -dijo Perla-, según se acercó nuestro Anfitrión; y Rex, sin esperar autorización de nadie, registró las ropas del espía como un rayo. Él encontró todas las pruebas que necesitaban de sus actividades como espía. Cuando el Jefe se acercó, y vio el nombre en los papeles que Rex le tendía, quedó verdaderamente sorprendido; porque el espía era un educado afgano que había sido enviado a la India por un gobierno que sólo produce destrucción; y había encontrado el modo de entrar en las filas externas de este Consejo, para obtener información que había estado usando contra ellos. A una señal, uno de los Hermanos se adelantó hasta él, y sacó al espía de la sala.

"Hermano Rex", -dijo nuestro Anfitrión-, con una amable sonrisa, "has servido bien la 'Causa de la Luz', y rendido una Bendición de enorme importancia a nuestra Fraternidad ¿Dime, cómo fuiste consciente de sus maquinaciones?".

"Mi atención", -replicó Rex-, "fue atraída hacia él por el 'Poder Interno de Mi Presencia YO SOY' y según observé sus ojos, supe que estaba practicando algún tipo de engaño. Ocurrió todo tan rápido que difícilmente fui consciente, en la actividad externa de mi mente, de lo que estaba pasando. Si no hubiese sido por Perla, mi Rayo Gemelo, hubiera sido demasiado tarde".

"Mi Hermana y Hermano", -dijo nuestro anfitrión-, según extendió Su mano izquierda a Perla y Su derecha a Rex, "ustedes serán capaces de realizar un espléndido trabajo para la 'Poderosa Presencia YO SOY', la Gran Fraternidad Blanca, y la humanidad. Yo les bendigo por ese servicio.

"¿Qué se va a hacer con el espía?", -preguntó Perla-.

"El hombre a cargo sabe lo que debe hacer", -replicó el jefe-. "Olvidemos lo ocurrido." Para entonces, muchos de los invitados habían partido, de modo que dijimos adiós a nuestro Anfitrión, porque íbamos a dejar Darjeeling por la mañana. No volvimos a parar en Calcuta, sino que atravesamos directamente a Benarés, la Ciudad Sagrada de los hindúes, y una de las ciudades más antiguas de la India. Cuando nuestro vagón privado entró en la estación de ferrocarril, fuimos muy conscientes de la devoción sincera que llenaba la misma atmósfera del lugar.

Imaginen nuestro gozo cuando la primera persona que vimos fue nuestro bienamado amigo, Alejandro Gaylord, que había llegado a Benarés solamente unas pocas horas antes. Rex, Bob, y yo nos precipitamos hacia él, tan pronto como paró el tren.

Cuando su Amigo, el Propietario del yate, llegó para saludarle, se miraron a los ojos uno a otro con un profundo Amor y Comprensión nacidos de siglos de asociación. Cuando se aproximó Leto, Rayo Gemelo de Gaylord, él extendió sus brazos y la estrechó contra su corazón. Chananda entonces presentó a Electra.

"Vamos a ser invitados esta noche de uno de los más antiguos Consejos de la India", -dijo Él-. "Será una Fiesta Espiritual, dedicada enteramente a los invitados. Todos los Miembros de la Orden deben llevar sus Túnicas Sin Costuras. Retornaré a buscarlos a las seis". Nosotros retornamos a nuestro compartimento, y nos preparamos para el banquete de la noche. Cuando Chananda retornó, estaba acompañado por su hermana, Najah, una bella muchacha joven, o al menos así lo parecía, a quien fuimos presentados. Fuimos conducidos a un hermoso edificio sobre una elevación que dominaba la ciudad. Cuando nos aproximamos a la entrada, expresamos involuntariamente, nuestro gozo por la belleza y exquisitos alrededores de la escena que observábamos.

Según atravesamos la entrada, pasamos a una rotonda de mármol rosa, entreverado con suave verde, en el cual había siete pilares de mármol blanco. El efecto era cálido, delicado, y muy bello. Najah encabezó el camino a los vestidores, donde pusimos nuestras Túnicas Sin Costuras, y entonces nos condujo hacia una entrada arqueada; que se abrió al aproximarnos, admitiéndonos a una cámara de consejos, hecha enteramente de mármol blanco, y elaboradamente decorada en oro. No había ninguna clase de lámparas en el lugar, no obstante éste estaba lleno de una suave Luz Blanca que era maravillosa. Esta gran cámara sentaba plenamente unas quinientas personas, habiendo llegado ya unas doscientas.

"Seremos honrados esta noche con la presencia de tres Invitados Divinos", -anunció Chananda-, según nos presentó a los reunidos, y tomamos nuestros asientos. De pronto los tonos suaves de grandes campanas sonaron gentilmente en el aire, y según elevamos nuestras cabezas, y miramos hacia la cabeza de la mesa, donde habían quedado vacantes tres sillas, apenas pudimos reprimir una exclamación de gozo y sorpresa, cuando vimos a nuestro Bienamado Saint Germain a la cabeza de la mesa -estando a Su izquierda Nada Rayborn y a Su derecha Daniel Rayborn.

Todos en la sala se pusieron de pie en honor de estos Benditos Seres. Nuestro impulso fue de abalanzarnos a su encuentro para saludarlos, tan grande era nuestro gozo; pero algo en cada uno de nosotros controló la actividad externa, e inclinamos la cabeza con silenciosa dignidad y amoroso respeto.

"Les presento a todos a nuestro Bienamado Hermano de la Luz Saint Germain", -dijo Chananda-, dirigiéndose a todos los reunidos, "y a Sus dos Invitados, Nada y Daniel Rayborn, que elevaron sus cuerpos, como estudiantes suyos, en América. Nuestra Hermana elevó su cuerpo después de lo que le pareció muerte al mundo externo. Nuestro Hermano, Daniel, consiguió Su Victoria sin llegar a ese punto". Al finalizar esta Explicación, la Luz dentro y alrededor de Chananda brilló con deslumbrante Resplandor, y continuó: "Nuestro Bendito Hermano e Invitado de Honor, Saint Germain, se hará cargo total de la noche, y conducirá el resto del trabajo". Saint Germain, con Su usual Amable Dignidad, inclinó su cabeza en Reconocimiento del saludo, y replicó:

"Tendremos un banquete esta noche, servido desde la cocina cósmica. Muchos de ustedes han oído hablar de estas Actividades, pero no han visto ni experimentado la manifestación verdadera. En la Gran Casa Cósmica del Tesoro, que les rodea, hay una sustancia omnipresente de la cual se produce toda cosa que desea el Corazón.

Las hermosas mesas del banquete tenían encimeras de jade, de modo que no se usaron manteles para cubrir su magnificencia. Saint Germain pidió a todos que inclinaran sus cabezas en Amable Aceptación de la Gran Abundancia y Emanación desde la "Poderosa Presencia YO SOY". Cuando Él hubo finalizado Su Reconocimiento a la Fuente de toda Vida, comenzó a aparecer el servicio para la comida. Los platos, tazas, y fuentes, estaban hechos de china rosa decorada con delicadas rosas color musgo. Los cuchillos, tenedores, y cucharas de plata tenían mangos de jade tallado, lo mismo que los vasos, que estaban llenos con un néctar chispeante, y habían aparecido a mano derecha de cada invitado. El alimento para cada persona llegó individualmente, como si hubiese sido ordenado por separado, para que cada uno recibiese aquello que más deseaba, hasta que todos quedaron servidos abundantemente, y estuvieron satisfechos. A continuación llegaron muchas clases de frutas exquisitas en grandes contenedores de oro, y para postre, apareció una clase de fruta batida, en platos de cristal. El entero banquete fue servido sin oírse el sonido de un solo plato, y al finalizar, Saint Germain se levantó, y se dirigió a los invitados.

"Los Grandes Maestros Ascendidos", -comenzó Él-, "han deseado que ustedes viesen, conociesen, y participasen del Alimento que se produce directamente desde la Omnipresente Sustancia Cósmica. Nuestro buen Hermano Daniel Rayborn, tiene algo que desea decirles".

Según se levantó Rayborn, sentimos un Estremecimiento atravesar la entera sala, y por más de treinta minutos, Él derramó Maravillosa Sabiduría con una Fuerza tal que las mismas palabras parecían arder en la conciencia de cada uno. Habló con una convicción que sólo podía proceder de Uno que tenía más que Poder humano. Chananda dijo unas pocas palabras de alabanza y gratitud a nuestros maravillosos Invitados, pidiéndoles que estuviesen pronto con nosotros de nuevo. Saint Germain entonces se levantó y continuó:

"Mis Benditos Hijos, los felicito por su amor y devoción a la 'Luz'. Su Recompensa será muy grande, porque al final de un periodo de dos años de prueba, les espera una Sorpresa Gloriosa. Nosotros tenemos trabajo que hacer ahora, de modo que debo decirles buenas noches y Dios los bendiga". Después, saludando con una inclinación de cabeza a Chananda y Najah, Ellos desaparecieron con Saint Germain.

Retornamos de nuevo a nuestro vagón privado, y cuando Chananda nos deseó las buenas noches, dio Instrucciones para desayunar en ruta, diciendo que Él retornaría antes de que alcanzásemos Simla.

Partimos a las siete de la mañana siguiente, esperando parar en Benarés, Lucknow, Delhí, y Simla. Recibimos Instrucciones de no perder tiempo, sino de ir directamente a nuestro destino en los Himalayas, donde íbamos a establecer nuestro hogar durante muchos meses, y nada era mas importante que obedecer ese Mandato.

Gaylord debía encontrarse con nosotros en Benarés, en nuestro camino al norte, y permanecer con nosotros durante el resto de nuestra estancia en la India.

El país que atravesamos era muy bello, asique el día pasó rápidamente, y después de la cena, nos reunimos en el compartimento de Gaylord, a quien pedimos nos contase algo de sus propias experiencias. Después de considerable presión y una promesa por nuestra parte de no divulgar lo que revelase, describió brevemente una de sus encarnaciones en Sudamérica, durante el tiempo de la civilización Inca. Nosotros escuchamos embelesados durante más de tres horas las experiencias de esa Vida, durante la cual Leto estaba también encarnada. En una parte, estábamos tan fascinados por su relato, y habíamos entrado de tal modo en sus actividades con él, que todos nos encontramos con los ojos llenos de lágrimas, antes de habernos dado cuenta. Su narrativa era de lo más estremecedor que he escuchado; y al final, nos dijo que tenía en su posesión los registros antiguos, en caracteres incas, que probaban las experiencias principales de esa Vida.

La mañana siguiente Chananda nos saludó y explicó que había hecho arreglos para abandonar el tren.

"Deben llegar a su destino", -anunció Él-, "antes de que el Ciclo Cósmico alcance un cierto punto". Cuando abandonamos el tren en Simla, Chananda nos condujo a través de un camino que el parecía conocer de sobra. Los sirvientes trajeron nuestro equipaje, y montamos en pequeños ponies de montaña. Chananda dio la orden de partir de inmediato, y debido a Su Misteriosa Influencia, nadie nos prestó la más ligera atención, según atravesamos la ciudad.

Pronto entramos en la vastedad de la montaña, y durante un rato seguimos una bella corriente de agua. Nos mantuvimos ascendiendo durante alguna distancia, y entonces, repentinamente, atravesando una gran pared rocosa extendiéndose desde el lateral de un acantilado, llegamos a una abertura que conducía directamente al interior de la montaña.

Pronto se iluminó el entero lugar con una Suave Luz Blanca. Entramos por este túnel subterráneo a mediodía, y continuamos hasta las cuatro y media de la tarde. Cuando salimos, nos encontramos en un bello valle soleado, de unos 6,5 km. de longitud y unos 3,2 km. en su punto más ancho, con una hermosa corriente de agua que atravesaba el centro a todo lo largo. El clima era semi-tropical, y como el valle estaba orientado de este a oeste, estaba iluminado con la luz solar la mayor parte del día. La pared del norte era un acantilado escarpado, de cientos de pies de altura, (30 cms. cada pie), y en el oeste caía una cascada que parecía un velo nupcial. Las más raras y deliciosas frutas y vegetales crecían en pródiga abundancia. Yo me estaba preguntando si este era el lugar que Gaylord había descrito al contarnos sus experiencias del pasado, cuando él contestó mi pensamiento.

"No, este no es el lugar que mencioné", -dijo él-. Según nos acercamos a un gran edificio, llamé involuntariamente a los demás: "Este es el

Palacio de la Luz", y para mi sorpresa replicó Gaylord: "Sí, eso es verdad. Es conocido así por todos los que entran en este Retiro".

Cuando llegamos a la entrada de los jardines, la belleza y grandeza del entero conjunto nos estremeció de Amor y admiración por el lugar. Desmontamos y los sirvientes se hicieron cargo de la caravana, llevando los animales a un grupo de edificios más pequeños, a 800 m. de distancia, pasada la corriente.

Chananda nos llevó a la entrada del edificio, y cuando llegamos más cerca, la belleza del edificio nos dejó embelesados, tan magnífica era su arquitectura y construcción. Estaba construido con puro ónice blanco, con cuatro pisos de altura, y con una gran cúpula en el centro. En un momento, se abrió la gran puerta y Najah salió a saludarnos.

Chananda nos sonrió con Su Mágica y Radiante Sonrisa disfrutando de nuestra sorpresa.

"Este es nuestro hogar", -comentó Él felizmente-. "Damos la bienvenida a cada uno de ustedes, porque éste es su hogar en tanto deseen permanecer en él, y cuando quiera que deseen venir. Encontrarán Túnicas de Seda y ropa interior en sus habitaciones", -continuó Él-, "que deben llevar mientras permanezcan aquí. Ellas no se mancharán ni gastarán, de modo que no teman llevarlas puestas.

Nos mostraron nuestras habitaciones en el segundo piso, con vistas al valle. Nos aseamos para la cena y pusimos nuestras Túnicas como fue requerido. No pudimos evitar compararlas con las que habíamos usado mientras viajábamos. Nuestras maravillosas nuevas Vestiduras eran de un material precipitado de semejante calidad como nunca se ha producido por cualquier medio de manufacturación.

En el momento en que no pusimos las vestimentas, nos atravesó un estremecimiento de ligereza, haciéndonos sentir como si estuviéramos a punto de flotar en el aire.

Apereció Chananda y ofreció su brazo a Perla, y avanzó hacia lo que Él dijo que era su comedor privado. Era lo suficientemente grande para sentar al menos a cuarenta personas con gran confort, y estaba decorado magníficamente en blanco y violeta.

Tomamos nuestros lugares alrededor de la mesa, y Chananda derramó una Adoración desde las profundidades de Su Corazón a la Presencia Suprema de la Vida. Nosotros, en el mundo externo, no tenemos concepto de la Adoración que Estos Grandes Maestros Ascendidos derraman constantemente al Gran Dador de todo Bien. Al terminar, nos dijo:

"Se encuentran aquí para entrar en una Definitiva Sintonía y Trabajo, que llenará sus Corazones con gran gozo, pero a veces exigirá su fortaleza suprema. Mañana les mostraré el palacio y serán honrados con la Presencia del Consejo de los Maestros Ascendidos; y como Invitado de Honor, tendremos al Gran Director Divino.

"Es raramente visto, se lo aseguro, incluso por aquellos que son muy avanzados. Siento que alguna Importantísima Dispensación Especial está a mano. Así que esta noche, retírense temprano, y sabrán, por vez primera, lo que es descansar al Abrazo de la Luz.

Con un gozoso deseo de buenas noches y bendiciones de unos a otros, fuimos a nuestras habitaciones. Me preguntaba si sería capaz de dormir con tan elevada acción vibratoria en mi cuerpo, pero caí en el sueño antes de darme cuenta. Desperté por la mañana con la vívida conciencia de haber salido de mi cuerpo; y al hacerlo, entré en la montaña por la parte trasera del Palacio de la Luz, a través de una pesada puerta secreta. Entré entonces en una serie de cuevas, donde había evidencia de una muy antigua civilización. Cuando nos encontramos al desayuno, pregunté a Chananda el significado de mi experiencia. Su cara se iluminó con una Maravillosa Sonrisa.

"Mi buen amigo", -explicó Él-, "usted ha visto una Gran Verdad, y le aseguro que es muy Real. En el momento señalado, verá con sus propios ojos lo que ha visto en esa experiencia con la 'Vista Interna'. Su experiencia me convence de la Gran Importancia de la visita de Nuestro Invitado de Honor esta noche.

Fuimos primero a la cúpula en el centro del edificio, y en lugar de ser un observatorio ordinario, encontramos que era lo que Chananda llamó, un Observatorio Cósmico. Estaba lleno con instrumentos de los cuales no saben nada los científicos del mundo externo. Uno de éstos era un Reflector de Absorción, que atraía la imagen del objeto deseado a través de los Rayos Etéricos, y después la reflejaba al observador. Era de construcción sencilla, aunque no en la Cualidad de la Sustancia de la que estaba compuesto el instrumento. Chananda explicó en este punto, que los Rayos Etéricos y aquellos que son llamados Rayos Cósmicos por los científicos del mundo externo, no son lo mismo.

Había otro mecanismo llamado 'Proyector de Luz', por medio del cual era posible enviar un rayo dador de Vida, o un rayo desintegrador, a una distancia increíble. Había una radio-televisión tan Perfecta que es la Maravilla de todos los tiempos.

Después de observar otros diversos inventos en esta sala, bajamos las escaleras hasta el piso inferior, donde vimos una gran cámara de consejos que sentaba unas setecientas personas. Las paredes de esta sala eran de ónice blanco-leche, con los más maravillosos adornos azules.

A continuación pasamos a las salas del nivel del suelo, que estaban dedicadas a los laboratorios eléctrico y químico para propósitos experimentales. Estábamos pasando cerca del punto central de la pared oeste sobre este piso, cuando paré repentinamente. "Este es del lugar de anoche", -dije a Chananda-, "mientras estaba en mi Cuerpo más Sutil", y con una muy intensa y seria expresión en Su cara, preguntó:

"¿Ve alguna puerta o entrada?"

"No", -repliqué-, "pero está ahí y yo lo sé".

Entonces con una sonrisa, Él me miró de forma inquisitiva. "Tiene razón", -señaló-, "Está ahí, y estoy contento de que esté convencido de ello. Tenga paciencia, y lo verá todo".

Entonces retornamos a la gran sala de recepción. "¿Cómo es", -pregunté-, "que otros estudiantes y personas no vean la entrada a este lugar, y encuentren su camino a tal paraíso como éste?"

"Si volviesen a la entrada", -replicó Él-, "no encontrarían entrada de ninguna clase. Ayer después de entrar, fue sellada de nuevo, de modo que parece una pared sólida; y en lo que concierne a su Protección es tan impenetrable como la pared de la misma montaña. Durante más de veinte siglos, este valle ha permanecido justo como lo ven hoy día.

"Ahora vengan conmigo", -continuó Él-, "probablemente probaré su credulidad considerablemente, pero aprenderán mucho si lo desean. Todos ustedes han oído el 'Cuento de las Mil y Una Noches' de la 'Alfombra Mágica'. Les probaré ahora que la leyenda es Verdadera".

Él nos condujo fuera del palacio a un bello prado frente al cual vimos lo que parecía como un plato o placa de cobre de más de cuatro metros cuadrados. Los dos jóvenes sirvientes trajeron una preciosa alfombra Persa de seda, de un maravilloso color amarillo dorado. Ellos cubrieron la placa con ella, bajo la Dirección de Chananda y entonces preguntó: "¿Tiene alguien miedo de venir conmigo? Nadie contestó, de modo que subimos sobre la placa, y nos situamos alrededor de Él, cerca del centro. Miramos hacia abajo, y vimos que estábamos alejándonos de la tierra, habiéndonos elevado en el aire unos seis metros desde el suelo, y estábamos flotando suavemente a lo largo de la atmósfera. Continuamos elevándonos hasta que estábamos a quince metros sobre el suelo, y entonces flotábamos cerca de la cascada que se veía brillante y gloriosa en su belleza. Continuamos derivando sobre el valle, y gozando de su encantadora belleza.

"Ahora, si están listos", -continuó él-, "veremos las montañas". Continuamos elevándonos hasta alcanzar 3,350 m de altura. El escenario que yacía debajo de nosotros era perfectamente encantador, y los picos de las montañas cubiertas de nieve brillaban al sol como diamantes.

Nos absorbimos tanto en la vista, y en la Conversación de Chananda, que no éramos conscientes de la temperatura ni del transporte, aunque estábamos cómodos; y no sentimos ningún cambio ni de altitud ni de clima, estando dentro del Aura de nuestro Anfitrión; el cual controlaba todo dentro de ella, ocasionando que todos experimentásemos solamente Su Propia Perfección Gloriosa.

Dimos algunas vueltas en círculo, retornamos a los alrededores del palacio y descendimos. Cuando salimos de la placa, nuestro Bienamado Anfitrión reía de corazón con nuestros comentarios y sorpresa, disfrutando grandemente con nuestras exclamaciones de felicidad.

A las cinco y media, sonaron unas bellas campanillas a través del edificio, anunciando la cena. Chananda se sentó a la cabeza de la mesa, y Najah en el lado opuesto. Permanecimos quietos durante unos dos minutos. Entonces un Óvalo de Luz Dorada con una sombra rosada, se hizo visible, y rodeó la mesa, envolviendo nuestras cabezas durante la entera cena. Ello produjo un Muy Maravilloso Sentimiento, y según finalizamos la cena, Chananda dio ciertas Instrucciones que debíamos seguir.

"Ahora retornen a sus habitaciones", -dijo Él-, "acuéstense de espaldas, con los brazos extendidos, y no muevan un músculo durante una hora. Después báñense, unjan el cuerpo con Luz Líquida que encontrarán disponible para su uso, y pónganse sus Vestiduras Precipitadas".

Obedecimos, y cuando la Luz Líquida tocó nuestros cuerpos, no hay palabras para expresar el Estremecimiento de Energía, y la Paz que experimentamos. Cuando acabamos, y nos pusimos las Maravillosas Vestiduras, pudimos ver radiar una Suave Luz Blanca de nuestros cuerpos, hasta unos 90 cm. de distancia, de la cual emanaba la más maravillosa fragancia de rosas.

Al acabar el aseo, sonaron las campanillas, llamándonos a la sala de recepción. Cuando entramos en la sala, notamos que la Luz sobre las damas era similar a la nuestra, excepto que alrededor de Leto, Electra, Gaylord, y Su Amigo, la Radiación era mucho más brillante, y se extendía a más distancia que la nuestra.

"A las siete", -dijo Chananda-, "iremos a la Gran Cámara del Consejo". Abriendo camino, nos guió y se sentó de cara al Altar, colocando a Leto y a Gaylord en el centro, y al resto de nosotros a cada lado de ellos. Chananda tomó el asiento final a la derecha y Najah el último a la izquierda. Sentado directamente detrás de nosotros estaba nuestro Bienamado Saint Germain, Nada y Daniel Rayborn, rodeados por doscientos de la Hueste Ascendida.

En unos momentos se iluminó la entera sala con una Suave Luz Blanca con un toque rosado, y Chananda nos pidió que entrásemos en la más profunda meditación de la cual fuéramos capaces; adorando a la "Poderosa Presencia YO SOY" dentro de nuestros propios Corazones. Llegamos a estar muy quietos, y penetramos cada vez más profundamente en el estado de Quietud. Permanecimos en este "Silencio" durante algún tiempo, y entonces, oímos los tonos de una Voz muy Maravillosa que estremecía cada átomo de nuestras mentes y cuerpos.

Abrimos nuestros ojos, y vimos delante de nosotros a un Ser Maravilloso. Esta "Gloriosa Gran Presencia" era la Encarnación de todas las Cualidades Trascendentes, masculinas y femeninas, en Perfecto Equilibrio; y mantenía enfocadas por siempre bajo Su Consciente Mandato, la Sabiduría y Poder de la Eternidad. Este Majestuoso Ser tenía una altura de dos metros, y cabello ondulado que caía hasta sus hombros, y parecía como el brillo del sol sobre el Oro. Sus Vestiduras brillaban con Puntos de Luz, como grandes joyas que resplandeciesen continuamente con la Enorme Radiación del Poder, mantenido bajo Su control y obediencia, a su Consciente Dirección. El cinturón que rodeaba la cintura era una masa de zafiros y diamantes, y desde él colgaba un panel hasta unos pocos centímetros por debajo de las rodillas. Éste también era de joyas.

Estas Joyas, como supimos más tarde, eran una Condensación de Luz; y uno puede imaginar los Rayos que despedían constantemente, derramando el Enorme Poder enfocado dentro de ellos. Este Glorioso y Majestuoso Ser ha llegado a ser conocido por nosotros como el "Gran Director Divino". Él es el Gran Maestro Cósmico que entrenó al Bienamado Jesús, Saint Germain, y el Maestro Kuthumi Lal Singh; y Su

Gran Amor e Ilimitado Cuidado, envuelve a menudo ahora a muchos de Sus estudiantes. No hay palabras en ningún idioma que puedan hacer justicia a Este "Majestuoso Ser", y cuando Sus estudiantes hablan de Él, son tan humildes delante de Su Poderosa Luz, como nosotros nos sentimos delante de Ellos. ¡Ojalá la gente de América y del mundo puedan saber más sobre Estos Grandes Seres, y compartir el gozo que me eleva más allá del ser externo! Cuando Él comenzó a hablar, dio el Signo Cósmico de los Maestros Ascendidos, diciendo: "Bienamados Hijos de la Luz Eterna, Grande es el regocijo de la Hueste Ascendida por la convocatoria de esta Reunión. Estos Benditos Seres delante de mí están listos para recibir Nuestra Asistencia, porque sus cuerpos pueden ser elevados ahora, y ellos entrarán en su Verdadera Libertad.

"Bienamado Saint Germain, has guiado e instruido paciente y amorosamente a estos Hijos de la Luz a través de los siglos, y Tu Trabajo traerá Su Recompensa, porque está realizado noblemente.

"¿Hay algún otro deseoso de dar testimonio de que están listos para entrar en la Luz?". Chananda se levantó inmediatamente como nuestro Patrocinador y replicó:

"Muy Elevado Maestro, yo doy testimonio de su aptitud", y el Gran Director Divino continuó:

"Entonces les daremos Cuerpos como nunca se han manifestado antes sobre esta Tierra; para que puedan permanecer delante del mundo como un Ejemplo Viviente, revelando el Cumplimiento de la Ley del Amor y de la Luz. Estos serán similares a los Cuerpos de los Maestros Ascendidos; no obstante retendrán la apariencia y algunas de las actividades externas del tipo más elevado de la humanidad. El periodo de dos años que se requiere usualmente se revoca. En dos días adquirirán lo que bajo la Anterior Actividad hubiese requerido dos años para conseguirse.

"Recuerden que en la 'Presencia YO SOY' no hay tiempo ni espacio. Es Omnisapiente y Omnipotente, y a través de Ella, removeremos para siempre la obstrucción atómica.

"Hermano Chananda, llévelos a la Cueva de la Luz. Deben permanecer allí durante dos días. Usted debe ungir los cuerpos masculinos tres veces al día con Luz Líquida y nuestra Hermana Najah hará lo mismo con los cuerpos femeninos".

Cuando el Gran Director Divino acabó de hablar, un Rayo de Deslumbrante Luz Blanca Cristalina salió de Su Frente, y pasó por la cabeza de cada uno de los estudiantes, después se retiró a Su Cuerpo. Instantáneamente esto fue seguido por un Muy Intenso y Suave Rayo Dorado, que salió de Su Corazón; pasando por el área del Corazón de quienes estaban delante de Él, y de nuevo retornó a su propio Cuerpo. Hizo una pausa por un momento, y pareció registrar la fortaleza de cada uno.

En el instante siguiente, una Deslumbrante Luz Blanca se disparó de Su entero Ser esparciéndose en una radiación como un abanico, y abarcando todos nuestros cuerpos.

Dentro de Esta Poderosa Corriente había otras corrientes de energía afluyendo al interior por los pies y saliendo al exterior por la cabeza de cada estudiante. Sombra tras sombra fue eliminada como si fueran fundas o vainas, y en el momento en que dejaban nuestros cuerpos, se consumían. El color de la Luz llegó a ser un rosa pálido, cambiando de nuevo a dorado suave, y transformándose gradualmente a violeta de un tono nunca visto en el mundo externo. Nuestra Vista y Oído Internos se aclararon para siempre y fueron hechos nuestros sirvientes permanentes. Entonces la Luz llegó a ser tan Deslumbrantemente Blanca que fuimos forzados a cerrar nuestros ojos. En un momento, por un Mandato Interno de la "Presencia" los abrimos.

El Gran Ser delante de nosotros imponía con la Majestad y Poder que se desprendía de Él. Los Invitados Ascendidos habían desaparecido y fuimos dejados a solas con Este Celestial y Deslumbrante Enviado de Dios. Entonces, en una Voz tan gentil como la de una madre que cuida a su hijo, dijo:

"Ustedes son todos -ahora y por siempre-, una Parte de Mi amor, Luz, y Sabiduría. Nos encontraremos en la 'Cueva de los Símbolos' en una hora". Entonces recondujo la Corriente de Luz adentro de Sí Mismo y desapareció.

"Vengan", -dijo Chananda-, y según nos levantamos y pusimos de pie, no tuvimos conciencia del peso, y podíamos flotar tan fácilmente como caminar. Fuimos al piso inferior y debimos estar caminando cerca de 800 m. cuando llegamos a una puerta. Se abrió con un Toque de Chananda, y entramos a una Cueva de Belleza maravillosa, similar a la Cueva de los Símbolos de América, sólo que mucho más grande.

Esta Cueva también contenía aquellos mismos símbolos incrustados con esa sustancia deslumbrante y cristalina. Yendo todavía más allá, llegamos a unas Puertas de Oro Sólido.

"¿Quién busca entrar aquí?" -habló repentinamente una Voz desde los éteres-, y Chananda contestó instantáneamente: "Hijos de la Luz, -buscando más Luz- La Luz y Su Uso Perfecto".

"¡Pronuncia el Nombre!" -ordenó de nuevo la Voz-.

Juntos pronunciamos la "Palabra". Entonces las Puertas de Oro comenzaron a abrirse lentamente y la voz habló de nuevo.

"Todos los que entran aquí dejan atrás para siempre sus vestiduras terrenales. ¿Quién osa entrar primero?"

"Yo lo haré", -contestó instantáneamente Bob, y el resto le siguió-.

Dos días y dos noches más tarde, emergimos de la "Llama Eterna" llevando nuestros Nuevos Cuerpos de Duración Inmortal. La desarmonía de la Tierra no puede registrase jamás dentro de Ellos permanentemente. Cuando retornamos a la sala de recepción del Palacio, el Gran Director Divino con nuestro Bienamado Saint Germain, Nada, y Daniel Rayborn estaban allí para saludarnos. El Gran Ser se dirigió a nosotros:

"Ahora comenzará vuestro Servicio Real. Todos excepto este Hermano", -indicándome a mí-, "deben permanecer aquí en el palacio de la Luz durante un año. Ahora son Verdaderos Mensajeros de la Gran Fraternidad Blanca. Con relación a sus asuntos terrenales, su Bienamado Maestro Saint Germain les dará directrices". Haciendo el Signo y Saludo de los Maestros Ascendidos, al Corazón del Gran Sol Central, nos dio Su Bendición:

"¡Hijos del Corazón de Diamante! Los envuelvo en la Llama Dorada de Mi YO SOY, Los protejo con la Armadura de Mi Poder,

Los elevo con la Mano de Su Propia Divinidad, Los bendigo con la Plenitud de Mi Luz,

Les entrego el Cetro de Su Propio Dominio,

Los sello en la Libertad Eterna de Su Ascensión, En ese Éxtasis Supremo La Presencia del Corazón De Diamante, 'YO SOY'".

Un Destello de Deslumbrante Gloria llenó la sala, tembló un momento y Él desapareció. Saint Germain entonces se dirigió a nosotros y dijo:

"Recuerden Bienamados, ustedes son el Cáliz, La Copa de Luz de la cual todos los que estén sedientos puedan beber de la Radiación de Su Ser, porque son ahora la Victoria del Amor. La Gloria del Amor canta a través del Infinito su Himno de Alabanza, en continua adoración a la Vida. Obedezcan, Mis hijos Benditos, Su Fiat Intemporal. Hagan el saludo de la Luz al Corazón de la Creación, y Permanezcan siempre Leales al Decreto Inmortal del Amor:

"¡Oh, Hijos de la Luz! ¡Oh, Llamas de la Mañana! Invocad a la Estrella del Amor Secreto.

Dejen que Sus rayos tejan para ustedes una Vestidura Eterna de Trascendente Belleza, Y lleven en su Corazón la Joya del Fuego Sagrado.

Permitan que Su Gloria se derrame sobre vosotros, para que suyo sea el Cetro del Poder Supremo.

Pronuncien solamente el Decreto de Amor para que la Perfección esté donde quiera. Escuchen el Sonido de Su Voz, para que todos puedan oír el Canto de Gozo,

Contemplen solamente Su Luz, para que la Llama de los Siete Elohim descanse sobre su frente.

Sostengan la Copa de Luz Liquida y derramen para siempre Su Esencia dadora de Vida, Entonces los Rayos del Corazón de Diamante iluminarán su sendero, y Cuando el Caballero Comandante levante Su Espada de Fuego ustedes pasarán a través,

Y estarán cara a cara con su Propia Divinidad, sobre El mismo Altar de la Vida;

Porque dentro de Ese Santo de los Santos está el Único Omnipotente en Deslumbrante Gloria, -Su Propio Bienamado Ser, La Presencia Mágica 'YO SOY'-.

En la Corona de su Sempiterna Victoria, brilla un doble arco iris, El Resultado del Logro del Amor, rodeado de Toda Sabiduría;

Sus Túnicas Reales de Autoridad son los Hechos del Amor, Los Rayos de Luz desde La Presencia Mágica –'YO SOY'-.

Estos revisten por siempre a todos los Seres con su Radiación, Y son la Fuente de Juventud y Belleza Eternas; A través de ellos su Cetro atrae al Amor lo Suyo Propio, La Plenitud de La Presencia Mágica 'YO SOY'.

Los Rayos desde los Siete Constructores se elevan, Y derraman Sus Corrientes resplandecientes de Relampagueante Amor,

Tejiendo Grandes Ríos de Fuerza en una Vestidura Imperecedera,

En Brillante Gloria y Deslumbrante Belleza, el Don de La Presencia Mágica 'YO SOY'. ¡Oh, Hijos de la Llama! canten el Himno de la Creación,

Él es el 'Canto de Amor' que hace que la Música de las Esferas

Suene a través del espacio, en una Adoración y Canto de Alabanza; que es La misma Veneración de la Vida,

La Presencia Mágica 'YO SOY'.

Déjenla fluir a través de ustedes en contínua y creciente Perfección; ¡Sean el Éxtasis y Gloria de la Luz para todos!

¡Conozcan el Secreto del Todo Único! Enarbolen el Gozo del Aliento Amoroso por doquier; y Sientan el Gran Latido dentro de la Flama, La Presencia Mágica 'YO SOY'".

FIN

Made in United States
Orlando, FL
24 December 2024

56435859R00168